Edition Paashaas Verlag

Bibliografische Information der Deutschen Nationalbibliothek:
Die Deutsche Nationalbibliothek verzeichnet diese Publikation in der Deutschen Nationalbibliografie; detaillierte bibliografische Daten sind im Internet über www.dnb.de abrufbar.

1. Auflage 2012
2. Auflage 2017

Umschlaggestaltung und Satz: Sonja Kleffner, Solingen
ISBN: 978-3-945725-90-0

Besuchen Sie auch die Internetseite des Autors:
www.dieterkleffner.de

Im Testprogramm des Schicksals

Für Bela, die fast alle Freuden und Sorgen mit mir geteilt hat.

INHALTSÜBERSICHT

PROLOG 9

KAPITEL 1 AUGENBLICKE DER KINDHEIT

Da bekam ich große Augen 11
Das menschliche Auge 13
Der Grüne Star oder das Glaukom 15
Der angeborene Grüne Star 16
Meine erste Augenoperation 17
Da war die Nase im Weg 19
Abenteuer Erziehung 20
Alle Jahre wieder 23
Benzingerüche machen Reiselust 27
Spannende Spiele ohne zu sehen 29
In der urigen Welt 31
In der neuen Welt 35
Normale oder Sehbehindertenschule? 36

KAPITEL 2 JUGENDZEIT

Der Wechsel zur weiterführenden Schule 39
Schlechtes Sehen und Sport 43
Pubertät 47
Fahrradfahren, Mofafahren und Führerschein 50
Trauerzeiten 52
Kontaktlinsen 55
Die USA-Reise 56
Eine neue Familie 64
Spiele mit Feuer und Wasser 65
Was sollte ich beruflich werden? 67
Der Leichtsinn ließ grüßen 70

KAPITEL 3 VON DER JUGEND ZUR JUNGEN FAMILIE

Mein ganz persönlicher Nebel	72
Wer anderen eine Grube gräbt, der ist ein Bauarbeiter	77
Die Rehabilitations- und Ausbildungsstätte...	80
Verliebt, verlobt und dann?	83
Das Wohn-Schlaf-Klo	86
Der Beruf des Masseurs und medizinischen Bademeisters	87
Unser erstes Auto	89
Polterspäße und Hochzeit	92
Ein eigenes Bad und Platz für drei	94
Die Zeit der Windeln	96
Ein neuer Regenbogen	98
Zu kurze Haut	101
Verbogene Treppenstufen	104

KAPITEL 4 DIE JUNGE FAMILIE

Einsichten trotz schlechter Aussichten	107
Die Konsequenzen meines Sehverlustes	108
Der lachende Amtsschimmel	109
Auto fängt mit ›Au‹ an und hört mit ›o‹ auf!	111
Die zweite Windelzeit	112
Schlüsselerlebnis	112
Nebenjobs	113
Kindermund	114
Aufsicht ohne Sicht	115
Miete oder Eigentum?	116
Alle Jahre wieder	119
Geheimunternehmen ›Christkind‹	121
Wasserspiele	124
Herrliche, optische Welt	125
Die Grenzen meiner Sehbehinderung	127
Musik und Selbstwert	130
Sehbehindert aufs Kreuz gelegt	133
Die ersten Risse in der Familie	135

KAPITEL 5 DER LETZTE SONNENUNTERGANG

Grauer Star	138
Optische Hilfsmittel für Sehbehinderte	141
Pubertät	142
Mütter im Beruf – eine Zerreißprobe für die Familie	145
Alle Vögel sind schon da und wieder mal der Grüne Star!	148
Das Ende einer Tragödie	149
Angriff von innen – Rheumatisches Fieber	153
Lichtblicke und drohendes Dunkel	158
Nervensache	162
Unter Laser-Beschuss	165
Verirrt	169
Der letzte Sonnenuntergang	171

KAPITEL 6 ›DER WEG IST DAS ZIEL‹ (KONFUZIUS)

Gaffen und Scham oder der eigene Weg	175
Hilfsmittel für Blinde	178
Hilfe auch von ganz oben?	181
Ordnung hilft – Mitdenken verhindert Unfälle	185
Mein Arbeitsweg mit dem weißen Stock	187
Blind im Job	191
Millennium und gute Vorsätze	197
Erschütternde Nachrichten	200
Time to say goodbye	205

KAPITEL 7 EIN DUNKLES KAPITEL

Opium bringt Opi um	209
Dann ging das Licht aus	214
Die Erben	217
Ein glänzender Abschluss	225
Durch Mark und Bein	226
Ein stürmischer Jahresbeginn	229
Die nächste niederschmetternde Diagnose	232

Des Schicksals Testprogramm 234
Ein Blick in die Hölle 236
Blind ein Buch schreiben? 238

KAPITEL 8 EIN LEIDVOLLES KAPITEL
Das Pfingsterlebnis 242
Zwischen Himmel und Hölle 246
Zurück aus der Hölle 250
Die neue Diagnose 253
Entlassen in ein neues Leben? 259
Ein strahlender Tag – Röntgen und Computertomographie 263
Blätterwald der Formulare 267
Gute Resonanz – MRT 269
Nachgebohrt 273

KAPITEL 9 DER WEG AUS DEM DUNKLEN UND LEIDVOLLEN TAL
Chemische Reinigung 276
Ein entwürdigender Weg 280
Gutachten und weitere Formulare 285
Zeichen und Wunder 288
Hoffnung auf einen Therapieerfolg 294
Schlüsselabgabe 297
Schreiben als Therapie 301
Froh zu sein bedarf es wenig 304

EPILOG 308

Als ich geboren wurde, bekam ich zur Begrüßung einen angeborenen Grünen Star mit auf meinen Lebensweg.

In den letzten Jahren bin ich sehr häufig darauf angesprochen worden, meine schicksalhaften Erfahrungen zu Papier zu bringen. Doch die eigenen Erfahrungen sind ja nicht nur spannende und ergreifende Geschichten für andere Menschen, sie haben schließlich etwas sehr Persönliches bis Intimes. Ich spreche hier von Erlebnissen, die sehr angenehm waren, aber auch von tiefstem Leid, Schmerz, Angst, Demütigung und fast völliger Selbstaufgabe.

Es ist der Kampf gegen eine Schwerbehinderung, der nur mit der ehrlichen Annahme der Tatsachen gewonnen werden konnte.

Viele Mediziner waren um mich bemüht, natürlich auch meine Lieben, viele Freunde und Kollegen. Vierzehn operative Eingriffe an den Augen ließen von Mal zu Mal auf Besserung hoffen, doch das Schicksal wollte es anders. Das Licht ging aus! Da schmerzte nicht nur der Verlust meines Sehens, sondern ich wurde auch das Gefühl nicht los, alle Helfer zu enttäuschen.

Was geschieht, wenn dann noch die Familie zerbricht? Was kann dann noch an Steigerungen kommen? Wie wäre es mit verschiedenen Krebsarten? Oder mit dem völligen Verlust der Erwerbsfähigkeit? Was hält ein Mensch an Belastungen aus und wie reagiert sein Umfeld?

Was antwortet Gott, wenn man ihn fragt, ob man sich vielleicht in einem makaberen Testprogramm des Schicksals befindet?

Ich hatte über 50 Jahre Zeit, viele spannende Augenblicke des Lebens zu erfahren und habe diese als kleine Geschichten aneinandergereiht.

Mein Anliegen ist es, den von der Natur Verwöhnten einen ehrlichen Einblick in die Welt eines Schwerbehinderten zu geben. Deshalb ist es auch wichtig zu sehen, wie ich dort hineinwachsen musste. Ich habe lernen müssen, Hilfe anzunehmen, die Privilegien eines relativ Gesunden loszulassen und mich neu zu entdecken.

Ich möchte andere Schwerbehinderte und deren Angehörige mitnehmen und ermutigen, sich meine Erfahrungen und Hilfsmittel auch zu Nutze zu machen.

Mein Wunsch ist es auch, die Barriere zwischen Gesunden und Behinderten abzubauen. Krankheiten und Behinderungen lösen in erster Linie Befremdung und Ängste aus, da die Gesunden fast nichts darüber wissen und viele Kranke über ihre Probleme nicht sprechen können oder wollen. Doch die Krankheiten sind auch ein Teil unseres Lebens und nur, wer leiden gelernt hat, wer also weiß, wie man am Besten damit umgeht, fürchtet sich nicht so sehr vor einer ungewissen Zukunft.

In unserer Gesellschaft werden hauptsächlich der Gesundheitswahn und das Jungsein gepriesen. Deshalb stürzen die Gesunden im Krankheitsfall auch so tief aus ihrer heilen Welt.

Ich zeige in diesem Buch, dass man trotz vieler gesundheitlicher Probleme ein zufriedenes und glückliches Leben führen kann. Dass Krankheiten zur menschlichen Reife führen können. Dass ›weniger mehr sein kann‹.

Viele Gesunde nehmen die Strapazen des Jakobsweges auf sich, um Gott und dem eigenen Selbst näher zu kommen. Der Schwerkranke und Behinderte befindet sich bereits auf einem vergleichbaren Weg... viele wissen es nur noch nicht!

Dieter Kleffner

Da bekam ich große Augen

1957 startete der erste Senkrechtstarter. Die großen Flugzeuge bekamen statt einem Propeller- einen Düsenantrieb. Der erste Satellit namens Sputnik flog mit einer Rakete in den Orbit und bald schafften es die russische Hündin Laika und ihr Konkurrent, der amerikanische Affe Ham, noch vor dem Menschen im Weltraum zu sein. Deutschland war endlich in der Zeit des Wirtschaftswunders angekommen – und auch ich kam an.

Die Trümmer des Krieges waren kaum noch zu sehen und das Handwerk verdiente sich eine goldene Nase am Wiederaufbau des neuen Ruhrgebiets. Jetzt gab es Arbeit und alle waren so elektrisiert wie die neuen Bügeleisen, Kühlschränke und Waschmaschinen, die in die Haushalte drängten.

An den Führer und sein tausendjähriges Reich, das nach zwölf Jahren, dank seines Größenwahnsinns, in Schutt und Asche lag, konnte sich kaum noch jemand erinnern. Doch der von ihm versprochene Volkswagen eroberte nun endlich die Straßen Deutschlands. Er wurde verfolgt von den motorisierten, hässlichen Dreirädern, die gerne in den Kurven umkippten, und der Isetta, die nur vorne eine Tür besaß. Der Kabinenroller von Messerschmitt sah aus, als hätte man ihm heimlich die Flügel gestohlen. Mit einfachsten Mitteln wollte nun jeder motorisiert auf die Straße. Die Brauereipferde, die zu dieser Zeit immer noch ihren Dienst taten, wieherten vor Lachen beim Anblick dieser lustigen Vehikel. Selbstverständlich protzten auch schon große Automobile der Firmen BMW und Mercedes, denn im letzten Krieg waren nicht alle Menschen ärmer, sondern einige sogar reich geworden. In den Kinos strahlte in fast jedem Film das glückliche Gesicht eines ›reichen Onkels aus Amerika‹ von der Leinwand, der als Konsumapostel die Missionierung aufnahm. Unsere Besatzer waren nun unsere Freunde. Die amerikanische Musik galt nun als der letzte Schrei.

Wie die neue Rock-Röhre Elvis Presley ließ auch ich meine Stimme zur Freude meiner Eltern im Kreißsaal erschallen. Ich bin der Sohn eines stolzen Feuerwehrbeamten, der eine Bürgerliche, eine Krankenschwester zur Frau genommen hatte. Mein Vater war ein sehr muskulöser, breitschultriger Mann, mit dunklen Haaren, blauen Augen und festem Blick. Meine Mutter war sportlich schlank und relativ klein. Sie hatte große, meerblaue Augen, hohe Wangenknochen, schmale Lippen und kinnlange, braune Haare. Sie waren ein hübsches Paar.

Als ich meine Lider öffnete, zeigten sich zwei sehr große, blaue Augen, die von allen Erwachsenen bewundert wurden. Doch den stolzen, glänzenden Tagen folgten bald die Tage mit der Tatsache, dass meine Augen nicht nur sehr groß, sondern auch sehr trübe waren.

Meine Mutter spürte, dass mit mir etwas nicht stimmte. Sie erklärte dem Kinderarzt, dass ich des Nachts ständig Radau machte und auch tagsüber nicht ganz glücklich zu sein schien. Doch der Herr Doktor diagnostizierte keine Besonderheiten, und so sah er keinen Grund, mich zu einem Augenarzt zu überweisen. In den 50er Jahren konnten die gemeinen Kassenpatienten nicht so einfach wie heute einen Facharzt aufsuchen. Doch meine besorgten Eltern setzten sich durch, verzichteten auf den notwendigen Überweisungsschein und nahmen mein Schicksal mutig in die Hand.

Fünf Monate war ich alt, als ich zum ersten Mal meiner Augenärztin in ihre forschenden Augen sah.

Sie erkannte sofort den Grund meines Quengelns: »Der Junge hat einen ›angeborenen Grünen Star‹. Er muss so schnell wie möglich operiert werden.«

Nun war ich nicht mehr der Star. Jetzt hatte ich den Star!

Bereits in der Antike wurde der ›Star‹ gestochen. In den meisten Fällen dürfte das zum Verlust des Auges geführt haben. Doch wie weit war die Medizin zur Zeit meiner Geburt? Wie hatte man sich den Aufbau des Auges überhaupt vorzustellen? Wie kam es eigentlich zu einem ›Grünen Star‹? Da gab es für meine Eltern eine Menge Aufklärungsbedarf.

Das menschliche Auge

Die laienhaften Erklärungen zum Aufbau des Auges dürften sich für meine interessierten Eltern wohl wie folgt angehört haben:

Das menschliche Auge ist ein Sinnesorgan, das auf Lichtreize reagiert. Es gehört zu den Sinnesorganen, da mit dessen Hilfe die optischen Erscheinungen an das Gehirn weitergeleitet werden. Aufgrund seiner Form spricht man von einem Augapfel. Er befindet sich zum größten Teil in der schützenden, knöchernen Augenhöhle. Der sichtbare, vordere Teil sieht wie eine Glaskuppel aus. Hier fängt schon das Wunderwerk der Natur an. Diese glasklare Kuppel besteht aus transparenter Hornhaut. Die Tränendrüsen benetzen diese Oberfläche, wie bei einer Scheibenwaschanlage – die Augenlider sind dabei die Wischer. Da die Tränendrüsen auch von unseren Gefühlen gesteuert werden, glänzen die Augen mal mehr und mal weniger.

Das Licht kann die transparente Hornhaut durchdringen und wandert dann durch die Vorderkammer des Auges. Die Rückseite dieser Vorderkammer zeigt, für jeden sichtbar, die so genannte Regenbogenhaut. Sie hat fachlich den schönen Namen Iris und leuchtet bei dem einen in Blau, beim anderen in Braun oder Grün. Seit Jahrhunderten lassen sich an diesen Farben die Charaktereigenschaften der Menschen erkennen:

»Blaue Augen, Himmelsstern, küssen und poussieren gern. Braune Augen sind gefährlich, in der Liebe aber ehrlich. Grüne Augen, Froschnatur, von der Liebe keine Spur!«

Das ist absolut nicht wissenschaftlich belegt, hört sich aber wissend an!

Die Iris ist eine Art Ringmuskel, der in der Mitte ein Loch, einen Schlot hat. Man spricht auch von der Pupille. Dieser Schlot kann je nach Lichteinfall vergrößert oder verkleinert werden. Die Pupille arbeitet wie die Blende eines Fotoapparates.

Schon im Altertum benutzten raffinierte Frauen Atropin-Augentropfen. Diese vergrößerten die Pupille und erzeugten erotische ›Schlafzimmeraugen‹.

Wenn das Licht durch den Schlot wandert, trifft es auf die dahinter liegende Linse. Diese ist eine sehr konvexe, flexible Optik. Im Gegensatz zu einem Brillenglas kann die Augenlinse ihre Lichtbrechstärke verändern. Sie hängt in einem so genannten Ziliar-Ring an kleinen Muskelfasern. Wenn wir nah- oder fernsehen wollen, dann gibt unser Gehirn den Befehl, die Linse passend einzustellen. Das leistet diese auch treu und brav, bis der Mensch in die 40er Jahre kommt. Dann lässt die Flexibilität nach. Das ist ähnlich wie beim Bücken! Mit fortschreitendem Alter wird nicht nur der Rücken, sondern auch die Linse steif.

Das Licht läuft nach dem Passieren der Linse weiter in den hinteren Augenabschnitt. Die gallertartige, transparente Masse, die nun durchdrungen werden muss, ist der Glaskörper. Er dient der Stabilität, der Statik des Auges. Nach diesem wundersamen Weg tritt das Licht auf das größte Wunderwerk des Auges, die so genannte Netzhaut. In einem Fotoapparat befände sich an dieser Stelle der zu belichtende Film. Die Netzhaut hat mehrere Millionen Rezeptoren, die wie Zapfen und Stäbchen aussehen. Sie unterscheiden zwischen Hell und Dunkel und dienen der Farbbestimmung. Das Licht wird in elektrische, biochemische Impulse umgewandelt und durch die Nervenbahnen weitergeleitet. Die Nerven der Netzhaut bündeln sich zu einem Sehnerv, der dann die Augenhöhle in Richtung Gehirn verlässt und sich auf den Weg zum Sehzentrum macht. Dort werden die Impulse analysiert und zu dem Bild geformt, das wir es bewusst wahrnehmen. Wenn mehrere Menschen das Gleiche betrachten, so werden trotzdem unterschiedliche Bilder wahrgenommen! Jedes Hirn sieht anders. Das eine tiefgründig, das andere oberflächlich.

Bleibt noch zu erwähnen, dass das Auge mit Kammerwasser gefüllt ist. Das ist eine glasklare Flüssigkeit, die auch der Statik dient.

Genau wie die Luft in einem Ballon die Hülle in ihrer Form hält, so hält der Druck des Kammerwassers das Auge in seiner Form. Diese Flüssigkeit muss natürlich auch ausgetauscht werden, damit sie nicht trübe wird. Auch daran hat die Natur gedacht. Der Ziliarring, in dem die Linse hängt, gibt wie eine Quelle ständig frisches Wasser ab. Damit der Wasserinhalt gleich bleibt, muss die Menge, die produziert wird, auch wieder abfließen. Zu diesem Zweck sind in der Vorderkammer, im Übergang zwischen der klaren Hornhaut und der Regenbogenhaut, kleine Abflusskanälchen installiert. Dem schließt sich ein mikroskopisches Kanalsystem, das Trabekelwerk, an. Man spricht auch vom Schlemmkanal, benannt nach Herrn Schlemm. Das Wasser wird durch eine Vene weiter zum Körperinneren geführt.

Für einen Laien beinhaltet der letzte Absatz eine ganze Menge Anatomie, doch diese wenigen Stichworte streifen gerade mal einige Überschriften der Augenheilkunde.

Ich hoffe, dass dieses o.g. Wissen bei dem geschätzten Leser Respekt vor diesem Wunder der Natur schafft und einen sorgsamen Umgehen mit der Gesunderhaltung der eigenen Augen bewirkt.

Der Grüne Star oder das Glaukom

Der Begriff Glaukom stammt von dem Philosophen Aristoteles und bedeutet ›grau-blau wie das Meer‹, da bei einer Augeninnendruckerhöhung die Regenbogenhaut diese Farbe annimmt. Im 16. Jahrhundert beschrieb man in Frankreich die Farbe dieses Phänomens als ›grün wie das Meer‹, weil der Atlantik eher grün schimmert.

Was geschieht, wenn die im vorherigen Abschnitt beschriebenen mikroskopisch kleinen Abflusskanälchen des Auges zu wenig Kammerwasser ableiten und der Ziliarring fleißig weiter Flüssigkeit produziert? Der Augeninnendruck steigt und das gesamte Auge wird deutlich größer. Die knöcherne Augenhöhle kann nicht mitwachsen und infolgedessen kommt es zu Druckschmerzen, zu Kopfschmerzen. Doch das ist nicht das Allerschlimmste. Es kommt zu einer Exkavation, einer Aushöhlung des Sehnervenkopfes. Die sensiblen Nervenzellen werden nicht mehr ernährt und sterben ab. Da das menschliche Auge mehrere Millionen Nervenzellen hat, fällt das dem Betroffenen zu Anfang nicht auf. Genau dort liegt die heimtückische Gefahr des ›Grünen Stars‹, denn wenn diese Beschwerden entdeckt werden, dann ist es bereits zu spät! Die zerstörten Nervenzellen regenerieren sich nämlich nicht. Der Sehverlust bleibt für immer!

Eine Verengung der Abflusskanälchen trifft meistens die älteren Semester. Deshalb sollte jeder Mensch ab dem vierzigsten Lebensjahr für eine ›Glaukom-Vorsorge‹ seinen Augenarzt aufsuchen. Der Augenarzt wird mit einem technischen Gerät den Druck messen. Ist der Innendruck tatsächlich zu hoch, so kann den meisten Menschen mit drucksenkenden Augentropfen geholfen werden. Das heißt, der bereits entstandene Schaden ist nicht zu beheben, doch weitere Schäden werden häufig verhindert. Reichen die drucksenkenden Medikamente nicht aus, so muss eine drucksenkende Operation durchgeführt werden.

Der angeborene Grüne Star

Bei einem angeborenen ›Grünen Star‹ ist das Abflusssystem des Auges nicht ordnungsgemäß entwickelt. Da hat die Natur geschlampt. Die Folge ist ein erhöhter Augeninnendruck, der das Auge oder beide Augen des sich entwickelnden Säuglings übernormal vergrößert. Das Ergebnis ist nach früherer Bezeichnung der Buphthalmus, das Ochsenauge! Man verwendet heute den Begriff Hydrophthalmus.

Da bei dem Säugling die körperlichen Proportionen gegenüber einem Erwachsenen deutlich abweichen, wurden und werden die zu großen Augen von Unwissenden als sehr niedlich und anziehend empfunden. Doch das Grausame ist, dass mit jedem weiteren Tag, an dem sich der kleine Patient nicht in Behandlung begibt, auch weitere Nervenzellen absterben, die sich nie mehr regenerieren werden.

In der heutigen Zeit achten geschulte Kinderärzte bereits bei der ersten Untersuchung eines Neugeborenen auf eventuelle Anzeichen eines Glaukoms.

Meine erste Augenoperation

Schweren Herzens brachten mich meine Eltern in die Augenheilanstalt Mülheim, in der meine behandelnde Ärztin vor ihrer Selbständigkeit als Oberärztin tätig gewesen war und nun eilig ihre Kontakte spielen ließ.

Unter Narkose wurde mein Augeninnendruck gemessen. Er war an beiden Augen auf 44 mmHg angestiegen. (Das gesunde Auge hat einen Druck zwischen 14 und 18 mmHg. Wenn der Innendruck länger über 22 mmHg bleibt, muss mit Schäden gerechnet werden.) Bei mir war es nun höchste Eisenbahn, dass der Druck gesenkt wurde, und das ging nur operativ.

»Wir werden eine Iridenkleisis vornehmen«, sagte Professor Schulte, der mein Augenlicht retten sollte. »Es werden von der Iris, also der Regenbogenhaut, zwei Schenkel genommen, die dann wie ein Docht etwa bei zwölf Uhr oberhalb des Auges in ein künstlich angelegtes Filterkissen führen. Dort wird das Kammerwasser dann besser abfließen.«

Ja, so einfach war das! Diese mikrochirurgische Meisterleistung verlief ohne Komplikationen. Ich erwachte als kleiner Pirat mit einer Klappe auf dem rechten Auge. Da mir die Schwestern steife Röhren über beide Arme gestülpt hatten, ruderte ich mit diesen wütend. Es sollte verhindert werden, dass ich mein Auge mit meinen neugierigen Fingern selbst untersuchen würde.

Bei der nächsten Augeninnendruckmessung unter Narkose war der Erfolg sichtbar. Der Augeninnendruck sank auf 22 mmHg. Meine Eltern und die Ärzte waren erleichtert.

Als Nächstes sollte die verbliebene Sehkraft des linken Auges gerettet werden. Doch mein säuglinghaftes Gemüt empfand die Prozedur so zum Kotzen, dass ich einen Brechdurchfall bekam. Meine Eltern nahmen mich mit zu sich nach Hause, um mich aufzupäppeln, da ich in der ›Heilanstalt‹ lebensbedrohlich viel Gewicht abgenommen hatte und nicht operationstauglich war.

Um den Druck so niedrig wie möglich zu halten, gab man mir Pilocarpin Augentropfen. (Diese verengen die Pupille. Das hat den Effekt, dass die Regenbogenhaut an dem Kammerwinkel zieht, in dem sich die kleinen Abflusslöcher befinden. Der damit vergrößerte Durchlass leitet das Kammerwasser schneller ab. Der Augeninnendruck sinkt.)

Diese Tropfen brannten auch sehr schön und ließen mich bei jeder Einträufelung vor Schmerzen aufschreien. Doch die brennenden Augen waren immer noch besser als blinde Augen!

Bis zum Februar 1958 hatte meine Mutter, Dank guter Nahrungszufuhr, aus mir ein properes Kerlchen gemacht und die nächste Augenoperation konnte in Angriff genommen werden.

Die augenärztliche Voruntersuchung ergab am rechten, operierten Auge und unter der o.g. Tropfentherapie einen Innendruck von unter 20 mmHg. Somit lag der Druck dieses Auges fast im gesunden Normbereich. Obwohl das nicht operierte linke Auge auch unter Tropfentherapie mit Pilocarpin stand, war der Innendruck immer noch bei 44 mmHg und bedrohte meinen Sehnerv. Also rechtfertigte sich damit das erneute Risiko des operativen Eingriffs.

Die drucksenkende Operation am linken Auge verlief komplikationslos und der Druck ging direkt nach dem Eingriff unter 20 mmHg. Die brennenden Augentropfen sollten mich aber künftig auch weiter begleiten.

Nach dieser abenteuerlichen Zeit stellte sich nun für meine Eltern die nächste Frage: »Wie gut sieht das Kind?«

Trotz meiner präzisen, lallenden und quiekenden Hinweise konnten die Fachleute zu dieser Zeit keine konkrete Aussage über meine verbliebene Sehkraft wagen. Doch da ich schon bald das strahlende Lächeln meiner Lieben erwiderte und auf Handzeichen reagierte, war offensichtlich, dass ich etwas sehen konnte.

Da war die Nase im Weg

Als ich endlich laufen konnte, war offensichtlich, dass ich mich optisch orientieren konnte. Meine besorgten Eltern waren erleichtert. Der ‚Grüne Star' hatte sich auch nicht mehr mit einer Druckerhöhungen gemeldet. Unter der täglichen Therapie mit Pilocarpin-Augentropfen war der Innendruck gut eingestellt. Aber da der Kinderarzt mich in meinen ersten Monaten nicht rechtzeitig zum Augenarzt überwiesen hatte, war bei mir schon ein deutlicher Sehverlust eingetreten.

Wenn ich aus dem Kindergarten abgeholt wurde, hatte ich so manches Mal Farbe an der Nasenspitze. Das war ein deutlicher Hinweis darauf, dass ich meine Nase des Öfteren als Pinsel benutzte. Ja, meine Nase war immer direkt am Geschehen.

Die meisten Mütter waren noch nicht berufstätig und kümmerten sich um den Haushalt, Kind und Kegel. Viele Kleidungsstücke wurden in Handarbeit hergestellt. Es wurde gehäkelt, gestrickt, genäht und zugeschneidert. Strümpfe wurden gestopft und auf die Löcher der durchgerutschten Kinderhosen nähte man Flicken in den buntesten Farben.

Meine Mutter hatte eine mechanische Strickmaschine. An der Vorderseite waren unzählige Nadeln mit Widerhaken, die waagerecht nach vorne herauskamen, um den Wollfaden aufzunehmen. Mit einer Hand wurde der Faden geführt und mit der anderen ein Schlitten längs der heraussausenden Nadeln hin- und herbewegt.

Eines Tages gab es einen Aufschrei: Der kam von mir. Eine der listigen Nadeln hatte meine Nase zu fassen bekommen und versucht, mich in das Strickmuster mit einzubeziehen! Da wir noch nicht in der Punk-Zeit lebten, galt ein drittes Loch in der Nase als ein Schönheitsfehler. Gott sei Dank blieb kein drittes Nasenloch und auch keine Narbe zurück.

Die ersten Sehtests ergaben, dass die Sehkraft des rechten Auges, welches als erstes operiert worden war, wesentlich bessere Werte zeigte als die des später operierten linken Auges. Aber auch das rechte Auge hatte keine normale Leistung. Die Sehkraft lag trotz Korrektur bei nur etwa 50%. Wie sah diese so genannte Korrektur aus?

Noch bevor ich in die Schule kam, wurde ich mit einer Brille geschmückt. Diese hatte ein so geschmackvolles Design, dass man schon von weitem den Kassenpatienten erkennen konnte. Hinzu kamen die minus 7 Dioptrien starken Gläser, die an Glasbausteine erinnerten.

»Brillenschlange! Professor! Mann, siehst du doof aus!«, rief mein neuer Fanclub. Ja, ich war der Einzige mit Brille. Ein echter Trendsetter! Doch mein Trend setzte sich zu dieser Zeit noch nicht durch.

Abenteuer Erziehung

Bevor die ›68er‹ die Erziehungsmethoden unserer alten preußischen Welt in die Geschichtsbücher verbannten, wurde die Autorität noch sehr gepflegt. Meine Eltern, aufgewachsen in der ›bombigen‹ Zeit, hatten gelernt, zackig den Hampelmann zu machen. Das schwappte natürlich auch in meine Erziehung hinein.

»Nimm den Finger aus der Nase und gib der Tante das schöne Händchen!«, konnte man oft hören. Zusätzlich programmierte man mir den ›Begrüßungs-Diener‹ ein, so, wie die kleinen Mädchen noch einen Knicks machen mussten. Wenn das problemlos klappte, dann waren die Eltern ganz, ganz stolz. Man kam sich vor, wie unsere Dackelhündin Walli, die in ihrer Hoffnung auf Schokolade immer besonders schön Männchen machte.

Erst 1971 wurde in Nordrhein-Westfalen die Prügelstrafe bzw. das Züchtigungsrecht der Lehrer gegenüber den Schülern abgeschafft. Bis zu dieser Zeit war es üblich, dass in der Familie, in der Schule und selbst noch in der Lehre nach dem Ermessen der Autoritätsperson körperlich gezüchtigt wurde. Es drohten der berühmte Rohrstock, die schallende Backpfeife oder die Kopfnuss.

Ich konnte nicht nur schlecht sehen, sondern auch ab und zu schlecht hören. Wenn das ›Ohrenlangziehen‹ nicht half, dann hieß es: »Gleich hat dein Hintern Kirmes!«, und, »Warte, wenn der Vati gleich nach Hause kommt!«

Meine Mutter verdonnerte meinen Vater im Fall des Falles zum

Vollstrecker, obwohl ihm das sicher nicht immer recht war. Leider blieb es wegen meines Ungehorsams nicht nur bei den angekündigten Drohungen.

Da Vater sehr kräftig war, erhitzte seine Handschrift meinen Allerwertesten so manches Mal auf Höchsttemperaturen. Diese Art der Energieübertragung vom Vater auf den Sohn oder die Tochter war in dieser Zeit in fast allen Familien üblich. So hatten wir Kinder vor unseren Vätern mehr Angst als Respekt. In anderen Situationen hatten wir aber auch das Gefühl, dass sie uns echten Schutz boten.

Mein Großvater hatte Kinderlähmung gehabt. Sein linker Arm und das linke Bein waren nur sehr schwach. Dementsprechend bewegte er sich langsam. Das strahlte auf mich eine beeindruckende Ruhe aus. Er war äußerst humorvoll, gütig und gelassen.

Auch der Großvater nahm Teil an meiner Erziehung. Bereits während meiner Phase des Sprechenlernens forderte er mich regelmäßig auf: »Sag doch mal Scheiße«, und das tat ich mit Vergnügen. Wenn sich meine Mutter verärgert über meine neu erworbenen Kraftausdrücke äußerte, dann hatte Opa seinen Spaß.

Er spielte im Mandolinenorchester und lud meine Eltern und mich im Advent zur Nikolausfeier ein. Die fand in einem riesigen Saal statt, der weihnachtlich geschmückt war. Neben einer Bühne stand ein großer Tannenbaum und die Lautsprecher eines Tonbandgeräts mit riesigen Spulen ließen die selbst aufgenommenen Weihnachtslieder des Orchesters erschallen. Alle Plätze des großen Saals waren besetzt und die Kinder rutschten aufgeregt auf ihren Stühlen herum. Auf den Tischen lockten Süßigkeiten und die Eltern und Großeltern nippten an ihren Weingläsern. Die Spannung stieg von Minute zu Minute.

Endlich war es so weit. Durch die Saaltür kam ein riesiger, schwarz gekleideter Mann, dessen Gesicht schwarz angemalt war. Er trug einen Sack über der Schulter und schwenkte eine lange, pfeifende Rute. Mit dieser klopfte er an die Tische, an denen er vorbei stampfte. Als er an meinen zitternden Stuhl leicht anklopfte, durchlief mich ein unvergessener Angstschauer. Aus seinem riesigen Rucksack lugten zwei kleine Kinderbeine heraus. Auch die anderen Altersgenossen waren entsetzt.

Gott sei Dank kam nun auch der Heilige Nikolaus herein und läutete mit einer hellen Glocke. Er hielt ein winziges, goldenes und ein sehr großes, schwarzes Buch in seinen Händen. Ich hoffte, dass er die Macht hatte, diesen schwarzen, so genannten ›Hans Muff‹ in Schach zu halten.

Als der Nikolaus die Bühne erklommen hatte, wurden die Kinder von ihm einzeln nach vorne gerufen, um ihre einstudierten Liedchen oder Gedichte vorzutragen. Aus dem goldenen Buch wurde absolut nichts vorgelesen. Ob die Buchstaben darin für die alten Augen des Nikolaus zu klein waren? Dagegen schien die Liste des schwarzen Buches mit unzähligen Tadeln und Mahnungen nicht zu enden.

Viel zu schnell war ich an der Reihe und wurde aufgerufen. Mit jedem Herzschlag entfiel mir eine Zeile meines so oft geübten Gedichtes. Als ich die Bühne mit zitternden Knien betreten hatte, war alles mühsam Erlernte in meinem Kopf scheinbar gelöscht. Doch der Nikolaus sprach mir mit einer ganz tiefen und beruhigenden Stimme Mut zu. Ich nahm die Hände auf den Rücken und wippte von einem Bein auf das andere. Mit jedem Tritt fiel mir das nächste Wort aus meinem Gedicht wieder ein und so wippte ich es Satz für Satz zu Ende. Der Nikolaus lobte mich und gab mir eine prall gefüllte Tüte voller duftender Leckereien.

Schlagartig war meine Angst wie weggeblasen und es schoss aus mir heraus: »Nikolaus, mein Opa sagt immer ›Scheiße‹!«

Da setzte sich Hans Muff in Bewegung und blieb an dem Tisch von meinem armen Großvater stehen.

»Wie konntest Du den verraten?«, schämte ich mich vor mir selbst. Doch Opa schmunzelte wie immer, stand gelassen auf und streckte ihm bereitwillig sein Gesäß zur Züchtigung entgegen. Hans Muff schlug ihm mit der Rute einmal auf den Po und dann lachte und klatschte der gesamte Saal. Nachdem Opa seine Strafe tapfer überlebt hatte, ließ ich ihn gleich aus meiner Weihnachtstüte naschen.

Das Bild mit den Kinderbeinen, die aus dem Sack des unheimlichen, schwarzen Mannes lugten, ging mir noch nach Jahrzehnten durch den Kopf. In meiner Erinnerung war es ein echtes, bestandenes Abenteuer.

Alle Jahre wieder

Dem Nikolaus folgte alle Jahre wieder das Christkind. In der Stadt Essen gab es auch damals schon zur Adventszeit die ›Essener Lichtwochen‹.

Über den Häuserschluchten und den Einkaufsstraßen spannten sich riesige, weihnachtliche Motive. Tausende von Glühbirnen bildeten symbolische Motive wie Tannenbäume, Schweifsterne oder Engel. Sie alle ließen vor dem schwarzen Hintergrund des Abendhimmels ihren festlichen Glanz über den Köpfen der großen und kleinen konsumfreudigen Menschen erstrahlen. Ich wusste gar nicht, wo ich zuerst hinschauen sollte. Weihnachtslieder klangen aus den Geschäften und es duftete nach Bratäpfeln, Gebäck, Glühwein und anderen Leckereien.

Endlich waren alle Türchen des Adventskalenders geöffnet und der Schokoladeninhalt viel zu schnell aufgegessen. Am Heiligen Abend gingen wir brav in die Christmesse. Der Duft des Weihrauchs, das gemeinsame Gebetsgemurmel der vielen Erwachsenen, die unzähligen, lebendig flackernden Kerzenflammen, die musikalischen Darbietungen und die Weihnachtsgeschichte tauchten mich in eine ehrfürchtig geheimnisvolle Welt. Alle Menschen waren an diesem außergewöhnlichen Tag auffällig freundlich zueinander. Alles wirkte zu dieser Zeit so friedlich und ›wunderbar‹.

Nach der Messe gab es bei uns zu Hause, im Gegensatz zu heute, noch keine Bescherung. Das Christkind hielt sich damals an andere Lieferzeiten. Es bescherte die Kinder heimlich über Nacht. Lag darin der Gedanke der ›Weihnacht‹? Für mich als Kind stand diese Frage nicht im Vordergrund. Das gesamte Jahr über hatte ich mich bemüht, so artig zu sein wie mein Temperament das zuließ. Die von den Eltern vorgegebenen Weihnachtsgedichte waren geübt und dem geschätzten Auditorium brav vorgetragen worden und somit hatte ich mir die erwünschten Geschenke eigentlich verdient.

Nun konnte es nicht mehr lange dauern. Der Plattenspieler tönte: »Einmal werden wir noch wach, heißa, dann ist Weihnachtstag!«

Am Heiligabend gab es nur etwas Einfaches zu essen. Wir speisten Kartoffelsalat mit Würstchen und dann ging es auch schon bald ins Bett. Während der nächtlichen Lieferzeit schliefen alle Kinder sehr unruhig. Wir hatten im Fernseher den Schwarzweißfilm ›Peterchens Mondfahrt‹ gesehen und wussten genau, wie es auf der Weihnachtswiese aussah. Man hoffte mit Bangen, dass der Wunschzettel auch dort oben angekommen war.

Ich erinnere mich noch an einen ganz bestimmten Weihnachtsmorgen. Endlich durfte geguckt werden. Als ich voller Spannung das Wohnzimmer betrat, sprang ich vor Freude in die Luft. Mein Wunschzettel hatte offensichtlich sein Ziel erreicht und mein Wunsch war erfüllt worden. Vor dem Weihnachtsbaum stand eine Modelleisenbahn mit einer kompletten Landschaft. Auf einem grünen Hügel thronte eine Kapelle mit Zwiebelturm, wie ich sie aus den Tirolurlauben kannte. Meine kleinen Matchbox-Autos konnten sich über einen holprigen Weg zu dem kleinen Gotteshaus hinaufquälen. Der Weg wurde von einem Wildbach begleitet, der an einer Brücke die Straße kreuzte. Zäune und Büsche umringten die Wiesen, auf denen Tiere standen. Diese sahen hinunter auf das Dorf, das am Fuße des Berges lag. Das Dorf hatte mehrere Häuser und einen Bahnhof. Hier konnten die Fahrgäste in den Zug steigen, der durch einen Tunnel des Berges fuhr. Die Lok hatte sogar zwei kleine elektrische Lämpchen, die das Gleis vor dem Zug beleuchteten. Mein Gott, hatte das Christkind für mich schwer schleppen müssen.

Während ich damit beschäftigt war, dass der Zug unbedingt seinen Fahrplan einhielt, verteilte sich der Duft des Weihnachtsbratens in der ganzen Wohnung. Ja, an diesem Tag gab es ein Festmahl, weil die Großeltern zum Essen kamen. Was das Christkind nicht mehr in unsere Wohnung tragen konnte, hatte es bei Opa und Oma abgestellt. Doch die Bahn stand sehr schnell wieder im Mittelpunkt.

Ich ließ auch nachts heimlich meinen Zug fahren, so wie Bundesbahnzüge hinter meinem Kinderzimmerfenster in etwa 50 m Entfernung vorbei sausten. In der Werbung hieß es doch: »Die Bahn kommt immer!«

Doch es kam des Nachts nicht nur die Bahn vorbei, sondern auch meine Mutter. Wenn ich wider alle Regeln das mütterliche Nachtfahrverbot nicht eingehalten hatte, dann gab es am nächsten Tag gravierende Ausfälle im Bahnverkehr. So kam es, dass die Züge damals schon Verspätung haben konnten.

In einem anderen Jahr brachte das Christkind ein Kettcar. Das war kein Kaufhauskettcar, das war ein Sonderfahrzeug. Ein kräftiges Metallrahmengestell wurde von großen Rollerrädern bewegt. Gelenkt wurde das Kettcar mit einem echten Autolenker, dessen Hupe sogar funktionierte. Ein Armaturenbrett mit Tachometer und Uhr gehörte zu dieser Luxusausstattung. Der Sitz bestand aus einem stoffbespannten Gestänge. Die Fahrradpedale trieben über eine Kette die Hinterräder an und mit einem Handhebel konnte gebremst werden. Da hatte sich das Christkind selbst übertroffen. Dieses Fahrzeug musste sofort bewegt werden. Haustür auf und... Schock! Wann gab es zu Weihnachten in unserem Landstrich mal Schnee? Selbstverständlich genau jetzt! In diesem Jahr lag der Schnee über 30 cm hoch. So ein Pech! Aber die weiße Pracht wäre sicherlich gut für den himmlischen Geschenkeschlitten gewesen. Dass mein Vater dem Christkind in liebevoller Bastelarbeit geholfen hatte, erfuhr ich viele Jahre später.

Der Schnee hielt sich nie länger als eine Woche und endlich war es so weit. Ich musste schon kräftig in die Pedalen treten, um das schwere Kettcar in Bewegung zu setzen. Zum Glück wohnten wir in einem hügeligen Gebiet und so schob ich meinen Rennwagen die 300 m lange Bergstraße hinauf. Der Preis für das schweißtreibende Hochschieben waren rasante Talfahrten, die meine Mutter, Gott sei Dank, nie gesehen hatte. Einmal kam ich sogar in eine Polizeikontrolle. Aus einer Bauernhofzufahrt trabte unser Dorfsheriff hoch zu Ross heran und stellte sich quer auf die abschüssige Straße.

Um nicht unter dem Pferd hindurch zu sausen, zog ich die Handbremse fast bis unter meine Achsel. Die Reifen quietschten und das Kettcar schleuderte bedrohlich. Das Pferd scheute, ich schwitzte, der Mann von der ›Trachtengruppe‹ fluchte laut auf und verlor seine majestätische Haltung! Er stieg vom Pferd und hielt mir eine donnernde Standpauke, dass ich mit diesem Fahrzeug gar nicht auf der Straße fahren dürfe. Auch das Polizeipferd nickte zustimmend. Meine Knie zitterten vor Respekt und dann kam es noch dicker. Der Schutzmann eskortierte mich bis zum Haus meiner Eltern. Dort wollte der Hüter der Straßenverkehrsordnung mit meinen Erziehern reden. Als ich in die Siedlungsstraße einbog, staunten die anderen Kinder über meinen seltsamen Begleitschutz. Vor einem Polizisten hatten zu dieser Zeit alle Angst! Schlechte Erfahrungen hatte keiner meiner Freunde mit den Schutzleuten gemacht, doch die Gefahr drohte von den Eltern. Wurden die Kinder von der Polizei offiziell gemaßregelt, so hatte der Hintern anschließend durch die väterliche Hand meistens wieder ›Kirmes‹.

Glücklicherweise war an diesem Tag bei uns niemand daheim. Der Sheriff verabschiedete sich mit einem langen Kommentar und wollte sich bei meinem Vater telefonisch melden. Solch ein Telefongespräch folgte tatsächlich. Ich war erstaunt und erleichtert, dass sich mein Vater auf meine Seite stellte. Er hatte dieses Kettcar ja nicht gebaut, damit es nur in der Garage stehen sollte.

Die mahnenden Worte des Schutzmanns hatte ich bald verdrängt. Wenige Tage später entstand eine Kettcar-Bande, die an dem beschriebenen Berg regelmäßig verbotene Rennen abhielt. Da mein Vater erfahren hatte, dass sein selbstgebautes Gefährt fast immer die ersten Plätze einnahm, hatte ich inoffiziell Rückendeckung und keine Angst mehr vor den berittenen Fahrzeugkontrollen.

Auch die ersten drei Fahrräder kamen aus Vaters Bastelschmiede. Die zuvor verrosteten Felgen wurden mit silberner Farbe gestrichen. Der Rahmen bekam eine neue Lackierung und die Lenkergriffe und der Sattel waren meistens neu.

So sorgte mein Vater trotz anfangs bescheidener finanzieller Verhältnisse dafür, dass es mir an diesen Dingen nicht fehlte.

Benzingerüche machen Reiselust

Wie die meisten Bürger der 60er Jahre begnügten sich meine Eltern mit einem gebrauchten Auto. Vater hatte sich vom Schrottplatz einen alten VW-Käfer besorgt, dessen Fond noch von dem berühmten Brezelfenster geziert wurde. Da der alte Herr vor dem Eintritt in die Berufsfeuerwehr die Lehre des Autoelektrikers absolviert hatte, zerlegte er den Käfer in sämtliche Einzelteile. Die schadhaften Dinge wurden repariert oder ausgetauscht. Dann baute er alles wieder zusammen und in der Werkstatt der Feuerwache wurde der Wagen nach Feierabend in gelber Farbe lackiert.

So hatte unsere Familie nun auch die Möglichkeit, dem Trend der Zeit entsprechend, nach Süden in den Urlaub zu fahren. Mit einer Leistung von 24 PS und einer Höchstgeschwindigkeit von sagenhaften 90 km/h rasten wir über die Autobahn. Die meisten anderen Wagen waren auch nicht schneller. Ganz selten überholten ein großer Mercedes oder ein Porsche. Aus meinem Autoquartett wusste ich, dass diese Flitzer sogar 160 km/h schnell fahren konnten, was in der damaligen Zeit atemberaubend war.

Riesige Kinderscharen wurden auf der Rückbank der kleinen Autos zusammengedrängt. Der Fußraum quoll mit Taschen und Tüten voller Proviant über. Auf den Dächern und Rückhauben lasteten Gepäckträger mit Koffern, Zelten, Stühlen und Klapptischen. So reisten viele bis nach Italien. Bereits im Siebengebirge keuchten die Käfer nur noch mit 40 km/h die Berge hinauf, und diese Steigungen waren gegenüber den Alpenpässen eher ein Witz.

Die großen Motorräder überholten die niedrig motorisierten Autos mit Leichtigkeit. Spöttisch winkend zogen ihre Fahrer an uns vorbei. Als es dann heftig zu regnen begann, standen sie mit ihrer Sozia bedröppelt unter den Brücken. Als Revanche zeigten nun wir Kinder den Zweiradfahrern eine lange Nase.

Mehrmals gab mein Vater als Autoelektriker auf diesen Reisen anderen Urlaubern Pannenhilfe. Das machte mich stolz. So wollte ich auch werden. Solche Menschen waren wichtig und bekamen viel Lob und Anerkennung.

Doch auch bei unseren Reisen lief nicht immer alles rund.

Als unser Käfer wieder mal mit fast 90 km/h über die bayerische Autobahn raste, schrie mein Vater plötzlich: »Köpfe runter! Alles ducken!«

Das war für ein neugieriges Kind, wie ich es wohl war, der Befehl, erst recht hinzuschauen. Auf meiner Rückbank reckte ich den Hals und blickte zwischen den Sitzen meiner Eltern nach vorne. Es gab einen schrecklich lauten Knall. Glassplitter schossen in den Fahrgastraum und etwas Schweres traf mich mitten im Gesicht. Der Fahrtwind blies uns um die Ohren und als ich meine Augen wieder öffnete, sah ich, dass die Windschutzscheibe heraus war. Nur ein dünner, grob gezackter Glaskranz war übrig geblieben. Mein Vater steuerte die Ausfahrt an, die glücklicherweise gerade auf uns zukam. Als meine Mutter sich nach hinten herumdrehte, erschrak sie. Dass mein Gesicht blutverschmiert aussah, war die eine Sache. Noch grässlicher war der Anblick eines riesigen Fasans, der tot auf ihrer linken Schulter lag. Da er sich an dem Innenspiegel des Wagens und an der Glasscheibe aufgeschlitzt hatte, hingen seine Eingeweide heraus.

An der nächsten Tankstelle konnten wir uns von dem Blut des Vogels reinigen. Vater untersuchte Mutter und mich auf Verletzungen. Das Blut in meinem Gesicht stammte nicht von mir, sondern von dem toten Fasan. Als Nächstes fuhr Vater zu einer nahe gelegenen VW-Werkstatt und kaufte eine neue Windschutzscheibe. Nachdem die Eltern das Auto gereinigt und von den Glassplittern befreit hatten, baute unser Alleskönner die Scheibe selbst ein. Von dem Werkstattbesitzer erfuhren wir, dass hier ganz in der Nähe eine Fasanenzucht war. Der Fasan, der in unser Auto einschlug, war nach Vaters Beschreibungen aus dem Mittelstreifen der Autobahn aufgestiegen und hatte noch nicht die vorgeschriebene Flughöhe erreicht.

Die Reise konnte fortgesetzt werden; meine Eltern waren jetzt wirklich urlaubsreif.

Als Kind empfand ich solche Ereignisse gar nicht so furchtbar. Sie gehörten zu den bestandenen Abenteuern, die auf dem Schulhof für große Aufmerksamkeit sorgten.

Der Geruch von Motoren und der des Benzins rief in mir immer wieder große Reiselust hervor.

Spannende Spiele ohne zu sehen

Die erste elterliche Wohnung, an die ich mich noch erinnern kann, befand sich in einer der endlosen Häuserreihen des Stadtviertels Essen-Ost, die nach dem Zweiten Weltkrieg eilig in einem langweiligen Baustil errichtet worden waren. Hinter unserem Haus verlief die Hauptbahntrasse der Verbindung Essen und Dortmund. Von meinem Kinderzimmerfenster bewunderte ich im Dunkeln die vorbeirasenden Lichter.

Die weitere Begrenzung unseres Hofes bestand zur Linken aus einer hohen Mauer, die von dichten Fliederbüschen verdeckt wurde. Ihre Blüten davon sahen für meine sehschwachen Augen wie Kugeln aus, die in weiß, rosa und lila leuchteten. Dort konnten wir Kinder so lange Verstecken spielen, bis wir wieder von gefährlich brüllenden Stimmen alter Mitbewohner verjagt wurden. Zur Rechten gab es einen Obst- und Gemüsegarten, in dem die Erdbeeren zum Naschen einluden. Auch dort wurden wir Kinder regelmäßig aus dem Garten gebeten, indem der Nachbar mit einem bedrohlich pfeifenden Rohrstock bewaffnet unsere Verfolgung aufnahm. Selbstverständlich gab es auch einen Sandkasten. Mit den Schuhen voll Sand hinterließen wir oft genug Spuren im Hausflur. Zur Straßenseite durften wir das Haus nicht verlassen.

Im Hof spielten wir gerne ›Blinde Kuh‹. Darin war ich natürlich recht erfolgreich. Bei diesem Spiel wurden der ›blinden Kuh‹ die Augen verbunden und so musste diese eines der anderen Kinder fangen. Das gefangene Kind übernahm dann die Rolle der blinden Kuh. Ein ähnliches Spiel war auch das Topfschlagen.

Aber es gab auch ein viel spannenderes Wagnis! Den Garten konnten wir nur durch unseren düsteren Keller erreichen. Nach Behauptungen der alten Leute wohnte dort der unheimliche ›Bullemann‹. Diese Schreckgestalt sollte den Kindern Furcht einjagen und das tat sie auch reichlich.

»Wenn du nicht artig bist, dann wirst du in dem Keller zum Bullemann gesperrt!«, drohte uns so mancher Nachbar, der sich wie meistens von den Kindern in seiner Ruhe gestört fühlte.

Meine Freunde und ich schlossen eine Wette um ein Eis. Mutig gab ich vor: »Ich gehe ohne Licht bis in den letzten Kellergang, wo der Bullemann haust. Dort klopfe ich zum Beweis von innen an das Kellerfenster, das zum Hof hinaus zeigt«, und dummerweise galt diese Wette sofort.

Nun hieß es tief durchzuatmen und vor allem, den anderen meine Angst nicht zu zeigen.

Als ich den Keller betrat, war bereits das Licht an. Also machte ich es aus und ging langsam los. Ich bog in den Hauptgang ein und dort war es bereits sehr finster. Ab diesem Punkt bereute ich schon meine große Klappe. Meine Hände tasteten sich weiter vor, bis ich den letzten Quergang erreicht hatte. Das war das ›Bullemanngebiet‹.

Zitternd wollte ich gerade Richtung Kellerfenster abbiegen, da ging quietschend und knarrend eine Kellertüre auf. Alles in mir schrie nach Flucht. Nach meiner augenblicklichen Kehrtwende stieß ich direkt mit dem Bullemann zusammen. Etwas stürzte laut klirrend zu Boden und dann gab die Schreckgestalt einen heiseren Schrei von sich. Mein Herz klopfte bis zum Hals und ich rannte ohne zu tasten den dunklen Hauptgang entlang. Den Gang zur Kellertür fand ich leicht, da sich meine Augen mittlerweile an die Dunkelheit gewöhnt hatten. An der Kellertür schaltete ich das Licht ein.

Kurz darauf stampfte eine fluchende Stimme aus dem Kellergang heran: »Wer hat, verdammt noch mal, das Licht ausgemacht?«, und nun erkannte ich unsere alte Nachbarin. Sie hatte ein Marmeladenglas aus ihrem Kellerraum holen wollen und das lag nun zersplittert auf dem Boden. Wir hörten sie noch schimpfen, bis sie in ihrer Wohnung verschwunden war. Meine Freunde lachten: »Von wegen Bullemann!« Doch das Eis hatte ich mir ehrlich verdient.

Mit mulmigem Gefühl beichtete ich meiner Mutter diese Geschichte. Sie zeigte Verständnis: »Das mit dem Bullemann ist völliger Quatsch! Das ist eine Erfindung um Kindern Angst einzujagen. Ich rede mit der Nachbarin und bringe das Missgeschick mit dem

Marmeladenglas wieder in Ordnung«, und ich war ihr unendlich dankbar.

Das Gefühl einer Bedrohung in dunklen Kellerräumen hielt sich bis in mein Erwachsenenalter.

In der urigen Welt

Die Eltern meiner Mutter waren so früh gestorben, dass mir kaum Erinnerungen an sie geblieben sind.

Opa Willi, der Vater meiner Mutter, wohnte kurzfristig in meinem Kinderzimmer mit dem romantischen Blick auf die Bahngleise. Mutters Klavier gehörte zur Sonderausstattung meiner Räumlichkeit.

Eines Tages kam Opa Willi ins Wohnzimmer und hatte einen grünen Klaviertastenschoner um den Hals geschlungen und meinte: »Wer hat meinen Schal im Klavier versteckt? Seit Tagen suche ich den schon!«

Nach den Erzählungen meiner Eltern lief Opa eines Tages mit einem langen Küchenmesser durch die Wohnung. Daraufhin bekam er einen Platz im Altenheim.

Mehr Erinnerungen blieben mir leider nicht an den alten Malermeister, der einst in Bochum einen eigenen Betrieb geleitet hatte.

Seine Frau, Oma Ida, hatte in ihrer aktiven Zeit ein Lebensmittelgeschäft unterhalten. Sie starb so früh, dass ich mich an sie leider nur über Fotos erinnern kann. Wie die Eltern meiner Mutter gelebt hatten, vermittelte mir der Eindruck ihres alten Wohnhauses in Bochum-Langendreer, das gegenüber dem Bahnhof Langendreer stand. Mein Patenonkel Hans, der Bruder meiner Mutter, bewohnte weiterhin das elterliche Haus mit seiner Familie.

Das mehrstöckige Haus aus Kaisers Zeiten bot mehreren Familien Platz. Es gab noch Etagentoiletten und ein gemeinschaftliches Badezimmer im Keller. Mehrere Stufen führten in diese Badestube hinab, in der eine riesige Wanne auf Dackelbeinen stand. Ein Kohleofen heizte den Warmwasserboiler auf. Wenn das Wasser einlief, füllte sich der Raum mit Wassernebel und die Gerüche des Ofens stiegen in die Nase. Das Baden war damals eine echte Zeremonie. Gott sei Dank saß man nicht allein in der Wanne, denn es war ganz schön gruselig dort unten im Keller.

Im Garten breitete sich eine Wiese bis zur Grundstücksgrenze aus und es gab einen Hühnerstall. Alles wirkte gemütlich und strahlte heimelige Ruhe aus.

Ich erinnere mich noch gern daran, wie mein fünf Jahre älterer Cousin Reiner mit mir auf einer Fußgängerbrücke stand, die über die unzähligen Gleise der riesigen Bahnhofsanlage führte, und Windvögel steigen ließ. Die abgestürzten Fluggeräte gingen auf der Gleisanlage leider hoffnungslos verloren.

Das Elternhaus meines Vaters stand in Essen-Haarzopf, nicht weit vom Ehrenfriedhof entfernt. In wenigen Minuten erreichte man zu Fuß das Tal mit dem alten Halbach-Hammer. Das war ein mit Wasserrad betriebener Schmiedehammer, der heute unter Denkmalschutz steht.

Mein Urgroßvater Hermann hatte sein freistehendes Dreifamilienhaus vor dem zweiten Weltkrieg gebaut. Im Kellergeschoss befanden sich eine Tiefgarage, eine Waschküche und ein Vorratsraum, in dem oft ein duftender, westfälischer Schinken von der Decke herabhing. In den Regalen stapelten sich Wurstdosen und Einmachgläser.

Meine Großeltern fuhren oft ins Sauerland, um dort von der fernen Verwandtschaft hausgemachte Wurstspezialitäten zu kaufen.

Opa Hans und Oma Fine, die Eltern meines Vaters, bewohnten die Wohnung im Erdgeschoss. Onkel Willi, der Bruder meines Opas, lebte mit seiner Frau Anni darüber. Im Dachgeschoss gab es einen Onkel Franz, einen kinderfreundlichen Mieter.

In der Wohnung meiner Großeltern lebte auch noch die ›Tick-Tack-Oma‹. Sie war auffällig klein und kam meiner Kindergröße angenehm entgegen. Wenn ich mit ihr sprach, hielt sie sich immer eine Hand hinter das Ohr und formte jedes meiner Worte mit ihren faltenumzogenen Lippen tonlos nach. Gleichzeitig wirkten die Augen in diesem welken Gesicht immer noch jung und verschmitzt.

Ihre Möbel waren seltsam schnörkelig und hatten krumme Beine. Die Luft roch nach uralter Zeit.

Neben ihrer Zimmertür stand eine riesige Standuhr mit einem Pendel. Zu jeder vollen Stunde schlug sie so laut, dass sie bis in den Garten zu hören war. Mehrere Geißlein hätten sich darin verstecken können. Ich war lange davon überzeugt, dass der Name dieser Uroma sich von dieser Uhr ableitete.

Meine Großmutter, das Finchen, war eine liebevolle und ruhige Person. Sie hatte den ganzen Tag eine Küchenschürze um und war von morgens bis abends im Haushalt beschäftigt. Sie kochte Marmelade ein, verarbeitete das frisch geerntete Gemüse aus dem Garten, presste Obstsäfte und summte zufrieden vor sich hin. Auch die bunten Blumenbeete mussten vom Unkraut befreit werden, wobei ich etwas helfen durfte. Nur in der Mittagszeit machte sie ein Nickerchen. Dann saß sie im Wohnzimmersessel und lauschte Opas Schnarchen. Während dieser Ruhezeit musste ich ganz still sein, was mir äußerst schwer fiel.

Mein Opa trug aufgrund seiner Kinderlähmung am Bein einen Stützapparat. Er hatte immer ein gütiges Lächeln auf den Lippen und war scheinbar die Zufriedenheit in Person. Wenn ich bei meinen Großeltern übernachten durfte, dann erzählte mir Opa abends Geschichten. Im Sommer fand das im Freien statt.

Der Veranda der Wohnung schloss sich ein Ziergarten an. Unter schattigen Bäumen stand eine alte, einladende Bank. Vor ihr glitzerte der Wasserspiegel eines Teichs. Scheue Goldfische versteckten sich unter großen Seerosenblättern. Die nahen Blumenbeete verströmten ihren herrlichen Duft und in den hohen Ästen sang eine Amsel ihr Abendlied. Hinter dem Ziergarten war ein Nutzgarten mit Obstbäumen, Gemüsebeeten und Johannisbeersträuchern.

In dieser Atmosphäre ließen sich auf der Bank besonders spannende Geschichten erzählen. Wenn mir der Großvater vorlas, dann setzten sich oft auch die Großmutter Finchen und die Tick-Tack-

Oma hinzu, schlossen genüsslich die Augen und drehten Däumchen.

Auf dem oberen Balkon stand Onkel Willi mit einer riesigen Zigarre und blies Kringel in den rotgelben Abendhimmel.

An den Regentagen spielte Opa mit mir Karten oder Brettspiele und ließ mich fast immer gewinnen. Wenn es des Nachts donnerte und blitzte, dann durfte ich zwischen meine Großeltern in ihr Bett kriechen. Mein Opa schlief danach sofort wieder ein und schnarchte so laut, das im Schrank die Gläser klirrten. Was sollte mir der Donnergott da noch anhaben können? Schlimm war es nur, wenn Opas Atem eine Zeit lang aussetzte. Wir fragten uns besorgt, ob ihm etwas zugestoßen sei. Doch wenn die Spannung am höchsten war, dann zog er so laut quietschend die Luft ein, dass Oma und ich senkrecht im Bett saßen. Viele Jahre später sollte sich herausstellen, dass mein Großvater auf Grund eines Tumors, der ihm auf die Atemwege gedrückt hatte, solche gigantischen Laute hervorbringen konnte.

Wenn dieser Mann mit seiner Kinderlähmung seine linke Hand benutzen wollte, dann musste er zum Anheben des linken Arms die rechte Hand als Unterstützung unter den Ellenbogen legen. Das sah seltsam aus, gab ihm aber eine ganz persönliche Note. Alle körperlichen Arbeiten, die er ausführte, gingen nur langsam voran. Trotzdem führte er all diese Handhabungen pedantisch genau aus. Mit einer Engelsgeduld polierte er stundenlang seine Schuhe auf Hochglanz. Noch extremer war seine wöchentliche Autopflege.

Diese Zeremonie konnte man jeden Samstagmittag vor allen Häusern beobachten. Das war keine Autopflege, das war ein kultureller Akt, der bewies, dass zu dieser Zeit das Auto des Deutschen liebstes Kind war.

Mit meinen kindlichen Augen hatte ich meinen Großvater nie als behindert angesehen. Meine Naivität sagte mir, dass Großväter unbedingt so sein müssen. Er hätte gar nicht anders sein dürfen, sonst wäre er nicht mein Opa gewesen.

In der neuen Welt

1964 hatten meine Eltern in einer dörflichen Landschaft südlich der Ruhr ein Haus gekauft. Zu dieser Zeit nannte sich unser neuer Wohnbezirk noch Winz-Dumberg. Umringt von Hügeln, Feldern und Wäldern war das ein Paradies für Kinder. Kletterbäume lockten hinauf und wackelige Baumbuden stürzten hinab.

Besonders die ›Köttelbecke‹, ein herrlich plätschernder Bach, galt als Lieblingsspielplatz. Der schmale Strom wurde von uns Kindern gestaut, es wurden Frösche gefangen, wir ließen selbst geschnitzte Holzschiffe fahren und manchmal lagen wir selbst lang im Wasser.

Die Geschäftsräume der dörflichen Händler waren nicht größer als ein Zimmer. Als Kind konnte man nicht über die Verkaufstheke sehen. Es gab keine Kasse mit Quengelware. Beim Metzger gab es für die Kinder immer ›ein Stück Wurst auf die Hand‹. Bäcker, Milchmann, Eiermann und Gemüsehändler fuhren mit dem Verkaufswagen durch die Siedlungen. Das war ein ständiger und willkommener Grund für die damals so ausgeglichenen Mütter, vor das Haus zu treten und mit den neugierigen Nachbarinnen zu plaudern.

Wir Kinder spielten bei gutem Wetter auf der Straße, da nur einmal pro Stunde ein Auto vorbeikam. Auf den wilden Wiesen wuchsen Kräuter und Unkräuter aller Art, die in sämtlichen Farben die Insekten anlockten. Dort fingen wir Schmetterlinge und Heuschrecken. Wenn ein Landwirt diese urwüchsige Fläche gemäht hatte, konnte darauf Fußball gespielt werden. Die Kühe mähten ebenfalls die Wiesen und die Hähne krähten noch um die Wette.

Über dieser heilen Welt läuteten laut die Glocken der großen katholischen Mauritius-Kirche und des kleineren evangelischen Gotteshauses. Die Familien trennten noch streng zwischen Katholiken und Protestanten. Sonntags gingen viele Familien gemeinsam zur Messe und danach trennten sich die Wege der Damen und der Herren. In direkter Nachbarschaft zur katholischen Kirche warteten zwei Gasthäuser, deren verlockende Eingangstüren auf die Pforte des Gotteshauses ausgerichtet waren. So konnten die Herren der Schöpfung die Theken auf direktem Weg erreichen. Die Mütter bereiteten während der wichtigen Thekengespräche die leckeren Sonntagsspeisen, mit denen sie oft stundenlang auf den angeheiterten Herrn des Hauses warteten. Wunderbare, heile Welt!

Die Baustellen der neuen Siedlungen luden zum Spielen ein. Es war verboten, die Baugruben oder Rohbauten zu betreten. Wenn wir neugierigen Kinder uns trotzdem dort hinschlichen, dann mussten wir mit handgreiflichen Strafen durch die Bauarbeiter rechnen. Dort war Tapferkeit gefragt. Wenn diese fluchenden, groben Burschen endlich Feierabend gemacht hatten, konnte es passieren, dass wir deren Gummistiefel mit Dachnägeln auf den provisorischen Holzstufen der Rohbautreppen annagelten.

Wenn es regnete entstanden in den Baugruben herrliche Seen. Die Schalbretter der Betonbauer ließen sich zu Flößen umfunktionieren.

Als ich eines Tages die glorreiche Idee hatte, Robinson Crusoe zu spielen und in See stechen wollte, da ging mein schwankendes Floß bereits beim Auslaufen unter. Das Meer meines Abenteuers war nicht so himmelblau wie im Kinofilm. Als ich meine schlammbeladene Kleidung unter der fachlichen Anleitung meiner Mutter in der Waschküche auszog, erfuhr ich keine Wiedersehensfreude. Ich kam mir nicht vor wie der gerettete Robinson, sondern wie ein Rabensohn. Doch rückblickend war die Standpauke meiner Mutter völlig berechtigt!

Normale oder Sehbehindertenschule?

Wenn man mit dem besseren Auge plus Korrektur weniger als 30% Sehleistung hatte, dann galt man auch in den 60er Jahren als sehbehindert. Meine Sehkraft lag jedoch etwas höher und so beschlossen meine Eltern, dass ich eine ›normale Schule‹ besuchen sollte. Ihre Wahl fiel auf die evangelische Zwergschule unseres Dorfes. Diese Schule hatte nur zwei Klassenräume. In dem einen war das erste und zweite Schuljahr untergebracht und in dem anderen das dritte und das vierte. Ein Lehrer unterrichtete also gleichzeitig zwei Jahrgangsstufen.

Meine Klasse, besser gesagt, die ersten beiden Jahrgangsstufen, wurden von einem »Fräulein« unterrichtet. Sie war eine äußerst fürsorgliche Person, die die ›i-Männchen‹ zum Trösten notfalls noch auf den Schoß nahm, wenn wieder einmal die Tränen flossen. Zu gerne erinnere ich mich an meine Fibel, mein erstes Lesebuch. Der Text war in Schreibschrift. Ich erinnere mich heute noch an die bunten, naiven Bilder darin. Sie zeigten Motive aus den vier Jahreszeiten, Familien am Strand, Martinszüge, Wintermotive und Frühjahrsthemen. Es war eine gemalte, heile Welt.

Doch aus dieser heilen Welt tauchte ich schon bald auf. Meine Augen konnten aus der ersten Bank so eben die Buchstaben an der Tafel wahrnehmen.

Die verständnisvolle Lehrerin gab mir die Erlaubnis, nach vorne zu gehen, wenn ich etwas nicht gut genug sehen konnte. Doch das ständige Laufen zur Tafel empfand ich als sehr lästig.

Mein Vater kaufte mir ein kleines Fernglas, das man auch als Opernglas bezeichnete. Tatsächlich konnte ich damit besser von der Tafel lesen. Als Steigerung brachte mein alter Herr nun seine Bastelideen mit in das Thema meiner Sehminderung ein. Aus einem ausgedienten Schutzhelm nahm er den gepolsterten Kopfring und baute an der Stirnseite eine Haltevorrichtung für mein Opernglas an. Die Vorrichtung war senkrecht auf und ab schwenkbar, so dass das Fernglas genau vor meinen Augen hing oder über meiner Stirn hoch stand.

Mein neues Erscheinungsbild katapultierte mich in der Klasse direkt auf den Platz ›eins‹ der Spottliste. Statt der ›Brillenschlange‹ erhielt ich nun den Ehrentitel ›Eule‹.

Doch bevor dieser Titel sich in den Köpfen festsetzen würde, bekam der Spötter von der Eule eine Beule! Im Gegenzug bekam die Eule dafür vom Lehrer eine ganz deutliche Eintragung in das Klassenbuch. Doch ich hatte erreicht, meinen normalen Vornamen als Anrede unter den Schülern zu behalten.

Den Kopfring benutzte ich selbstverständlich im Unterricht nicht weiter. Um meinen bemühten Vater nicht zu enttäuschen, lobte ich seine Konstruktion und benutzte den Kopfring samt Optik zu Hause beim Fernsehen.

Um auch die hinteren Schulbankreihen erobern zu können, war ich auf das unangenehme Fernglas angewiesen. So nahm ich seine Notwendigkeit zwangsläufig in Kauf.

In den Reihen der Hinterbänkler wurden viel interessantere Themen als an der Tafel besprochen. Mit meinem Humor und meiner Beredsamkeit fand ich im hinteren Klassenraum endlich große Anerkennung.

Das stellte sich dann auch in den Kopfnoten meines Zeugnisses dar. ›Oft vorlaut‹ oder ›Stört oft den Unterricht‹ stand dort.

Wenn ich eine Handbreit mit der Nase über dem Text war, so konnte ich alles lesen und schreiben. In der Note ›Schrift‹ hatte ich als einziger von den Jungen meiner Klasse sogar ein ›sehr gut‹. Ich konnte auch hervorragend zeichnen. Also war die Note in »Kunst« ebenfalls ein ›sehr gut‹.

Mein Vater quetschte im geschätzten Bekanntenkreis gern sein Akkordeon und meine Mutter spielte Klavier. Zu dieser Zeit gab es statt einer Spülmaschine fleißige Hände. Ich half meiner Mutter regelmäßig beim Abwasch und trocknete das Geschirr ab. Dabei sang meine Mutter sehr gerne und ich stimmte ein. Bald sangen wir viele Lieder zweistimmig und das machte Spaß. Opa spielte Mandoline und sein Vater hatte Geige gespielt. Mit diesen musikalischen Genen erreichte ich auch im Musikunterricht die besten Noten und wurde im Schulchor aufgenommen.

Der Wechsel zur weiterführenden Schule

Meine Eltern hatten den glorreichen Einfall, mich in einem altsprachlichen Jungengymnasium in der Nachbarstadt anzumelden, obwohl es auch in unserer Stadt Hattingen ein Gymnasium gab. Das hieß, dass meine erste Fremdsprache Latein sein würde. Da die anderen Gymnasien oder Realschulen in der Unterstufe mit Englisch anfingen, war ein eventueller Wechsel zu einer anderen Schule kaum noch möglich. Das baute bei mir einen gewissen Druck auf. Warum sollte ich überhaupt Latein lernen? Ich fügte mich jedoch den Wünschen meiner Eltern und begab mich auf Cäsars Spuren.

Der Bus fuhr nur alle zwei Stunden in Richtung Nachbarstadt. Hatte ich zu einer anderen Zeit Unterricht oder verpasste ich den Bus, dann musste ich 1,5 km zur Buslinie des Nachbarorts wandern. Im Gepäck waren die Lehrbücher der nächsten sechs Unterrichtsstunden und zusätzlich oft der schwere Schulatlas. Dieses Gewicht war für einen Elfjährigen auf langer Strecke eine echte Last. Manches Mal weinte sogar der Himmel vor Mitleid und die vorbeirauschenden Autos spritzten zusätzlich das Wasser der Regenpfützen über die Bürgersteige.

Das Hauptgebäude des Gymnasiums erinnerte mich an die Schule in dem berühmten Film ›Die Feuerzangenbowle‹ mit Heinz Rühmann in der Hauptrolle. Auch die Lehrer waren ähnliche Originale. Da gab es unter ihrem Spitznamen Pöff und Schluffen die Lehrer für Latein, Pille für Biologie und viele andere mehr.

Die Sextaner gingen mit drei Klassen an den Start. Meine Klasse zählte 42 Schüler. Wenn der Lehrer hereinkam, mussten die Schüler aufstehen. Wir durften uns erst setzen, wenn es totenstill war und der Befehl »Setzen« kam.

Auch wenn man gefragt wurde oder etwas sagen wollte, musste man nach dem Aufzeigen aufstehen.

Die Schüler wurden vom Lehrer nur mit ihrem Nachnamen

angesprochen. »Müller, aufstehen!« oder »Meier, setze dich!«, denn das stammte noch aus der ›guten alten, preußischen Kaiserzeit‹. Disziplin hieß das Zauberwort.

Plötzlich fehlte mir die Herzenswärme, die ich in der Grundschule genossen hatte. Das war für mich eine große Umstellung. Nun gab es nicht mehr das nachsichtige Verständnis unseres geliebten Schulfräuleins.

Doch schon bald gab es einen Hoffnungsschimmer. Unsere Klasse bekam einen progressiven Lehrer, der zur ›68er Generation‹ gehörte. Bei ihm brauchten wir zur Begrüßung nicht aufzustehen. Er bot uns das ›Du‹ an und wir genossen umgehend seine ehrliche Freizügigkeit. Mit seiner Jeans und im Karohemd wirkte dieser junge Lehrer unter seinen alten Kollegen, die grundsätzlich Anzug und Krawatte trugen, wie ein bunter Hund. Unser Instinkt befürchtete, dass sein Aufenthalt an dieser Lehranstalt nicht von langer Dauer sein würde und so wurde er auch schon bald vom konservativen Kollegium hinausgedrängt.

Im Lateinunterricht musste man sich mit seinem Buch zum Übersetzen vor die Klasse stellen. Wenn die Chemie zwischen dem Lateinlehrer und dem Schüler nicht stimmte, dann ließ der Herr Oberstudienrat den Pennäler so lange deklinieren und konjugieren, bis ein Fehler auftrat. Es folgte ein hämisches und demütigendes Lachen. Je nach Faulheit des Schülers schlug der Pädagoge ihm als Steigerung das Lateinbuch aus der Hand. Von der stummen Klasse war kein Protest zu erwarten, da jeder froh sein konnte, wenn er selbst nicht nach vorne gerufen wurde.

Wer im Unterricht dazwischen sprach, wurde vor die Tür gestellt. Nach größerem Unfug hatte man bei einigen Lehrern auch die Wahl zwischen einer Ohrfeige und einer Strafarbeit. Auf die schallende Ohrfeige hatte ich mich aus gutem Grund nur einmal eingelassen!

Auch am Gymnasium machte mir der Musik- und Kunstunterricht viel Freude. Entsprechend gut waren meine Noten. Mathematik, Chemie, Physik und Erdkunde interessierten mich sehr.

Im Biologieraum stand Willi, unser Skelett. Kurz bevor der

Lehrer hereinkam, steckten wir Willi einen brennenden Zigarillo zwischen die Zähne. Dann trat er ein. Pille! Ein pensioniertes Urgestein, das ehrenamtlich die Schüler beglückte. Kaum hatte er den Rauch gewittert, da drohte dem Übeltäter eine harte Kopfnuss. Da die Klasse aber zusammen hielt und der Täter nicht ermittelt werden konnte, bekamen alle eine Strafarbeit.

An einem anderen Tag hatten wir die Pausenklingel abgeklemmt. Sie war direkt über der Eingangstür unseres Klassenzimmers, in der Nähe der letzten Bank. Daneben stand ein Schrank, in den wir eine batteriebetriebene Klingel gelegt hatten. Mit einem Draht konnte diese von der letzten Bank aus betätigt werden. Einige Lehrer blieben während der Pause im Klassenraum. Dank meines Fernglases saß ich wieder in der letzten Bank und war nun für das Pausenklingeln eingeteilt worden.

Ich ließ die Klingel beim ersten Versuch fünf Minuten eher läuten. Das fiel nicht auf. Beim zweiten Versuch wurden es zehn Minuten, doch die Lehrer schauten höchstens etwas zweifelnd auf ihre Uhr. Die Dreistigkeit, die Klingel eine Viertelstunde vor dem offiziellen Unterrichtsende zu betätigen, sollte Folgen für mich haben.

Da mit Ausnahmen meines Physiklehrers niemand Verständnis für diesen Streich hatte, wurde mir die Ehre zuteil, im Zimmer des Oberstudiendirektors nachzusitzen.

Doch auch der härteste Schultag ging einmal zu Ende. Der Schreibwarenhändler in der Nähe der Schule war ein guter Geschäftsmann. Er verkaufte nicht nur Schulbücher und Hefte, sondern auch Stinkbomben, für 2,00 Mark das Päckchen. Darin befanden sich kleine Glashülsen, die mit einer Schwefelflüssigkeit gefüllt waren und beim Öffnen nach faulen Eiern rochen. Diese Glashülsen ließ man im vollen Bus während der Heimfahrt vorsichtig zu Boden rollen und drängelte dann von dieser Stelle weiter in den Bus vor. Bald darauf trat irgendein Fahrgast unbewusst auf die Hülse und es verbreitete sich ein ekelhafter Gestank.

Im Rückblick sehe ich, dass mir die Reife für dieses hochwertige Gymnasium gefehlt hatte. Verfolgt von Cäsar und Cicero wurde ich des Lebens nicht mehr froh. Viele Hausaufgaben machte ich erst morgens im Bus. Also wurden die Wissenslücken immer größer und ließen sich mit keiner Raffinesse mehr verbergen. Das Pfuschen oder Abschreiben konnte ich aufgrund meines schlechten Sehens nicht nutzen und fühlte mich damit auch noch benachteiligt.

In meinem pubertären Kopf verstand ich nicht, dass hier kostenfrei Wissen für mich und mein späteres Leben angeboten wurde. Nein, ich hatte nur noch das Gefühl, für meine Eltern und Lehrer zu pauken.

Zwangsläufig wechselte ich zur Realschule. Dort fehlten mir, wie oben befürchtet, zwei Jahre Englischunterricht. Da kam mir eine 6-wöchige USA-Reise mit meinem Vater zu Hilfe, die wie ein Intensivkurs wirkte. (Darauf komme ich später noch zu sprechen.)

Hinzu kam die englische Musik, die mich hinhören ließ und mir half, mehr von dieser Sprache zu verstehen.

An der Realschule fühlte ich mich fair behandelt. Hier herrschte eine völlig andere Atmosphäre. Hier brauchte man nicht aufzustehen, wenn der Lehrer die Klasse betrat oder wenn man etwas vorzutragen hatte. Mein jahrelanges, andressiertes Aufstehen saß so tief in mir so drin, dass ich viele Tage brauchte, um mir das wieder abzugewöhnen. So produzierte ich jedes Mal mit meinem Aufstehen einen Lacher für die Klasse. Ja, manchmal gab es sogar Applaus, wenn ich besonders stramm stand!

Die Mitschüler waren sehr kameradschaftlich. In meiner neuen Klasse gab es einen Jungen, der contergangeschädigt war. Er hatte nur drei Finger an jeder Hand. Doch damit konnte er gut einen Schreibstift halten. Dieser Schüler war sogar unser Klassenprimus!

Meine neue Erkenntnis war: Behinderungen konnten auch zu Höchstleistungen anspornen! Das hieß für mich: Schluss mit dem Klassenclown! Meine Zensuren wurden besser und ich schloss die Realschule erfolgreich ab.

Schlechtes Sehen und Sport

Da mein linkes Auge so schwach war, dass ich damit kaum Buchstaben erkennen konnte, ergab sich für mich kein räumliches Sehen. Dieses »stereoskopische« Sehen ist nur mit gleich starken Augen möglich. Im normalen Alltag fiel mir das gar nicht auf. Nur beim Ballspielen machten sich Defizite bemerkbar. Und wann spielten die Jungen meiner Generation mal mit einem Ball? Immer!

Wenn im Sportunterricht für Handball und Fußball die Mannschaften gewählt wurden, gehörte ich natürlich immer zum schäbigen Rest.

In der Leichtathletik kam ich beim Kugelstoßen und Weitsprung gut voran, doch das Laufen, das Laufen! Beim 5000-Meter-Lauf bekam ich nach einiger Zeit Seitenstiche. Neben der guten Kondition fehlten mir auch das Interesse und der Ehrgeiz. Am Rande der Bahn, die den Sportplatz umrundete, feuerte unser Sportlehrer, ein Diplom-Fußballer, die langsamen Läufer aufmunternd an: »Hebt endlich die Beine, ihr Säcke!«

Doch die sehr korpulenten Jungen waren zu meinem Glück noch langsamer als ich.

Im Turnen war ich deutlich besser und beim Schwimmen erreichte ich sogar die Note ›sehr gut‹. Das verdankte ich meinem Vater, der mit mir bereits Schwimmübungen gemacht hatte, als ich erst fünf Jahre alt war. Noch heute erinnere ich mich sehr genau an diese Erlebnisse.

Nachdem ich im zarten Alter die ersten grobmotorischen Schwimmbewegungen machen konnte, stieg mein Vater mit mir auf das 1-m-Sprungbrett, hielt mich an meiner Badehose über den Abgrund und klinkte aus. Über mir schlossen sich die Wogen und es wurde warm in meiner Hose. Reflexartig begannen meine Extremitäten zu rudern. Als ich den Wasserspiegel endlich wieder durchstieß, spie ich eine Fontäne aus. Ich erreichte selbständig den Beckenrand und zitterte in einer Mischung aus Furcht und Stolz.

Mein Mut ließ mich in den nächsten Jahren bis auf das 5-m-Brett steigen, von dem ich mit einem Hechtsprung oder Salto ins Wasser sprang. Leider gab es in der Schulzeit nur wenige Schwimmstunden, die mir meine Sportnoten verbessern konnten.

Außerschulisch gab es für mich auch noch eine andere Sportart. Ab den 60er Jahren fuhren meine Eltern mit mir jedes Jahr in den Winterurlaub. Unser Quartier war ein Bergbauernhof in Tirol, wo wir schon einige Sommerurlaube mit dem erwähnten 24-PS-Käfer verbracht hatten.

Im Winter sah die gleiche Bergwelt völlig anders aus. Vor dem Haus lag der Schnee 1 m hoch. Von dem Balkon der Pension durften wir Kinder direkt in den Tiefschnee springen. Mit den Skiern trampelten wir auf dem Hang vor dem Gehöft den Tiefschnee nieder, um eine befahrbare Piste herzustellen. Von dieser Leistung war man am ersten Tag schon völlig geschafft. Unter den fachlichen Augen des Vaters wurden am nächsten Tag die Schneepflugkurven geübt. Danach musste man mit den Skiern auf den Schultern den ganzen Hang wieder hinauf kraxeln.

Einen riesigen Spaß machte das Schlittenfahren. Die Kinder unserer Pension banden die Schlitten zu einer großen Kolonne zusammen und sausten den 2 km langen Ziehweg mit mehreren Kurven und einer Bachbrücke bis zur Dorfstraße hinunter. Unsere Väter fuhren manchmal mit ihren Autos hinterher und zogen uns mit den Schlitten hinter den kräftig qualmenden Wagen wieder den Berg hinauf.

An anderen Tagen bauten wir so große Iglus, dass mehrere Kinder darin Platz fanden. Abends wärmten wir uns am Kachelofen der Bauernstube auf, über dem die schneenassen Skisocken aller Gäste von einem Trockengestell tropften. Der Duft des Weihnachtsbaums und das Aroma der mit Rum gestärkten Getränke der Erwachsenen ergaben eine besondere Atmosphäre.

Nach dem deftigen Abendessen bestanden die alten Herrschaften auf ihre verdiente Ruhe und trieben ihre kleineren Kinder in die Betten. Im ersten Stock gab es das einzige Gästewaschbecken, um das als Sichtschutz ein Vorhang herumgezogen werden konnte. Dort verrichteten alle Kinder brav der Reihe nach ihre Katzenwäsche.

Dann wurde artig das Licht gelöscht. Erst wenn die Mutter das Zimmer verlassen hatte, konnte im Licht der Taschenlampe noch so lange gelesen werden, bis auch die Batterien müde wurden.

Also erlernte ich trotz meines schlechten Sehvermögens auch das Skifahren. Die Bodenwellen sah ich kaum. Die Piste stellte sich für mich hauptsächlich als weiße Fläche dar. Die farbig leuchtenden Torstangen mit ihren bunten Fähnchen, die für das Skirennen der Skischule aufgestellt wurden, konnte ich noch erkennen. Also stürzte ich ›scheele Eule‹ mich mutig in den weißen Abgrund und erreichte sogar den dritten Platz! Des Abends bin ich mit der Anstecknadel am Schlafanzug stolz zu Bett gegangen.

In der Schule legte ich meinem Sportlehrer meine Siegerurkunde erwartungsvoll vor.

»Dafür gibt es keine Note!«, grinste er sichtlich belustigt, »Nicht einmal einen extra Pluspunkt!«, und so war der Ball wieder das wichtigste Sportgerät.

Über die Note ›befriedigend‹ in Sport kam ich Dank des runden Leders nicht hinaus.

Meine Eltern reisten mit mir auch in den kommenden Jahren in den Schnee. Das Skifahren war mein Lieblingssport geworden. Ich wagte mich auf immer steilere Pisten. Mit den gleichaltrigen Jungen fuhr ich um die Wette. Einmal wurde ich dabei durch eine vereiste Fläche am Steilhang so weit abgetrieben, dass ich über die gesamten Bretter der Teilnehmer einer Skischule sauste. Wie Dominosteine kippten sie der Reihe nach um. Mit hoch aufgerichteten, schwingenden Stöcken drohten sie und fluchten hinter mir her.

Zu dieser Zeit gab es im Dorf nur einen einzigen Schlepplift. Der führte durch eine Waldschneise und stieg dann einen furchtbar steilen Berg hinauf. Kinder und andere Untergewichtige wurden von dem schleppenden Holzbügel oft so hoch gezogen, dass sie den Bodenkontakt verloren. Dadurch fielen die kleinen Fahrgäste häufig aus dem Lift, rollten den Berg hinab und standen als Schneemänner mit vereisten Tränen wieder am Ausgangspunkt. Bei diesen Stürzen suchte sich der eiskalte Schnee seinen Weg in die Ohren, in die Nase, in die Handschuhe und manches Mal bis in die Unterwäsche. Aber wir Kinder gaben nicht auf. Wir gaben uns Mühe und wurden größer und schwerer.

Mit vierzehn Jahren machten ein gleichaltriger Junge und ich sich schlechte Namen im Dorf. Wir befuhren den einzigen Lift, den der Ort zu bieten hatte. Der Ankerbügel transportierte immer zwei Skifahrer gleichzeitig. Oben angekommen, ließ man den Bügel fallen und dieser schliff über eine hölzerne Auffangrampe. Dann wurde sein Seil in einer Trommel aufgezogen und der Anker wanderte weiter mit dem Hauptseil. Durch die Schneeschmelze waren aber vor der Rampe Löcher entstanden, an denen der Holzbügel manchmal hängen blieb. Dann spannte sich dessen Seil immer mehr, bis sich der Bügel losriss und im hohen Bogen durch die Luft flog.

Während einer Auffahrt blieb bei meinem Freund und mir der Bügel außergewöhnlich lange an der Holzrampe hängen. Nachdem er sich endlich gelöst hatte, schoss der Anker unter der extremen Spannung seines Zugseils so weit in die Höhe, dass er sich im Hauptseil des Lifts verfing. Der Bügel kam in das Transportrad und hängte unter lautem Krachen das Hauptseil aus. Die schweren Seiltrommeln der Ankerbügel stürzten neben den Skifahrern lebensbedrohlich nah auf den Schnee und alle Liftgäste purzelten den steilen Hang hinab.

Obwohl wir an diesem Unfall keine Schuld hatten, meldete sich das schlechte Gewissen und in uns stieg die Angst auf. Mit einer völlig leichtsinnigen Schussfahrt rasten unsere Bretter auf kürzestem Weg den Steilhang hinab. Die kreuzenden, schneeverwehten Ziehwege wirkten wie Sprungschanzen und ließen uns viele Meter weit fliegen. Als wir an der Liftstation angerauscht kamen, stellten wir die Bretter quer und bremsten. Der Schnee staubte so hoch auf, dass die Erwachsenen nur noch mit den Köpfen schüttelten und uns einen Vogel zeigten. Dann stellten wir uns mit einem unschuldigen Gesicht am Lift wieder an.

Gegen Abend suchte die Gendarmerie unsere Bauernhofpension auf. Irgendwelche Leute hatten meinen Freund und mich als die

Verursacher der Liftkatastrophe angegeben. Uns beiden rutschte das Herz in die Hose.

Beide Väter fuhren mit zur Polizeiwache und regelten die Angelegenheit. Es stellte sich heraus, dass der Liftbetreiber seine Aufsichtspflicht verletzt hatte. Um einen Unfall dieser Art zu vermeiden, stand nämlich an der Bergstation neben der beschriebenen Holzrampe ein kleines Lifthäuschen, von dem aus ein zweiter Liftführer die ordnungsgemäße Funktion der Anlage zu überwachen hatte. Diese Person war scheinbar aus Kostengründen eingespart worden.

Da dieser Ausfall die weihnachtliche Hauptsaison traf und der Lift drei Tage lang aufgrund der Reparatur still stand, musste der Liftbetreiber seine Sparmaßnahmen nun teuer bezahlen.

Leider blieb der Verdacht des Unfugs noch lange an uns Jugendlichen haften.

Pubertät

Viele Haushalte leisteten sich Ende der 60er Jahre einen Fernseher. Bei unserem gebrauchten Nostalgiegerät konnte mit einem Drehknopf zwischen dem ARD-Programm auf Kanal 25 und dem ZDF auf Kanal 52 gewechselt werden.

Die berühmte Kinderstunde gab es von 17 Uhr bis 18 Uhr. Dort konkurrierten die Serien Flipper, Fury, Lassie, Tarzan, und es gab die Augsburger Puppenkiste mit dem Lokführer Jim Knopf. Pipi Langstrumpf stimmte die Mädchen auf ihre künftige Emanzenrolle ein und die Jungs guckten begeistert die Westernserien Bonanza und Rauchende Colts.

Die USA und die UdSSR lieferten sich einen spannenden Wettlauf zum Mond. Atemberaubende Bilder von unserem Heimatplaneten rührten das Fernsehpublikum. Die unter Hochdruck arbeitenden Wissenschaftler, die die bemannte Raumfahrt vorantrieben, brachten als Nebenprodukte viele Neuheiten hervor. Die Hausfrauen freuten sich über die Teflonpfannen, die Jugend über das Transistorradio und die Büromenschen über die ersten funktionellen Taschenrechner.

Die Studentenbewegungen der ›68er‹ begannen mit ihrem Kampf gegen die starren Strukturen eines veralteten Gesellschaftsbilds und ich nahm den Kampf mit der Pubertät auf. Natürlich begriff ich in diesem Alter die politischen Zusammenhänge noch nicht, doch dass hier die Jugend gegen die Rohrstock schwingende Generation mit all ihrer Spießigkeit und Intoleranz rebellierte, gefiel mir.

Am 20. Juli 1969 betrat der Astronaut Neil Armstrong als erster Mensch den Mond und sagte den berühmten Satz: »Ein kleiner Schritt für einen Menschen, aber ein großer Schritt für die Menschheit.«

Nur das Raumschiff ›Orion‹ aus der deutschen Science-Fiction-Serie ›Raumpatrouille‹, die noch in Schwarzweiß gedreht wurde, war schon tiefer in die Weiten des Alls vorgestoßen und entführte mich jeden Sonntag hinaus aus der Welt meiner pubertären Sorgen.

Die Welle der Flower-Power-Zeit der Hippies schwappte von den USA nach Europa. ›Sex, Drugs and Rock‹n Roll‹ hieß die Parole. Je länger die Haare der Jungen wurden, umso kürzer wurden die Röcke der Mädchen. Während ihre Blicke auffällig lange auf den knackigen Hintern dieser Mädchen klebten, beschwerten sich kleinkarierte, alte Männer über das unsittliche Verhalten der verdammten Jugend.

Auch die Musik trennte nun die Generationen. Mit zunehmendem Alter interessierte mich im Fernsehprogramm nicht mehr die Kinderstunde, sondern die neuen Musiksendungen ›Disco‹ und die ›Hitparade‹. Dabei tendierte ich mehr zur Rockmusik als zum Schlager.

»Das ist keine Musik, das ist Körperverletzung!«, kommentierte mein Vater meine erste Single-Schallplatte der Gruppe ›Black Sabbath‹ mit dem Titel ›Paranoid‹.

In dem auf Hochglanz polierten Nussbaumplattenspielerschrank meiner Eltern lief das Kontrastprogramm mit Willi Schneiders Gassenhauer ›Schütt die Sorgen in ein Gläschen Wein‹. Peter Alexander sang ›Vater ist der Beste‹ und der Kinderstar Heintje jaulte in höchstem Sopran das Lied ›Mama‹, so dass der Schmalz aus den Lautsprechern quoll.

Auch das Thema Kleidung führte zwischen Alt und Jung immer wieder zu heißen Diskussionen. Ich hatte mir von meinem ersparten Taschengeld dem Trend entsprechend Wildlederstiefel mit langen Fransen gekauft. Mein Vater war jedoch der Meinung, dass sein Sohn nicht wie ein Gammler herumlaufen sollte und schnitt die Fransen ab.

Mit der Jeans stieg man in die Badewanne, damit sie passgenau eng anlag. Der Stoff der Partyhemden schimmerte mit einem Metallic-Effekt und dazu trug man Knautschlackjacken und Knautschlackschuhe.

So gestylt erschienen wir auf den Klassenfeten. Als Schüler eines Jungengymnasiums gab es dort endlich die Möglichkeit, die Mädchen näher kennen zu lernen. Manchmal feierten wir auch in den Kellern der größeren Elternhäuser.

Von den Wänden der kargen Kellerräume strahlten auf riesigen Postern die Stars und Sternchen der aktuellen Musikszene. In der schummerigen Beleuchtung einer Schwarzlichtröhre gab es beim ›Klammerblues‹ die ersten schüchternen Tuchfühlungen. Um die nächste Heiterkeitsstufe zu erreichen, ging ein 1-Liter-Glasstiefel durch alle Hände, der selbstverständlich permanent nachgefüllt wurde. Mit Hilfe des Flaschendrehens wurde dann bestimmt, wer mit wem knutschen durfte. In der weiteren Heiterkeitsstufe folgte das verrückte Headbanging zum stampfenden Rhythmus der Rockmusik.

Zu dieser Zeit entstanden auch die Discotheken, die mit ihren mächtigen Musikanlagen und Lichtorgeln eine ganz neue Atmosphäre schafften.

Nicht nur die Flower-Power-Songs schwappten aus den USA über Europa, sondern auch die Drogen. Also bereicherten die Antidrogenvorträge zusätzlich den Schulstundenplan. Um die Praxis zu erlernen, kreiste dann während der Feten so manche Tüte, die einen Hanfgeruch verbreitete.

Die Drogen interessierten mich nicht, da ich grundsätzlich die Übersicht behalten wollte. Aber die Zigaretten waren in der verbotenen Raucherecke des Schulhofs ein Muss. Jeder harte Mann im Fernseher hielt einen Glimmstängel in der Hand und jeder Versicherungsvertreter streute seine Zigaretten als Akquise unter die Kunden. Und so ging das HB-Männchen jeden Abend zur Werbezeit in die Luft.

Fahrradfahren, Mofafahren und Führerschein

Meine Sehkraft blieb konstant und auch der Augeninnendruck war unter der Tropfentherapie mit Pilocarpin gut eingestellt.

Trotz der großen Sorge meiner Mutter war ich mit meinen schwachen Augen aufs Fahrrad gestiegen und hatte beweisen können, dass mein Sehen dazu ausreichte. Meine Konfirmation beendete die Zeit der gebrauchten Fahrräder. Von dem Konfirmationsgeld kaufte ich mir das erste neue ›Bonanza‹-Rad. Das hatte der Zeit entsprechend einen hohen Lenker und einen Bananensattel. Der war nicht bequem, aber er sah gut aus! Die Krönung war die 5-Gang-Hebelschaltung. Wie ein stolzer Reiter saß ich im Sattel, bis ich einmal übersah, dass die Straßendecke aufgerissen und repariert wurde. Ich küsste zum Abschied den Lenker meines Fahrrads und stieg kopfüber nach vorne ab. Es gab eine große Platzwunde am Kinn und einen starken Vortrag meiner Mutter. Vater richtete das Fahrrad und ich richtete meinen Blick schon bald auf ein Mofa.

Waren damals nicht die Träume eines jeden 15-jährigen Jungen ein Mofa, dann ein Moped und als großes Ziel ein Motorrad zu fahren?

Mit fünfzehn wurde der erste Wunsch für mich wahr. Das Mofa stand endlich vor der Tür. Es war eine Zündapp mit einer 2-Gang-Schaltung. Zu dieser Zeit brauchte man dafür noch keinen Führerschein. Mein Sehen reichte aus, um unfallfrei zu fahren. Nur im Dunkeln hatte ich Schwierigkeiten und brachte mich in manche gefährliche Situation. Doch ich hatte jugendlichen Leichtsinn und einen guten Schutzengel. Die älteren Jungen fuhren bereits ein

Mokick oder Kleinkraftrad der Führerscheinklassen IV bzw. V und ließen mich ab und zu verbotenerweise fahren. Also war mein nächstes Ziel der Führerschein.

Um mit den schnelleren Mokicks, die 40 km/h Höchstgeschwindigkeit fahren durften, mitzuhalten, mussten die deutlich langsameren Mofas ›frisiert‹ werden. Da half ein größerer Vergaser, ein größeres Ritzel vorne und ein kleineres Ritzel hinten. Auch der Auspuff musste noch etwas geändert werden.

Mit diesen völlig verbotenen Bauartveränderungen erreichte das Mofa bequem eine Höchstgeschwindigkeit von 60 km/h und konnte sogar ein unfrisiertes Mokick abhängen. Getankt wurde ab und zu heimlich an Vaters Wagen, da zu dieser Zeit noch die technische Möglichkeit bestand, einen dünnen Aquariumpumpenschlauch in den Tankeinfüllstutzen zu schieben. Mit dem Mund saugte man den Sprit an und der floss dann selbständig in einen auf den Boden stehenden Behälter. Zur Strafe bekam man manchmal einen Schluck Sprit in den Mund, der ekelhaft schmeckte. Da ich nicht gierig war, fielen die kleinen Mengen nicht auf. Nun musste nur noch Zweitaktgemisch hinzugegeben werden und man konnte weiterknattern. Dann bekam das Mofa noch eine Sitzbank, als Beinschutz eine Schürze und als Krönung eine riesige Frontscheibe. Eine 6-Volt-Batterie versorgte die durch einen zusätzlich angebrachten Nebelscheinwerfer und Bremslicht erweiterte Lichtanlage, die viel Strom benötigte. Auch bei diesen Montagearbeiten bastelte mein Vater gerne mit und gab mir manchen guten Tipp.

Doch alles Verbotene fällt irgendwann mal auf. Ich war in die Stadt gefahren, um Grillwurst für unsere Jugendgruppe zu kaufen. Auf dem Rückweg fuhr vor mir ein Ford mit einer ›Rentnerband‹. Nachdem ich einige Zeit hinter dem schleichenden Wagen hergefahren war, versuchte ich zu überholen. Doch mitten im Überholvorgang zog der alte Herr nach links, um in eine Parklücke einzubiegen. Sein Wagen stieß gegen mein Mofa und ich schoss ebenfalls nach links. An der Stoßstange eines Opels wurde ich unsanft gebremst, stürzte über meinen Lenker und landete mit meinem Allerwertesten auf der Haube dieses Wagens. Die Haube erhielt eine Trichterform und meine Jeans einen Riss. Ich stieg aus dem Trichter, zählte meine Knochen nach und war erstaunt, dass ich so gut wie unverletzt war. Der Besitzer des geparkten Wagens kam hinzu und verhielt sich erstaunlich gelassen. Eine Unfallzeugin stellte sich rechtlich auf meine Seite und meinte, dass sie genau gesehen habe, dass der greise Fahrer nicht geblinkt hatte. So sah ich das auch. In der nahe gelegenen Polizeiwache wurde der Unfall aufgenommen.

Als ich siegesbewusst die Wache verlassen wollte, nahm mich ein junger Polizist zur Seite und meinte: » Komm mal mit und erkläre mir einiges zu deinem Mofa.« Draußen kniete er sich neben meine Maschine, zeigte auf den Kettenantrieb und grinste überlegen: »Wieso ist dort ein so großes Schutzblech, wenn darunter nur ein ganz kleines Ritzel läuft? Du willst mir doch wohl nicht erzählen, dass das ein Originalteil des Herstellers ist?«

Am nächsten Tag durfte ich das Mofa mit den zurückgebauten Originalteilen noch einmal vorführen. Die Polizei sah gnädigerweise von einer Anzeige ab.

Um künftig schneller unterwegs zu sein, musste also der Führerschein her. Blauäugig ging ich zur Fahrschule, nahm an einem Sehtest teil.

Ich fiel nicht nur beim ersten Versuch durch, sondern auch aus dem Himmel meiner naiven Träume.

Trauerzeiten

Meine Mutter hatte vor meiner Geburt als Krankenschwester gearbeitet. Während des Dienstes in einer Isolierstation infizierte sie sich mit Diphtherie. Die Folge war eine Mitralstenose, eine Herzklappenverengung. In den 50er Jahren war eine Herzoperation hochgradig lebensgefährlich. Doch meine Mutter, die zuvor eine sportliche junge Frau gewesen war, ließ sich auf das Abenteuer ein. Sie hatte Glück. Nach der Operation ging es ihr gesundheitlich viel besser. Große körperliche Anstrengungen durfte sie trotzdem nicht auf sich nehmen. Wenn möglich, dann sollte sie auch keine Aufregungen haben. Doch wie oben berichtet, nach ihrer Herzoperation kam ich, der Star mit dem Star, das Sorgenkind.

Der Hoffnungsträger meiner Mutter, Dr. Christiaan Barnard, führte in Kapstadt 1967 seine erste Herztransplantation erfolgreich durch. Das hatte meinen Eltern Mut gemacht, denn die Herzklappe meiner Mutter hatte sich im Laufe der Jahre wieder verengt. Wenn ich mit ihr spazieren ging, dann war sie sehr schnell erschöpft.

»Du kannst dir nicht vorstellen, wie gut das tut, wenn man einmal richtig tief durchatmen kann«, sagte sie häufig zu mir.

Je schwächer das Herz meiner Mutter wurde, desto öfter musste mein Vater sie die Treppe in unserem Haus hinauftragen. Selbst ich als 15-jähriger zog sie manches Mal an der Hand die Stufen hinauf.

Trotzdem gab sich Mutter nie als schwerkranke Frau. Mit Disziplin und einem starken Willen ging sie ihren häuslichen Aufgaben nach. Ihre liebste Freizeitbeschäftigung war das Lesen. Jeden Samstag, wenn die Eltern mich in der Nachbarstadt vom Gymnasium abholten, um auch den Wocheneinkauf zu tätigen, dann verschwand meine Mutter für eine Stunde in der städtischen Leihbücherei. Jedes Mal kam sie strahlend mit einem Stapel Bücher auf den Armen wieder heraus.

1972 entschloss sich meine Mutter auf Anraten der Ärzte zu einer erneuten Herzoperation. Sie war die fünfundzwanzigste Patientin, die in der Uni-Klinik Essen eine künstliche Herzklappe implantiert bekommen sollte. Während des Eingriffs gab es so viele Komplikationen, dass sie nicht mehr aus der Narkose erwachte und starb.

Meine Mutter hatte am Tag vor ihrer Operation einen mehrseitigen Abschiedsbrief an meinen Vater und mich geschrieben. Diesen Brief besitze ich heute noch. Ihre tadellose Handschrift und ihr Sprachstil geben mir wichtige Hinweise über die Persönlichkeit dieser Frau. Heute lese ich als reifer Mensch mit mehr Bedacht zwischen ihren Zeilen und ergänze nun mit diesen zusätzlichen Erkenntnissen das Bild meiner Mutter, das ich als Kind und Jugendlicher vor Augen hatte.

Der Brief spiegelt als Momentaufnahme die angespannte Situation der Familie wieder. Er zeigt die todkranke, kämpfende und hoffnungsvolle Mutter, der in der Stunde der Todesangst Zweifel kommen. Die Angst, die Liebsten zu verlieren. Die Angst, einen noch nicht selbständigen Jungen zurückzulassen.

Die sterbenskranke Frau sprach in ihrer letzten Stunde mit ihren wohl bedachten Zeilen den verzweifelten Ehemann an, der sich bemühte, seine Gefühle zu kontrollieren und Stärke zu zeigen.

Auch die Unzufriedenheit des Vaters über den pubertierenden Sohn wurde angesprochen und um väterliche Geduld und Verständnis gebeten.

Der Text endet mit einer Liste an Dingen, die mein Vater nach der Operation für meine Mutter ins Krankenhaus mitbringen sollte.

Ich hoffe, dass sie, als gläubige Christin, mit dem Gefühl von Gott begleitet zu sein, beruhigt einschlafen konnte.

Zum ersten Mal sah ich meinen unbeugsamen Vater völlig in Tränen aufgelöst. Meine eigenen Gefühle verloren sich in einer großen Leere. Der aufgebahrte Leichnam meiner Mutter wirkte auf mich so fremd, dass mir kaum die Tränen kamen. Das, was den Mensch erst menschlich machte, die Ausstrahlung, seine Aura, sein Charisma, all das hatte der leblose Körper meiner Mutter nicht mehr.

Ein sehr langer Trauerzug begleitete ihren letzten Weg. Leider trafen sich unsere vielen fernen Verwandten oft nur zu solchen traurigen Ereignissen. Ein Jahr zuvor war Oma Fine, die Mutter meines Vaters, gestorben und meiner Mutter sollte kurz darauf noch Vaters Oma, meine Tick-Tack-Oma, ins Grab folgen. Das Trauern nahm scheinbar kein Ende.

»Du musst jetzt etwas schneller erwachsen werden!«, meinte mein Vater nach der Beisetzung zu mir. Also steckte ich mir ganz offiziell eine Zigarette an und wartete auf die negative Reaktion des Erziehungsberechtigten. Da diese ausblieb, gehörte ich scheinbar nun tatsächlich zum Kreis der Erwachsenen.

Vater war noch vor dem Tod meiner Mutter die Karriereleiter weiter emporgestiegen und hatte die Leitung einer städtischen Feuerwehr übernommen. Engagiert steckte er bis zum Hals in seinen neuen, großen Aufgaben. Gleichzeitig musste aber auch der Haushalt geregelt werden, da dort die Mutter in allen Bereichen fehlte.

Wir teilten uns den Einkauf und die Putzaufgaben. Einen Teil der Wäsche wusch Vater in der Waschmaschine selbst. Den anderen Teil gab er in die Wäscherei, wo auch seine Diensthemden gebügelt wurden.

Zu Anfang war es für mich ein tolles Erlebnis, mein Mittagessen in der Pommesbude einnehmen zu können. Ich aß liebend gerne Pommes mit Majo und Currywurst. Also bestellte ich mir nach dem Schulunterricht täglich die ›Ruhrgebiets-Schlemmerplatte‹, bis mir die Mayonnaise nach zwei Wochen aus den Ohren lief. Der Appetit auf gute traditionelle Hausmannskost war endlich wieder da.

Kontaktlinsen

Meine Sehkraft hatte leicht nachgelassen, doch da nahte Hilfe. Eine Neuheit waren Kontaktlinsen. Mit dieser Korrektur erreichte ich auf dem rechten Auge wieder eine Sehleistung von knapp 50%. Leider kam das Sehvermögen des linken Auges auch mit dieser Optik nicht über 20%. Um den Sehtest einer Fahrschule zu bestehen, benötigte man mindestens 50% auf dem einen und wenigstens 30% auf dem anderen Auge.

Damit war ich immer noch knapp am Führerschein vorbei. Ich konnte beim Fahren zwar nicht die Gesichter der Passanten erkennen, doch ich sah den Straßenverlauf und alle Hindernisse. Auch die Straßenschilder und Städtehinweise auf der Autobahn konnte ich im Vorbeifahren so eben lesen.

»Die Technik und Medizin macht riesige Fortschritte, habe Geduld«, tröstete mich mein Vater. Im tiefsten Inneren machte sich bei mir die Sorge breit, dass ich aufgrund meiner Sehschwäche niemals in die Fußstapfen dieses stolzen Mannes treten konnte. Er besaß aus beruflichen Gründen alle Führerscheinklassen und war ein talentierter und begeisterter Fahrer.

Die Kontaktlinsen verbesserten das Sehen, machten aber auch

Probleme. Um sie auf das Auge zu setzen legte ich sie mit der konvexen Seite, wie eine Schüssel, auf den Zeigefinger und füllte einen Tropfen von einer speziellen Lösung hinein. Dann drückte ich die Linse auf die Augenoberfläche. Durch die Adhäsionskraft der Flüssigkeit blieb die Linse am Auge haften. Das Herausnehmen war schwieriger, da ich die Linse mit den Fingerspitzen direkt von der Hornhaut abziehen musste. Sobald Luft unter die Linse trat, fiel sie leicht ab. Als Hilfe gab es auch kleine Gummisauger, die auf die Kontaktlinse gesetzt wurden und das Glas vom Auge hebeln konnten. Zu Anfang kratzten die Plastikschüsseln heftig und verursachten ein deutliches Fremdkörpergefühl. Dann kamen neue, weiche Linsen auf den Markt. Diese hatten den Nachteil, dass sie bei der Einnahme meiner drucksenkenden Tropfen umgehend trübe wurden. Das brachte viele spannende Momente, denn dieses Missgeschick passierte mir jedes Mal, wenn ich mich in fremder Umgebung befand.

Genauso abenteuerlich wurde es, wenn ich die Kontaktlinse zu Hause auf einem Teppich verlor. Zum Glück gab es unseren Teppichdackel Wally. Es war eine Hündin, die aufs Wort hörte. Auf den Befehl: »Wally such!« begann das brave Tier systematisch mit seinem schwarzen Radiergummi über den Teppich zu schnüffeln, suchte und fand. Etwas angewidert wurde mir die Linse vor die Füße gespuckt. Ich revanchierte mich mit einer hohen Dosis Hundeschokolade und gab die Kontaktlinse in ein Desinfektionsbad.

Auch bei überraschenden Sturmböen und Wasserwellen lebten meine Kontaktlinsen und ich getrennt.

Die USA-Reise

In den Sommerferien flog mein Vater mit mir in die USA, um dort mehrere Verwandte zu besuchen. Diese Flugreise hatte er spontan nach dem Tod meiner Mutter gebucht, um seinen einzigen Bruder wiederzusehen, der in den 50er Jahren nach Colorado ausgewandert war.

Wir starteten in Frankfurt am Main mit einer Boeing 707 und sollten in New York umsteigen. Der Steigflug war atemberaubend.

Wir durchstießen die grauen Wolken und wurden von einem sonnigen blauen Himmel aufgesogen. Der Wolkenteppich unter uns strahlte in blendendem Weiß. Mit meinem kleinen Opernglas erkannte ich hinter der ovalen Fensterscheibe bizarre Zuckerwatteformen, die zum Teil riesige Türme bildeten. Die Maschine folgte in 10.000 m Höhe ohne Turbolenzen ihrer Atlantikroute. Der rote Feuerball ging nur für kurze Zeit unter. Die hübschen Stewardessen führten für den Rettungsfall das Anlegen der Schwimmwesten vor, doch da die meisten Gäste in dieser Höhe mit keinem größeren Wasserschaden rechneten, schaute kaum jemand zu. Erst als die Damen uns mit Speisen und Getränken versorgten, stieg die Aufmerksamkeit wieder. Die Kinder und Jugendlichen überbrückten die Reisezeit mit den gebotenen Kinofilmen, die auf den Leinwänden des Mittelschiffs gezeigt wurden. Die Erwachsenen blätterten in ihrer Lektüre, schnarchten oder hielten sich an der Bord-Bar fest.

Der lang erwartete Anflug auf New York war gigantisch. Der Blick über die berühmte Skyline zog alle Kameraobjektive auf sich. Die Landung endete mit einem großen Applaus für die Crew.

»So, mein Sohn, ich habe dich ja zur Schule geschickt. Nun zeige mal, wie deine Englischkenntnisse sind!«, sah mich mein Vater erwartungsvoll an.

Also fragte ich mit meinen Englischkenntnissen, bestehend aus drei Jahren Unterricht, an einem Informationsschalter sehr gehemmt nach unserer Flugverbindung nach Los Angeles. Mir fielen erstaunlicherweise gleich die notwendigen Vokabeln ein und die Bedienstete verstand, was ich wollte.

Das Hochgefühl, etwas Besonderes von mir gegeben zu haben, sank bei der Antwort, die ich bekam, gleich in den Keller. Ich verstand kein einziges Wort, das aus dem Mund der attraktiven Amerikanerin kam.

Mein Ohr war auf den amerikanischen Akzent noch gar nicht eingestellt. Schulterzuckend und frustriert erklärte ich meinem Vater, dass ich es nicht übersetzen könne. Wieder reichten meine Leistungen nur für eine Enttäuschung. Mir lag auf der Zunge: »Dank des altsprachlichen Gymnasiums fehlen mir nun zwei Jahre Englisch. Soll ich die Dame mal in lateinischer Sprache nach dem Weg fragen?« Doch das hätte die Situation nicht entschärft und die lateinischen Vokabeln für die Worte ›Flieger‹ und ›Flugverbindung‹ fielen mir auch nicht ein.

Ein Mann vom Flughafenservice, der aus Deutschland emigriert war, kreuzte zufällig unseren Weg und leitete uns zum entsprechenden Terminal.

Der riesige Innenraum eines Jumbojets tat sich auf und hunderte Reisende eilten ihren Sitzplätzen entgegen. Der Start der Boing 747 war noch gigantischer als der vorherige. Nachdem die Maschine mehrere hundert Meter gestiegen war, erhöhte der Kapitän die Schubkraft so heftig, dass wir tief in unsere Sitze gepresst wurden.

Schon bald hatten wir wieder die Flughöhe von 10.000 m erreicht und überquerten nun von Ost nach West den gesamten nordamerikanischen Kontinent.

Nach einer gesamten Reisezeit von 24 Stunden waren wir endlich müde in Los Angeles gelandet. Der Onkel meines Vaters, ein alter Herr, der schon vor dem zweiten Weltkrieg nach Amerika ausgewandert war, holte uns vom Flughafen ab. Onkel Hans lebte mit seiner Frau am Stadtrand von L.A. in einem Trailer-Park für Senioren. Diese Anlage wirkte nicht so trostlos wie das deutsche Altenzentrum, in dem meine Tick-Tack-Oma ihre letzten Lebensjahre verbracht hatte. Die Trailer waren große Mobilheime mit einem Wohnzimmer, einem Schlafzimmer, mit Küche und Bad. Kleine Blumenbeete und bunte Kieselsteinflächen umsäumten diese niedlichen Wohnheime. Im Zentrum des Parks gab es Geschäfte, Versammlungsräume und ein Freibad. In dem Pool schwammen betagte, unglaublich korpulente Damen, die zu meiner Verwunderung komplett bekleidet waren und dazu noch riesige Hüte trugen. Das war ‹The American way of life‹.

Onkel Hans führte uns zu den Sehenswürdigkeiten und Naturschönheiten Kaliforniens. Auf den Zuschauerrängen des Meeresaquariums ließen wir uns von den 12 m langen Killerwalen und den verspielten Delphinen nass spritzen. Dann ging es in einem klimatisierten Ford in die kalifornische Wüste. Die Aircondition und das Automatikgetriebe der Automobile gehörten in den USA bereits zur Standardausstattung, noch bevor die Deutschen davon träumten. Während im Wagen die angenehme Temperatur von ca. 21°C herrschte, flimmerte die Außenluft im Licht der Sonne bei 45°C. Am Rand der endlosen Landstraße gab es nach etlichen Meilen immer wieder Wasserentnahmestellen, um die gequälten Motoren mit Kühlwasser zu versorgen. Auch an den Raststätten gab es grundsätzlich für die Menschen kostenfreies, kühles Trinkwasser.

In den Bergen standen wir eine Stunde lang an einem Bahnübergang. Dort quälte sich ein scheinbar endloser Zug hinauf. Er hatte fünf Lokomotiven und über 150 riesige, beladene Anhänger.

300 km östlich von San Francisco trafen wir auf den Yosemite National Park und besuchten in der Stadt Mariposa weitere, entfernte Verwandte.

Der Yosemite Park liegt an den westlichen Hängen der Sierra Nevada und steigt von 600 m bis zu 4000 m auf. 50% aller Pflanzenarten der USA sind dort anzutreffen. Aufgrund unseres straffen Reiseplans besuchten wir nur das Yosemite Valley, den Hauptteil dieses beeindruckenden Nationalparks. Gigantische Wasserfälle stürzten sich aus großen Höhen über Granitgestein in glasklare Seen. Die Mammutbäume hatten Durchmesser von bis zu 7 m. Die versteinert wirkenden Stämme waren zum Teil an ihrem Fuß in der Mitte so weit geteilt, dass wir hindurchlaufen konnten. In dieser Welt konnte man sich die Heimat Winnetous vorstellen.

Wenige Tage später flogen wir in den Bundesstaat Colorado. Dort lebte Vaters Bruder Werner mit seiner vierköpfigen Familie am Rande der Stadt Colorado Springs. Sein freistehendes Haus lag an einer Bergstraße und war im Untergeschoss aus Stein, im Obergeschoss aus Holz errichtet worden. Umringt von hohen Nadelbäumen stand es an einem Hang. Eine von Blumen gesäumte Steintreppe führte in den ersten Stock zum Haupteingang. In dieser Etage befanden sich die Wohnräume. An einem Balken eines Balkons hing ein Zuckerwasserspender. Mit viel Geduld und Ruhe hielt ich meinen Finger darunter und wartete, bis sich ein Kolibri vertrauensvoll daraufsetzte. Das Gewicht des winzigen Vogels war nicht zu spüren. Als Kontrastprogramm durchsuchten gefährliche Bären die Abfalltonnen des Hauses.

Als Junge interessierte mich der Fahrzeugpark im Kellergeschoss. Ein VW Karmann Ghia Cabrio, ein großer amerikanischer Ford und ein Boot mit einem 80-PS-Außenbordmotor auf einem Hänger füllten die Garage.

Dann kam ich ins Staunen. Mein 13-jähriger Cousin Jimmy besaß bereits eine Honda mit 100 ccm. In diesem Land war es erlaubt, außerhalb der öffentlichen Straßen, also im Gelände, ohne einen Führerschein Motorrad zu fahren.

Mein Onkel betrieb in der Stadt eine Autoreparaturwerkstatt. Er besorgte meinem Vater und mir zwei Geländemotorräder und mein Jungentraum wurde wahr. Tagelang fuhren mein Cousin Jim und ich mit den Crossmaschinen in den nahen Bergen herum. Wir übten das Steilwandfahren und machten riesige Weitsprünge. Nur ein leerer Tank konnte mich vom Fahren abhalten. Der Tag hätte hundert Stunden haben können.

Mein Vater demonstrierte mir, wie man richtig Motorrad fährt. Er hatte einen großen Erfahrungsschatz aus der Nachkriegszeit. Bei dieser Demonstration stürzte er und brach sich das Wadenbein. Zur Stabilisierung bekam er einen Zinkleimverband, der im späteren Bericht noch eine Rolle spielen soll.

Die Freizeitangebote des Landes der unbegrenzten Möglichkeiten nahmen kein Ende. In diesen Sommertagen lernte ich auf dem nahe der Stadt gelegenen See das Wasserskilaufen. Als Kontrast dazu ging es dann in den Schnee. Nahe der Stadt Colorado Springs erhebt sich in der Front Range der Rocky Mountains der 14.110 Fuß, bzw. 4300 m hohe Pikes Peak. Dort war sogar das Sommerskifahren möglich.

Die weitere Autoreise führte zum Yellowstone-Park im Bundesstaat Wyoming. Der älteste Nationalpark der Welt, gegründet 1872, liegt auf einem Hochplateau der Rocky Mountains in einer durchschnittlichen Höhe von 2400 m. Das Gebiet befindet sich im Trichter des größten Supervulkans des nordamerikanischen Kontinents. Die 60 km lange und 40 km breite Magmakammer liegt in 8 km Tiefe. Die umringenden Bergketten steigen mit dem ›Eagle Peak‹ bis über 3400 m auf.

Der Yellowstone-Vulkan war zum letzten Mal vor 600.000 Jahren aktiv. Nachweislich ist dieser Vulkan erdgeschichtlich schon dreimal ausgebrochen. Die Zeiträume zwischen den Ausbrüchen zählen 600.000 Jahre. Also war die Zeit einer erneuten Eruption bereits bedrohlich nahe.

Wissenschaftler haben berechnet, dass bei voller Aktivität dieses vulkanischen Gebiets fast zwei Drittel der USA von einer 1 m hohen Ascheschicht bedeckt würden. Da dieser Termin aber auch um etwa 10.000 Jahre schwanken könnte, stand von diesem Risiko nichts im Reiseprospekt.

Die ursprüngliche Landschaft war überwiegend mit Nadelwäldern bedeckt. Etwa 170 Jahre zuvor trafen die ersten Trapper auf dieses wildreiche Jagdgebiet der Shoshonen und Blackfoot-Indianer.

Onkel Werner hatte auf dem Anhänger ein Motorboot mitgenommen, mit dem wir auf dem Yellowstone-Lake zum Angeln hinausfuhren. Eine stabile Camping-Blockhütte schützte uns vor den freilaufenden, neugierigen Grizzlybären und Wölfen. Bisons, Hirsche, Wapiti-Herden und unzählige andere Tiere füllten die Spulen unserer Urlaubsfilme. Knüppelpfade zogen sich durch die geothermische Landschaft mit brodelnden Schlammtöpfen und heißen Quellen, in denen man hätte Eier kochen können. Der Geysir ›Old Faithful‹, der größte der über 290 Geysire des Parks, spie etwa jede Stunde eine 70 m hohe, heiße Wasserfontäne in die Luft. Schwefel und Mineralgesteine bildeten seltsame Terrassen und wirkten wie die Landschaft eines fremden Planeten.

Der größte Fluss, der hier entspringt, ist der Yellowstone, nach dem auch dieser Park benannt wurde. Unzählige Wasserfälle stürzen sich aus Höhen bis zu über 90 m in die nebelige Gischt und graben sich in tiefen Tälern ein.

Der Yellowstone Nationalpark liegt mit kleinen Anteilen auch in den Bundesstaaten Utah und Montana. Unser nächstes Reiseziel war der Green River. Er entspringt ebenfalls in Wyoming, fließt durch die Staaten Utah und Colorado und mündet nach 1100 km im Fluss Colorado.

Im Green River schwammen im glasklaren Niedrigwasser mir unbekannte Fische, die groß wie Schweine waren. An den Ufern warnten uns laut klappernde ›Rattles‹, also Klapperschlangen, ihr Territorium nicht zu betreten. Als echte Jungen fühlten wir uns natürlich eingeladen. Eine Schlange bedrohte plötzlich hoch aufgerichtet Jimmy. Mein Vater erschlug das Tier mit einem großen Stein. Sie hatte eine Rassel mit sieben Ringen. In dem ersten Jahr wächst der ›Rattle‹ eine Klapper, bestehend aus drei Hornringen, in denen sich zum Klappern lose Hornplättchen befinden. Mit jedem weiteren Lebensjahr wächst ein Ring hinzu. Das erlegte Reptil war mit seinen fünf Jahren sehr groß und gefährlich gewesen. Auch das Schuhwerk musste grundsätzlich vor dem Anziehen ausgeschüttelt und auf Skorpione untersucht werden. Abenteuerreise pur!

Neben diesen Naturwundern beeindruckte mich immer wieder die Weite des Landes. Es gab Straßen, die bis zum Horizont nur geradeaus verliefen. Es gab Autofahrtstunden, in denen wir kein einziges Haus erblickten. Es gab weit entlegene Farmen, deren Bewohner mit dem Kleinflugzeug zum Einkaufen flogen.

Es war für meinen Vater und mich eine völlig andere Welt...

Da mein Cousin Jim und seine jüngere Schwester Heidi kaum Deutsch verstanden und erst recht kein Wort Deutsch sprachen, bekam ich zwangsläufig Stück für Stück ein besseres Gehör für die amerikanische Sprache. Bei komplizierten Verständigungen halfen meine Tante Erika und Onkel Werner hin und wieder mit Übersetzungen aus.

Dankbar und mit feuchten Augen verließen wir diesen Teil der amerikanischen Verwandtschaft und bestiegen in Denver unseren Flieger. Vater hatte als nächsten Programmpunkt den Besuch eines weiteren alten Verwandten im Bundesstaat Indiana geplant. Dazu mussten wir in Chicago umsteigen. Dieses Mal hatte ich gar keine Probleme, mich an der Fluginformation zu verständigen. Der Englisch-Intensivkurs trug die ersten Früchte.

Hans und Ida, zwei herzliche alte Leute, bewohnten in der Stadt Indianapolis einen typisch amerikanischen Bungalow. Die Bauweise war einfach und kostengünstig. Das Baumaterial bestand überwiegend aus Holz, das auf einem Steinfundament verankert war. Der Wohnraum entsprach einer durchschnittlichen deutschen 4-Zimmerwohnung. Auf Keller und Dachräume wurde meistens verzichtet. Doch jedes Haus dieser Siedlung hatte einen Garten und selbstverständlich einen Kamingrill auf der Terrasse.

Mit dem Besucherbus fuhren wir über den weltberühmten Indianapolis Speedway, der auch kurz ›Indy 500‹ genannt wird. Das 2,5 Meilen bzw. 4 km lange Rennstreckenoval wurde 1909 erbaut und dient auch heute noch dem Formel-1-Motorsport.

Der Rückflug nach Deutschland führte uns wieder über New York. Zum ersten Mal gab es bei der Eincheck-Kontrolle Probleme. Als mein Vater mit seinem verletzten Bein durch einen Detektor humpelte, lösten die Sensoren Alarm aus. Der Sicherheitsdienst wurde ganz nervös. Dann stellte sich heraus, dass der Zinkleimverband an Vaters Unterschenkel den Detektor aktiviert hatte und alle atmeten erleichtert auf.

Viel zu schnell landete ich inmitten der rauen Wirklichkeit. Der Wechsel zur Realschule stand unmittelbar bevor. Zu Hause gab es plötzlich eine neue Mutter und mein einst geliebtes Mofa wirkte nach dem Crossmaschinen-Abenteuer in den Rocky Mountains wie eine Schnecke.

Als Alternative gab es auch das Fahrrad, auf das ein großer Teil der Bevölkerung am 25. November 1973 zurückgriff. Auf Grund der ersten Ölkrise ordnete die Regierung der BRD einen autofreien Sonntag an. Die Autobahnen wurden von den Radlern erobert und sorgten für spektakuläre Fernsehbilder, die auch in die deutsche Geschichte eingehen sollten.

Eine neue Familie

Mein Vater wollte in seinem Privatbereich so schnell wie möglich wieder geordnete Verhältnisse schaffen. Kurz entschlossen heiratete er sieben Monate nach dem Tod meiner Mutter eine Witwe, die einen 19-jährigen Sohn mit in die Ehe brachte. Alles musste sehr schnell gehen, da Vaters neue Partnerin nicht ohne Trauschein in unser Haus ziehen wollte.

Diese Frau war Ende dreißig, schwarzhaarig, relativ schlank und im Gegensatz zu meiner verstorbenen Mutter auffällig geschminkt. Ihre Mundart stammte aus dem tiefsten Herzen des Ruhrpotts.

Auf jeden Fall brachte die Frau, zu der ich jetzt ›Mutter‹ sagen sollte, unseren ehemaligen Männerhaushalt in Schwung. Ihre Kochkünste waren gut und deftig. Es war mehr als das. Sie versuchte, meinen Vater durch extremes Putzen zu beeindrucken. Schon bald sang der alte Herr in seinem Bekanntenkreis ständig das hohe Lied ihrer Reinlichkeit. »Bei uns ist es so sauber, dass man vom Fußboden essen kann!« Aber wer wollte denn vom Boden essen?

Um Unordnung und Verunreinigung auszuschließen, durfte ich mich für die Partys, zu denen ich bei Freunden eingeladen wurde, nie revanchieren.

Der Dachboden unseres Hauses wurde ausgebaut und der Sohn meiner Stiefmutter zog zu uns. Nun hatte ich einen großen Bruder. Der war drei Jahre älter als ich und sehr korpulent. Als echte Frohnatur trank er gern mal ein Glas zuviel und war zu jedem Blödsinn bereit. So lernte ich nicht nur das Biertrinken, sondern auch die erste Striptease-Bar kennen. Beim Anblick der erotischen, barbusigen Tänzerinnen leuchtete mein schamrotes Gesicht wie die symbolische Laterne des Rotlichtmilieus. Meine auffällige Schüchternheit und Unerfahrenheit erheiterte bald darauf die freizügigen Weiblichkeiten, die sich an mich schmiegten. Ich hatte das Gefühl, als könnte ich gar nicht genug sehen und wäre am liebsten zugleich im Erdboden versunken.

Danach war mein lang erspartes Taschengeld so geschrumpft, dass ich tagelang ein schlechtes Gewissen hatte. Mit Schrecken dachte ich daran, was ich zu hören bekäme, wenn mein Vater von dieser Nummer Wind bekommen würde. Zugleich war ich stolz, dass ich nun schon mehr erlebt hatte, als viele meiner Altersgenossen.

Spiele mit Feuer und Wasser

Um in die Fußstapfen meines Vaters zu treten, machte ich eine Ausbildung zum Rettungsschwimmer und wurde Mitglied der DLRG. Wir führten im Sommer während der Festveranstaltungen in den Flussauen Aufsicht am Ufer der Ruhr.

Da das nicht alle Fußstapfen des Vaters waren, trat ich auch noch in die neu gegründete Jugendfeuerwehr unseres Dorfes ein.

Wie gut mein Sehvermögen war, konnten andere Menschen kaum beurteilen, da ich mein schlechtes Sehen sehr gut verbergen konnte. Schwierige Situationen überspielte ich gekonnt mit ironischem Witz und Humor.

Unsere Jugendfeuerwehrgruppe bestand aus Jungen zwischen zwölf und sechzehn Jahren. Das Gerätehaus unserer freiwilligen Feuerwehr stammte noch aus der Kaiserzeit und wies im Mauerwerk handbreite Risse auf. Der Fahrzeugpark bestand aus einem Tanklöschfahrzeug, einem Unimog (Universalmotorgerät), der geländegängig war, und einem uralten VW-Bus der 50er Jahre, der liebevoll ›die Oma‹ genannt wurde.

Die fachliche Bezeichnung für diesen Oldtimer lautete TSFT, Tragkraftspritzenfahrzeug mit Truppbesatzung. Die ›Oma‹ musste beim Einsatz mit zwei Feuerwehrleuten besetzt werden. Sie war mit einer schweren, tragbaren Pumpe, Schläuchen, Strahlrohren, Hydranten-Standrohren, Schubleitern usw. ausgerüstet. Dieser Wagen wurde mit seiner schweren Ladung von einem 34-PS-Motor angetrieben. Unsere Wache lag an einem Berg und wenn wir diesen hinauffahren mussten, dann wurde die ›Oma‹, trotz des laufenden Blaulichts und Martin-Horns von den neugierigen Kindern mit den Fahrrädern überholt und laut zur Eile angefeuert. Als die ›Oma‹ während eines Einsatzes durch eine Linkskurve brauste, dachte die tragbare Pumpe, wir wären schon am Einsatzort. Mit lautem Knall öffneten sich die seitlichen Klapptüren, die Pumpe rutschte von ihrem Halteschlitten aus dem Wagen und landete einsatzbereit auf dem Bürgersteig. Irgendjemand hatte vergessen, die Pumpe mit einem Splint auf dem Schlitten zu sichern. Niemand wurde verletzt und die leicht verbogenen Teile der Pumpe ließen sich in Eigenleistung wieder richten.

Wir Jugendfeuerwehrleute wurden mit einer Schutzkleidung ausgestattet und von den erfahrenen Erwachsenen in das Feuerwehrhandwerk eingeführt. Im Winterhalbjahr gab es theoretischen und im Sommerhalbjahr den praktischen Unterricht. Die praktischen Übungen machten den größten Spaß. Wenn wir Wasser aus der Ruhr entnahmen und mit den Strahlrohren in die Ruhrwiesen spritzten, dann kam es schon hin und wieder vor, dass ein herumliegender Helm des Kollegen vor das Strahlrohr geriet. Zuerst katapultierte der Druckstrahl den Helm zehn Meter hoch, dann gab es vom Gruppenleiter die verdiente Ansage. ‚Versehentlich' spritzten wir uns auch gegenseitig nass.

Bei den Einsätzen durfte die Jugendfeuerwehr auch mit ausrücken. Doch wir waren nur für den Aufbau der Versorgungsleitungen von der Wasserentnahmestelle bis zum Verteiler zuständig. In den Gefahrenbereich des Angriffstrupps durften wir nicht hinein.

In den großen Ferien fuhren wir ins Zeltlager. Die Katastrophenschutzzelte hatten die Ausmaße eines kleinen Wochenendhauses. Geschlafen wurde in Schlafsäcken auf Luftmatratzen. Aus diesen Matratzen entwich des Nachts zur Erheiterung gerne mal die Luft. Zum Kaffee- und Essen-Kochen sowie zum Spülen wurden Dienste eingeteilt. Das Waschen und Duschen erlaubte man uns in einem benachbarten Freibad, das wir außerhalb der Öffnungszeiten ebenfalls nutzen durften.

Wir hatten in unserer Gruppe einen ›Stinker‹. Während sich der Rest der Jungen selbstverständlich ohne Kleidung wusch, reinigte sich der Stinker völlig bekleidet nur sein Gesicht! Das beobachteten und rochen wir knapp eine Woche lang, dann war es unserer Meinung nach Zeit zu handeln.

Wir beschlossen, ihn auf dem Weg zum Waschraum in die

erfrischenden Fluten des Schwimmerbeckens zu stoßen. Ich war selbstverständlich wieder bereit, an der Front mitzuwirken. Die Voraussetzungen für diesen Streich waren von Anfang an günstig. Der Stinker lief auf dem Weg zum Waschraum genau am Beckenrand entlang, wir stießen überraschend zu und er versank mit einem Aufschrei in den kühlenden Wogen. Alle klopften sich vor Lachen auf die Schenkel, bis klar wurde, dass der Stinker gar nicht schwimmen konnte. Als Rettungsschwimmer blieb mir nichts anderes übrig, als ebenfalls voll bekleidet hinterherzuspringen. Auch ein zweiter Kollege kam zu Hilfe. Wir schleppten den spuckenden Stinker an den Beckenrand und die restliche Truppe zog ihn an Land. Infolgedessen war auch meine Kleidung triefnass.

Hier bewahrheitete sich das alte Sprichwort: »Wer anderen eine Grube gräbt, fällt selbst hinein!«

Was sollte ich beruflich werden?

Nachdem ich meine Realschule erfolgreich abgeschlossen hatte, veranstaltete meine Klasse eine riesige Abschlussparty im Garten eines Mitschülers. Der Garten sah danach genauso übel aus wie wir. Ich hatte mir zwangsläufig den Abend noch einmal durch den Kopf gehen lassen müssen. Der Kater war die Hölle.

»Et gibt kein schlimmer Leid, als watt man sich selbst andeit!«, wusste bereits meine Großmutter.

Nachdem sich der ›Spiritus Alkoholismus‹ aus meinem Körper vollständig verzogen hatte, war jetzt mit klarem Kopf zu entscheiden, wie es beruflich mit mir weiter gehen sollte.

Die behandelnde Augenärztin hatte angesichts meiner Glaukomerkrankung empfohlen, einen Beruf zu ergreifen, den ich im Fall des Falles auch als Blinder ausüben könnte. Da blieb nicht viel Auswahl. Telefonist oder ein Verwaltungsmensch wollte ich nicht werden und so entschied ich mich, die Ausbildung zum Masseur und medizinischen Bademeister zu absolvieren. Grundvoraussetzung dieser Ausbildung war ein medizinisches Vorpraktikum.

Die meisten meiner Klassenkameraden machten nach ihrem

Realschulabschluss erst einmal einen ausgedehnten Urlaub. Ich hingegen bewarb mich umgehend in einer von katholischen Ordensschwestern geführten Klinik. Besonders in der Ferienzeit wurden im Stationsdienst Hilfskräfte gesucht. Die Oberin fragte mich bei der Bewerbung, ob ich schon am nächsten Tag die Arbeit aufnehmen könne, und ich sagte zu.

Man stellte mir strahlend weiße Dienstkleidung zur Verfügung und erwartete mich morgens um 6 Uhr auf der chirurgischen Männerstation. Die Station wurde von einer Ordensschwester geleitet, die etwa zehn Jahre älter war als ich und ein Regiment hätte führen können. Die Mitarbeiter nahmen mich herzlich auf.

Meine Aufgaben bestanden zu Anfang aus Betten richten oder neu beziehen, Urinflaschen leeren und der Mithilfe in der Küche beim Geschirrspülen. Nach kurzer Einarbeitungszeit war ich auch der erste Mann an der Bettpfanne. Zu Anfang war mir diese Arbeit genauso peinlich wie den hilfsbedürftigen Patienten. Wieder mal half mir mein Humor weiter. Das Essen musste verteilt und die behinderten Patienten gefüttert werden. Ich schob die Rollstühle und Betten zum Labor, zur Röntgenabteilung, zum OP oder in die Bäderabteilung.

Mit wachsenden Erfahrungen folgten das fachgerechte Waschen, Baden und Lagern der Patienten. Nach einigen Wochen durfte ich auch die Verbände wechseln, Puls, Temperatur und Blutdruck messen und die Infusionen kontrollieren.

Die Krankheitsbilder in der chirurgischen Station waren bunt gemischt. Ich erlebte Unfallpatienten mit leichten Schnittverletzungen bis hin zum Verlust eines Beins. Es wurden orthopädische und internistische Operationen durchgeführt, deren Wundversorgung auch zu unseren Aufgaben gehörte.

Das junge, unerfahrene Pflegepersonal wurde damals schon gerne einmal von den älteren Patienten auf die Schippe genommen. Als ich zum ersten Mal bei einem solchen Spaßvogel ganz verunsichert einen rektalen Einlauf machen musste, rief er plötzlich: »Halt! Halt! Da ist noch kein Zucker drin!«

Ich bekam einen knallroten Kopf und die Mitpatienten in

diesem Zimmer kippten vor Lachen fast aus ihren Betten.

Unser türkischer Stationsarzt stellte einen seiner Landsleute ein, der als Pflegehelfer eingestuft wurde. Die Deutschkenntnisse des Neulings beschränkten sich auf die Worte ›Guten Tag‹ und ›Danke‹. Die Stationsleitung übertrug mir die Aufgabe, den Mann einzuweisen und auch mit der deutschen Sprache vertraut zu machen. Mit Hilfe eines Deutsch-Türkisch-Wörterbuches versuchten wir unser Glück. Da die Ausgangsposition bei Null lag, aber gleichzeitig die Pflege der Patienten rief, wurde es zum Teil sehr anstrengend. Hinzu kamen der Stolz und die Ungehemmtheit der neuen Kraft. Immer wieder begab er sich zum Ärger der Stationsleitung an Aufgaben, in die er noch nicht eingearbeitet war.

Eines Tages setzte er einen gebrechlichen, alten Herrn auf einen Toilettenstuhl. Ich war gerade auf dem Weg zu einem Verbandswechsel und trat ebenfalls ins gleiche Krankenzimmer. Plötzlich sah ich, dass unter dem Toilettenstuhl kein Topf eingeschoben war.

»Du hast den Topf vergessen!«, rief ich und zeigte eilig auf den Stuhl.

Mit vor der Brust verschränkten Armen stand unser stolzer Osmane vor mir, hatte wieder kein Wort verstanden und meinte: »Nix, ich kann alleine« und grinste mich erhobenen Hauptes an. Dann geschah, was geschehen musste. Die Evakuierung der Mitpatienten und die Reinigung des Zimmers war leider auch die Aufgabe der Praktikanten...

Spätestens hier erkannte ich, dass nur eine gute Weiterbildung aus einer solch bescheidenen Lage herausführen konnte. Nach einem halben Jahr war ich so weit eingearbeitet, dass ich sonntags für ein bis zwei Stunden allein in der Station Dienst machte. Gingen dann viele Zimmerschellen gleichzeitig an und vielleicht noch das Telefon, dann bekam ich vor lauter Anspannung nervöse Magenschmerzen. Doch ich beklagte mich nicht, denn zum ersten Mal in meinem Leben hatte ich das Gefühl, gebraucht zu werden und Teil einer wichtigen Aufgabe zu sein.

Ein Jahr dauerte dieses Abenteuer. Danach wechselte ich in die Krankenpflegeschule, die sich in einer anderen Klinik befand.

Der Leichtsinn ließ grüßen

Endlich wurde ich achtzehn Jahre alt, genau wie meine Freunde, die nun für den Auto- und Motorradführerschein büffelten.

»Und wo bleibe ich?«, schrie alles in mir auf. Selbst wenn ich mir vor die Kontaktlinsen noch Glasbausteine gesetzt hätte, so erreichte meine Sehkraft niemals das vorgegebene Mindestmaß für die Zulassung zu einer Fahrerlaubnis. Wie in meinem USA-Reisebericht geschildert, traute ich mir das Fahren eines kleinen Motorrads zu und meine unfallfreie Praxis gab meinen Handlungen scheinbar Recht. Andererseits würde mich die rasant fortschreitende Medizintechnik in Kürze bestimmt in die Lage versetzen, einen Führerschein zu machen. Um dem vorzubeugen, hegte ich natürlich den Wunsch, wenigstens auf dem Verkehrsübungsplatz schonmal zu üben.

Mein Opa Hans fuhr aufgrund seiner Kinderlähmung einen DAF mit einem Automatikgetriebe. In unserer Seelenverwandtschaft erkannte der gütige Mann meinen brennenden Wunsch. Also ließ er mich nun regelmäßig meine Runden auf dem Verkehrsübungsplatz drehen.

Doch mit der Zeit wollte ich wieder mehr. Also fragte ich meinen Stiefbruder, der für jeden verbotenen Blödsinn zu haben war, ob ich seinen Wagen mal fahren dürfe. Selbstverständlich bot er sich an und ich bezog die öffentlichen Wege in mein Übungsgebiet mit ein.

Als ich begriff, dass durch diese leichtsinnigen und verbotenen Aktionen mein Wunsch nach einem Führerschein nur noch mehr angefacht wurde, ließ ich rechtzeitig die Hände vom Lenker eines Autos. Doch der Gasgriff größerer Motorräder zog mich immer noch an.

Ein langjähriger Freund hatte sich eine 250er Suzuki gekauft und da ich in den USA Erfahrungen mit einer Yamaha Geländemaschine gemacht hatte, ließ auch er mich hin und wieder fahren. Ich sollte im Nachbarort mit seinem Motorrad einige Ersatzteile abholen, während er an einer anderen Maschine weiterschrauben konnte.

Auf dem Rückweg hatte ich Pech und kam in eine allgemeine Verkehrskontrolle.

»Führerschein und Fahrzeugpapiere bitte!«, hieß die polizeiliche Aufforderung.

»Die habe ich leider vergessen«, gab ich zur Antwort und tastete scheinbar suchend in meinen Jackentaschen herum. Gleichzeitig zitterten mir leicht die Knie.

»Dann geben Sie Ihren Namen und Ihre Adresse an!«, ließ der Polizist nicht locker und sah mich forschend an.

Ich nannte nervös den Namen und die Anschrift meines Freundes, auf dessen Maschine ich gerade saß. Über Funk wurden meine Angaben überprüft, bestätigt und dann sollte ich am nächsten Tag in der Wache meine Papiere vorlegen.

Mit schlotternden Beinen fuhr ich zur Garage meines Freundes und berichtete ihm von meinem Pech. Er nahm es gelassen auf und fuhr am nächsten Morgen zur Polizeiwache. Da dort ein Schichtwechsel stattgefunden hatte und mein Gesicht nicht erwartet wurde, fiel die Geschichte nicht auf.

Im Jugendheim erzählte ich stolz von meinem Streich und umgehend sollte dieser Schule machen. Ein anderer Spaßvogel, der auch noch keinen Führerschein besaß, kam ebenfalls mit einem geliehenen Motorrad in eine Kontrolle. Er gab meinem Vorbild entsprechend an, dass er seine Papiere vergessen habe und gab sich unter falschem Namen als Fahrzeughalter aus.

Der Beamte überprüfte in diesem Fall die Angaben des Kradfahrers nicht über Funk, sondern er sagte: »Gut, wir müssen sowieso in Ihre Richtung. Fahren Sie voraus. Wir überprüfen Ihre Angaben bei Ihnen zu Hause!«

Da wurde mir erst bewusst, was ich für ein Glück gehabt hatte. Soweit man hörte, brummte man dem Pechvogel für längere Zeit eine Führerscheinsperre auf.

Ich hatte diesen Fingerzeig des Schicksals endlich erkannt und ließ künftig alle verbotenen Fahrten sein. Würde ich jetzt vielleicht erwachsen werden?

Mein ganz persönlicher Nebel

In der Krankenpflegeschule des Evangelischen Krankenhauses war die Ausbildung in theoretische und praktische Unterrichtsblöcke eingeteilt. Der theoretische Teil lag gerade hinter mir, da begann mein erster praktischer Einsatz in einer gynäkologischen Station. Meine Frühschicht sollte morgens um sechs Uhr beginnen. Ich war mit meinem Mofa rechtzeitig zu Hause losgefahren und es war um diese Zeit noch dunkel. Nebel lag über den Ruhrauen und der Landstraße. Doch solch einen seltsamen Nebel hatte ich zuvor noch nie gesehen. Deutliche Regenbogenfarben bildeten sich um die blendenden Scheinwerfer der entgegenkommenden Fahrzeuge.

Ich betrat die Klinik und sah um die Lampen herum ebenfalls Regenbogenfarben. Als ich meine Kollegen fragte, ob sie das auch sehen würden, schauten sie mich irritiert an. Ich steckte mir eine Zigarette an und sah verwundert, dass die Flamme des Feuerzeugs ebenfalls mit Regenbogenfarben umrahmt flackerte...

»Der ›Grüne Star‹ ist wieder aktiv«, erklärte meine besorgte Augenärztin, bei der ich mich lange nicht hatte blicken lassen. »Dein Augeninnendruck ist viel zu hoch! Der zu hohe Druck bewirkt das vernebelte Sehen und die Regenbogenfarben sind charakteristisch bei Druckentgleisungen.«

Mit diesem Thema hatte ich mich nie befasst. Gut, mir war klar, dass ich schlecht sehen konnte, aber die drohende Gefahr des angeborenen Grünen Stars war mir nicht bewusst. Meine Mutter hatte zu ihren Lebzeiten immer pedantisch darauf geachtet, dass ich meine Augentropfentherapie exakt einhielt. Seitdem sie gestorben war, hatte ich das sträflich vernachlässigt. Um den Innendruck unter fachlicher Aufsicht wieder richtig einstellen zu können, überwies mich die Ärztin ins Krankenhaus.

Ich wurde zur stationären Behandlung in der Klinik aufgenommen, in der 18 Jahre zuvor meine ersten beiden Augenoperationen erfolgreich durchgeführt worden waren. Das Anstaltsgebäude schien steinalt zu sein. Die Flure hatten mindestens 3,5 m hohe Decken und der Anstrich strahlte sterile Kälte aus. Eine ältere, herrische Krankenschwester nahm mich in Empfang, blickte über meine Einweisungspapiere und führte mich dann in ein Krankenzimmer. Auch dort war die Zimmerdecke außergewöhnlich hoch. Grelle Leuchtstoffröhren strahlten herab und reizten meine empfindlichen Augen. Sechs Metallgitterbetten erinnerten an ein Militärlager oder Gefängnis. Das Waschbecken verbarg sich hinter einer sogenannten ›spanischen Wand‹, einem Plastikvorhang.

Wie aus dem Nichts tauchte plötzlich eine winzige Gestalt vor mir auf. Der uralte Mann, der einem Kampfzwerg im Buch ›Herr der Ringe‹ zum Verwechseln ähnlich sah, warf sich in die Brust und befahl: »Ich bin der Zimmerälteste und du nimmst das Bett an der Wand!« und zeigte mit knochigem Finger in die Richtung.

Da die anderen Betten zwar benutzt, aber nicht besetzt waren, fragte ich grinsend: »Sind die anderen Wichtelmänner mit Schneewittchen unterwegs?«

Ich stellte mein Gepäck ab und sah mich weiter um. Das einzige Badezimmer der Station mahnte mich, besser nach der Entlassung erst zu Hause wieder zu duschen. Das Raucherzimmer wirkte nicht gepflegter. Die Fensterscheiben litten unter einem Grauen Star, doch dadurch fielen die Spinnen nicht so auf, die die äußere Seite der Scheibe bewohnten.

In der Augenheilanstalt kam nicht der Onkel Doktor zur Visite, so wie es in anderen medizinischen Fachbereichen üblich war, sondern wir Patienten besuchten ihn in seinem Untersuchungszimmer. Als ich im Warteraum ankam, schien zuvor ein Piratenschiff gelandet zu sein. Alle Personen, die dort saßen, trugen eine Augenklappe und waren in bunte Bademäntel gehüllt. Die alten Kriegsveteranen blickten mit vorgeschobener Unterlippe ungeduldig drein und husteten ungeniert durch den Raum. Andere schnäuzten auffällig in ihre Stofftaschentücher.

Nach langer Wartezeit wurde ich aufgerufen. Der Arzt ließ mich vor einem Untersuchungsgerät Platz nehmen. Ich legte mein Kinn in eine Mulde, musste die Augen weit öffnen und dann bewegte sich vor mir eine Spaltlampe hin und her. Nachdem sich der Arzt ein Bild von meinem Augeninneren gemacht hatte, wurde die Hornhaut, die Augenoberfläche, mit einem Tropfen betäubt. Anschließend kitzelte die Sonde des Augendruckmessgeräts kaum spürbar auf dem Augapfel.

»Der Druck ist über 30 mmHg«, erklärte der Mann in Weiß, »wir müssen die Dosierung des Miotikum erhöhen.«

(Ein Miotikum ist ein Augentropfenmedikament, das die Pupille verengt und dadurch den Kammerwinkel so beeinflusst, dass das Kammerwasser besser ausgefiltert wird.)

Neben dem oben beschriebenen Pilocarpin, das ich von klein auf tropfen musste, gab es zu dieser Zeit noch Prostecmin-Tropfen. Dieses Mittel bekam ich nun in die Bindehautsäcke der Augen geträufelt. Das Medikament brannte wie Feuer. Sein Wirkstoff verengte meine Pupillen zu Stecknadelkopfgröße und ich sah alles extrem dunkel. Gleichzeitig verschwammen die Bilder meiner Umgebung. Nach 20 Minuten bekam ich krampfartige Schmerzen um die Augen herum und mein Schädel drohte zu bersten.

»Bei jungen Patienten wirkt das Mittel nun mal so«, meinte die alte Schwester Rabiata und zuckte nur mit den Schultern.

Für die Kriegsgeneration waren wir jungen Leute nur Weichlinge. Doch ich konnte ihr mit meinem jugendlichen Charme und der Erklärung, dass ich Krankenpflegeschüler sei, einige Novalgin-Schmerztropfen entlocken. Die Migräne ebbte langsam ab.

Um ein Druckprofil zu erstellen, wurden täglich vier Messungen vorgenommen. Das brennende Medikament senkte meinen Druck auf 20 mmHg, der damit fast im Normbereich lag. (Wie im Kapitel 1 erwähnt, schädigt ein hoher Augeninnendruck die Netzhaut mit ihren sensiblen Sehnervenzellen.)

Um festzustellen, ob meine Netzhaut weitere Schäden genommen hatte, wurde das Gesichtsfeld gemessen. (Jeder Mensch hat im Gesichtsfeld eines jeden Auges einen ›Blinden Fleck‹. Den findet man z.B. am rechten Auge, indem man beide Arme nach vorne ausstreckt und die Daumen parallel nebeneinander hochhält. Das linke Auge muss geschlossen werden. Das rechte Auge fokussiert die linke Daumenspitze. Nun langsam mit dem rechten Daumen in der Horizontalen nach rechts wandern. Nach wenigen Zentimetern verschwindet die Daumenspitze plötzlich aus dem Gesichtsfeld!

Bewegt man den Daumen langsam noch weiter nach rechts, so ist seine Spitze wieder zu sehen, bis er bei weit nach rechts geschwenktem Arm dann völlig aus dem Gesichtsfeld heraustritt. Die Stelle, an der die Daumenspitze nicht zu sehen war, ist der »Blinde Fleck«. Er entsteht durch den Eintritt des Sehnervs in das Auge. Dort entfaltet er sich zu der Netzhaut, die mit ihren Nervenzellen das aufgefangene Licht zum Sehzentrum leitet.)

Bei der Gesichtsfelduntersuchung, der Perimetriemessung, wurde zuerst mein rechtes Auge untersucht, das linke verschloss man mit einer Klappe.

Der Kopf lag zur Ruhigstellung mit dem Kinn in einer Mulde des Untersuchungsgeräts und das rechte, geöffnete Auge blickte in eine große Halbkugel hinein. Der Untersuchungsraum wurde verdunkelt. Meine Aufgabe war es nun, auf Lichter zu achten, die am künstlichen Horizont der Halbkugel auftauchen würden. Jeder gesehene Lichtpunkt musste mit einem Klingelzeichen von mir bestätigt werden.

Meine Reaktionen bzw. Nichtreaktionen wurden in einem Protokoll als gesehene und nicht gesehene Punkte aufgezeichnet. Die nicht gesehenen Signale bezeugten den bereits bestehenden Schaden meiner Netzhaut. Dann folgte die Messung des linken Auges.

Ein bisschen erinnerte mich das Ganze an die Einleitung von der Fernsehserie ›Raumschiff Enterprise‹. Dort sah man auch zu Anfang einen Sternenhimmel und irgendein Stern wurde plötzlich zu dem vorbeischießenden Raumschiff.

Als Nächstes folgte der Sehtest. Ein Auge wurde zugehalten und das andere musste aus einer Entfernung von 5 m Zahlen oder Buchstaben lesen, die von Zeile zu Zeile nach unten immer kleiner wurden.

(Gemessen am Durchschnitt der Normalsehenden erreicht das

gesunde Auge eine Sehleistung von 100%. Der Fachmann spricht vom Visus. Sinkt der Visus des besseren Auges mit Korrektur, also mit einer Sehhilfe, unter 30%, dann gilt man als ›sehbehindert‹. Unter einem Visus von 5% beginnt die ›hochgradige Sehbehinderung‹. Unter 2% Sehkraft gilt man als ›blind‹.

Aber auch große Gesichtsfeldausfälle werden als Sehbehinderung anerkannt. Erkrankt die Netzhaut z.B. aufgrund einer Zuckerkrankheit oder durch eine Retinitis Pigmentosa (RP) oder auch durch eine Makuladegeneration (MD), so können große Teile des Gesichtsfeldes ebenfalls zerstört werden. Es gibt Sehbehinderte, die auf Grund dieser Krankheiten nur noch wie durch ein Schlüsselloch sehen. So etwas kann man nachempfinden, wenn man sich eine Brille zuklebt und nur in der Mitte ein kleines Loch lässt. Sehr schnell stellt man dann fest, dass zwar in der Ferne etwas zu erkennen ist, doch in näherer Umgebung würde man beim Laufen ohne den weißen Stock anecken.

Sehbehinderte mit einem solchen Handicap werden von Sehenden oft falsch eingeschätzt, da sie in der Ferne noch etwas erkennen und trotzdem ernsthaft behindert sind. Sie stehen ungerechterweise oft unter dem Verdacht zu simulieren.)

Mein Sehtest fiel sehr schlecht aus. Die Pupillen stark verengenden Tropfen verminderten meinen Sehrest drastisch. Um die Netzhäute und die Sehnerven nicht weiter zu schädigen, musste ich diese Nebenwirkungen zähneknirschend hinnehmen. Der Nebel hatte sich Dank der Augentropfen verzogen, doch dafür stand ich nun in der Dämmerung.

Der Sehverlust hatte die Konsequenz, dass ich im Stationsdienst der Krankenpflege die Skalen der Blutdruckmessgeräte, der Fieberthermometer und die kleine Beschriftung der Medikamente nicht mehr lesen konnte. Damit war auch meine Karriere als Urinkellner beendet!

Ich verabschiedete mich von den niedlichen Schwesternschülerinnen aus meinem Kurs, die mir auch manchen Tanzschritt und mehr gezeigt hatten.

Ich meldete mich zu einer Aufnahmeprüfung in der Rehabilitations- und Ausbildungsstätte für Masseure und medizinische Bademeister in der Stadt Mainz an. Mein Praktikum im katholischen Krankenhaus und die Ausbildungszeit der Krankenpflegeschule wurden umgehend anerkannt.

Zusätzlich stellte ich beim Arbeitsamt den Antrag auf Kostenübernahme für eine Reha-Ausbildung. Meine Daten wurden aufgenommen und sollten vor dem Ausbildungsbeginn weiter bearbeitet werden.

Wer anderen eine Grube gräbt, der ist ein Bauarbeiter

Die Berufsausbildung hatte bereits begonnen, als ich die Pflege verlassen musste. So entstand für mich eine Wartezeit von knapp elf Monaten.

Da hatte ein Kollege der Freiwilligen Feuerwehr, in der ich immer noch trotz schlechten Sehens zum Teil aktiv war, eine tolle Idee: »Wir suchen für unsere Straßenbaufirma Arbeiter, die mit Spitzhacke und Schippe umgehen können. Dann kriegst du mal richtig Kraft in den Armen!«

Gesagt, getan! Meine Sehkraft reichte aus, um acht Stunden Sand zu schippen oder Gräben auszuheben. Die Firma, bei der ich als Arbeiter einen Zeitvertrag unterschrieben hatte, arbeitete als Subunternehmen für eine Wassergewinnungsanlage an der Ruhr. Ich wurde einer Spezialeinheit zugeteilt, die den ganzen Tag den Schlamm aus den Filterbecken schippen durfte. Das waren die riesigen Becken, die man schon von weitem in den Ruhrauen sehen konnte. Das vorgefilterte Wasser floss in diese Becken, die natürlich auch das Regenwasser aufnahmen. Der obere Teil des Grundes bestand aus Rheinsand. Darunter folgte eine Feinkiesschicht. Das Wasser sickerte durch diese Schichten und wurde dann von großen Röhren zur Trinkwasseraufbereitung weitergeleitet.

Dieses Filtern hinterließ auf dem Rheinsand eine Schlammschicht, die regelmäßig entfernt werden musste. Diese Aufgabe übernahmen Maschinen, die mit einer ähnlichen Vorrichtung wie bei einem Mähdrescher den Schlamm aufnahmen und über Förderbänder auf Lastwagen transportierten. Da diese Becken schräge Wände hatten, konnten die Randstreifen maschinell nicht vom Schlamm befreit werden. Eine Spezialeinheit, der auch ich angehörte, befreite den Beckenrand 1 m breit bis auf den Rheinsand mit Schippen vom Schlamm und warf die schwere, nasse Masse in Richtung Beckenmitte. Dort nahm die Maschine ihn dann auf.

Manchmal arbeitete ich in diesem Bereich auch ganz alleine. Das war so langweilig, dass ich begann, die Fläche des Beckens oder seinen gesamten Inhalt zu berechnen. Wenn die Sommersonne brannte, stieg die Temperatur im Becken oft über 40°C.

Meistens bestand unsere Eliteeinheit aus vier Personen, die von einem Vorarbeiter angeführt wurde. Das hieß, der Vorarbeiter fuhr mit dem Werksfahrrad vor und wir gingen zu Fuß mit Schippen und Hacken auf den Schultern hinterher.

Als wir wieder einmal stundenlang ein Filterbecken ›putzten‹, also mit den Schippen vom Schlamm befreiten, kam eine Mutter mit ihrem kleinen Sohn vorbei und beide schauten interessiert. Wir winkten der hübschen, jungen Mama zu und sie winkte lächelnd zurück. Vielleicht gefiel ihr der Anblick der vielen sonnengebräunten, freien und durchtrainierten Oberkörper.

Plötzlich fragte der Kleine: »Warum hat der Onkel denn kein Gewehr? Hat der keine Angst, dass seine Gefangenen weglaufen?« und er zeigte auf unseren Vorarbeiter, der mit verschränkten Armen, wie immer untätig, auf dem Beckenrand stand.

Er bekam einen knallroten Kopf. Wir lachten schallend und machten erst einmal eine Zigarettenpause.

Selbstverständlich arbeiteten wir auch bei Dauerregen, Eis und Schnee im Freien. Dann saß unser Vorarbeiter in einem geheizten VW-Bus und drückte seine Aufsichtsnase von innen an der Fensterscheibe platt.

Hier hatte ich wieder einiges gelernt: z.B., dass man Verantwortung im Warmen und Trockenen tragen durfte und dass man für angenehmere Aufgaben zusätzlich den Anspruch auf ein höheres Einkommen hatte.

Zu den Arbeitern gehörte ein alter Grieche namens Sokrates. Aufgrund seiner stillen Art wurde er von den anderen Kollegen ausgegrenzt. Da die meisten nicht mit ihm arbeiten wollten, wurde ich, der Neue, dem ›Griechen‹ zugeteilt. Nach kurzer Zusammenarbeit verstand ich seine Schweigsamkeit den anderen gegenüber sehr gut. Sokrates sprach verständliches Deutsch und war mit Sicherheit gebildeter als die Spötter der ›Schippenabteilung‹ zusammen.

»Du nix verstehen?« schrien sie ihn an, da im Verständnis der minder Gebildeten alle Ausländer grundsätzlich schwerhörig sind. Sokrates vertraute mir schon bald und bat mich, ihn bei falscher deutscher Aussprache zu korrigieren

»Du bist wie Lehrer!«, strahlte er mich oft an und stellte mir viele Fragen über unser Land. Ich erfuhr, dass die politischen Spannungen seiner Heimat ihn nach Deutschland verschlagen hatten.

»Du muss weiter Schule machen. Du gehörst nicht hierher«, legte er mir nach einiger Zeit väterlich seine Hand auf die Schulter.

Unsere Eliteeinheit hob tiefe Gräben für Rohrleitungen oder Elektrokabel von Hand aus, wo die Bagger nicht eingesetzt werden konnten oder durften.

In den ausgehobenen, mit Regenwasser gefüllten Gräben liefen mir manches Mal die Stiefel mit Schlamm voll. Die Hose stand vor lauter Lehm und Dreck wie ein steifes Brett. Wenn wir so weit entfernt im Außengelände eingesetzt waren, dass wir keine Möglichkeit hatten, uns die Hände zu waschen, dann aßen wir unsere Pausenbrote mit den verschwitzten Fingern. Stellte ich im Sommer nach der Arbeit meine verschwitzten Stiefel nach draußen, dann zogen die Vögel wegen der Ausdünstung schon vorzeitig nach Süden.

Aber diese Arbeit gab, wie versprochen, dicke Arme und Kondition. Trotzdem konnte ich mir hier eine Lebensaufgabe nicht vorstellen.

Doch diese unangenehmen Aufgaben mussten schließlich von irgendjemandem gemacht werden und so bekam ich großen Respekt vor den Männern, die hier viele Jahre für wenig Geld ihren Lebensunterhalt bei Wind und Wetter verdienten.

Ich freute mich nach vielen Monaten an der Schippe darauf, dass ich bald wieder die Schulbank drücken dürfte. Beim Arbeitsamt stellte ich den Antrag auf die Kostenübernahme für meine Schulung in der Rehabilitations- und Ausbildungsstätte in Mainz.

»Da können wir für sie nichts tun«, meinte der Herr der Formulare, »Sie sind doch Arbeiter im Straßenbau!«

Mein Antrag zur Ausbildungskostenübernahme wanderte von einer sozialen Behörde zur nächsten. Mein Vater ließ die Anträge vom Petitionsausschuss des Landes und des Bundes prüfen. Kein zuständiger Kostenträger konnte ermittelt werden.

Ohne Kostenträger hätte ich meine Berufsausbildung nicht beginnen können. Also mussten private Mittel der Familie eingesetzt werden.

Hier lernte ich eine weitere Lektion: Wäre ich nicht freiwillig ›an die Schippe gegangen‹ und hätte fast ein Jahr gefaulenzt, dann hätte Vater Staat meine Ausbildungskosten komplett übernommen.

Die Rehabilitations- und Ausbildungsstätte...

...erwartete mich in der karnevalistischen Stadt Mainz. Ein Jahr lang sollte ich nun zu den Mainzelmännchen gehören. Der Unterricht fand im Neubrunnen-Institut statt. Dieser großen physiotherapeutischen Einrichtung waren Schulungsräume angeschlossen. Die angehenden Masseure und medizinischen Bademeister wurden in kleine Arbeitsgruppen aufgeteilt. Diese bestanden aus Sehenden, Sehbehinderten und Blinden. Seit meiner gesamten Schul- und Ausbildungszeit hatte ich zum ersten Mal nicht das Gefühl, mit meinem schlechten Sehen einer Randgruppe anzugehören.

Für die Schüler, die von auswärts kamen, gab es Wohnheime. Das Haus, in dem ich untergebracht wurde, hatte mehrere Stockwerke. An jeden Flur grenzten fünf Zimmer, eine Dusche und ein WC an.

Jeder Schüler bekam ein Einzelzimmer, das mit einem Bett, einem Kleiderschrank, einem Schreibtisch und einer Waschgelegenheit ausgestattet war.

Ein privat angeschaffter Kühlschrank wurde von Semester zu Semester für 20 Mark an den nächsten Auszubildenden weiterverkauft. Auf diesem Kühlschrank stand meine kleine Kaffeemaschine, die einen Goldfilter hatte. Die kochte nicht nur Kaffee, sondern machte auch Fleischbrühe und Glühwein heiß. Daneben gab es ein Waffeleisen, das sogar Würstchen grillen konnte.

Mein abgelebtes Bett ruhte auf so wackeligen Beinen, dass ich diese statisch mit Bierflaschen unterstützen musste, deren Höhe zufällig genau der Holzbeinlänge entsprach. Das gab dem Raum eine ganz persönliche Note. Im Erdgeschoss wartete morgens ein Frühstücksraum, in dem auch bedient wurde.

Auf den Wegen zwischen Wohnheim und Schule schlossen sich die Blinden oder hochgradig Sehbehinderten den Sehenden an. So entstanden schnell gute Gespanne und Freundschaften. Das Begleiten der blinden Personen ging den Sehenden bald in Fleisch und Blut über. Auch ich stellte mich als Begleitperson zur Verfügung und nahm regelmäßig meine sehbehinderten Zimmernachbarn mit. Bald kannte ich ihre selbstständigen Mobilitätsfähigkeiten und deren Grenzen. Die aufgeschlossenen Sehbehinderten erklärten mir, in welcher Situation sie Hilfe benötigten und wann sie sich lieber selbst durchfummeln wollten.

Wenn ich einen Blinden begleitete, ging ich immer einen Schritt voraus. Der Blinde ergriff dann meinen Ellenbogen. So konnte er an meiner Bewegung jede kommende Richtungsänderung schnell erfassen. Ging ich eine Treppe auf oder ab, so musste ich nur kurz stehen bleiben und die erste Stufe ansagen. Wenn die sehende Begleitperson dann noch ihre optischen Eindrücke weitergab, so bekam der Sehbehinderte eine gute Vorstellung von seiner neuen Umgebung.

Bei den Hauptmahlzeiten ließen sich die Blinden entsprechend der Telleruhr zum Beispiel erklären: »Das Fleisch liegt auf 3, die Kartoffeln befinden sich auf 6, das Gemüse liegt auf 11 und das Getränk steht über dem Teller auf 2 Uhr.«

Man sollte auch nicht denken, dass den Blinden nicht auffällt, wenn man ihnen mit diebischem Spaß die Pommes vom Teller klaut!

In vielen Gaststätten dieser Stadt wurden neben den normalen Speisekarten auch Speisekarten in Blindenschrift angeboten.

Die hochgradig Sehbehinderten und Blinden hatten alle eine blindentechnische Vorbildung. Sie orientierten sich in bekannten Räumen nach kurzer Zeit unbeschwert. Viele von ihnen beherrschten die Braille-Schrift, die auch als Pickel-, Punkt- oder Blindenschrift bezeichnet wird.

Zum eigenständigen Schreiben der Braille-Schrift gab es kleine Druckmaschinen, die jeder blinde Schüler im Unterricht benutzte. Einige von ihnen waren so fingerfertig, dass sie angeblich sogar die Botschaften auf den Mohnbrötchen lesen konnten.

Die Schule stellte das Lehrmaterial in Braille-Schrift und für die Sehbehinderten in großer Fettschrift zur Verfügung. Jeder Schüler bekam zusätzlich einen Kassettenrecorder, mit dem er den theoretischen Unterricht aufzeichnen durfte.

In den Fächern Massage, Krankengymnastik, Reflexzonen-Therapie, Hydrobalneo-Therapie, Elektrotherapie usw. wechselten wir ständig die Rollen zwischen ›Opfern‹ und ›Behandlern‹, da wir am Patienten noch nicht arbeiten durften. In den Vorlesungen saßen alle Gruppen in einem großen Hörsaal zusammen und lauschten den Anatomie-, Physiologie- und Pathologie-Dozenten. Dort hatten die Blinden den Vorteil, dass sie hinter ihren Sonnenbrillen unauffällig ein Nickerchen machen konnten, was nur durch leises Schnarchen auffiel.

Eines Tages meldete sich das Regional-Fernsehen. Der Redakteur wollte eine Reportage über die Reha-Ausbildungsstätte drehen. Unser Schulleiter stimmte zu.

Es war die Idee des Regisseurs, dass sich vor allem die Blinden in Szene setzen sollten. Er stellte sich vor, das die Blinden in Zweierreihe auf die Kamera zulaufen, die Straße überqueren und dann geordnet die Schule betreten würden.

Viele meiner blinden Mitschüler wollten daran nicht teilnehmen, da sie sich vorgeführt vorkamen. Unauffällig gaben sie den Sehenden ihre weißen Stöcke. Auch ich nahm an dieser Show teil und setzte mir eine Sonnenbrille auf. Wir stellten uns der Regieanweisung entsprechend in weißer Therapiekleidung auf und setzten uns auf ein Zeichen hin in Bewegung. Ich schwenkte meinen geliehenen Stock klackernd hin und her, so wie die blinden Freunde es mir beigebracht hatten. Unsere Gruppe passierte einen Schallplattenladen, der seine Platten in Ständern vor dem Schaufenster ausgestellt hatte. Dort stöberte ein junges Mädchen tief gebückt und in Gedanken versunken in der Ware. Dieser ausgestreckte Po wartete regelrecht auf einen Streich mit dem weißen Stock. Das juckte mich natürlich in den Fingern.

Erschreckt und empört sprang die holde Weiblichkeit auf, doch beim Anblick unzähliger schwingender Blindenstöcke verschlug es ihr sichtlich die Sprache.

Unser Schulleiter besah sich das Drama kopfschüttelnd aus einem der oberen Fenster. Der Regisseur war jedoch hochzufrieden und wir hatten unseren Spaß.

Verliebt, verlobt und dann?

Es gab nicht nur Schüler, sondern auch Schülerinnen! Eine dieser Schülerinnen war Bela. Sie hatte schulterlanges, dunkelblondes Haar, treue Augen und ein liebes Gesicht. Dieses Gesicht gehörte zu einem sündhaft schönen Körper. Um das zu erkennen reichte meine Sehkraft nicht nur aus, sondern sie wurde dadurch noch geschärft. Beim gemeinsamen Lernen kamen wir uns näher. Zusätzlich vermittelte uns einer unserer Ausbilder eine pflegebedürftige Privatpatientin, die wir in der Mittagspause krankengymnastisch versorgten. Das brachte Erfahrung und Taschengeld.

Mit den Einnahmen konnten wir zum Beispiel den Kinoeintritt für den ersten Film von ›Star Wars‹, die Getränke in den gemütlichen Weinstubenkellern und die Disco bezahlen.

Im Sommer machten wir an einem lauen Abend eine Waldparty. ›Daddy Cool‹ und ›Sunny‹ dröhnten aus den Lautsprecherboxen der tragbaren Musikanlage. Auch die neuesten Titel von Abba und Smokie wurden gespielt.

Bela und ich setzten uns nach einiger Zeit von der Gruppe ab und spazierten durch die lauwarme Abendluft. Die Sonne war bereits untergegangen und die Dämmerung nahm dem Waldweg fast sein gesamtes Licht. Die Partymusik war nur noch weit entfernt zu hören. Auf einer zurückliegenden, wilden Wiese setzten wir uns auf unsere Jacken. Die Waldgewächse verströmten ihre Düfte und die Grillen zirpten leise ihre Abendmusik. Wir nahmen uns in die Arme und genossen diese paradiesische Atmosphäre. Am klaren Himmel begannen die Sterne zu funkeln und unsere Gedanken und Träume wurden eins.

In den nächsten Tagen fuhren unsere Gefühle Achterbahn, so wie der gleichnamige Kinokassenschlager, der in dieser Zeit Millionen Menschen vor die Leinwände lockte. Dass wir nun beide die Herzchen in den Augen hatten, blieb unserer Ausbildungsgruppe natürlich nicht verborgen, und es wurde kräftig über uns gescherzt.

Aber was sollte aus der Freundschaft werden? Im kommenden Jahr wartete die Prüfung zum Staatsexamen und danach sollte es ins Berufspraktikum gehen. In dieser Region gab es für uns keine Praktikumsstellen. Wir bewarben uns in verschiedenen Städten und versuchten gemeinsame Ausbildungsplätze zu bekommen. Da fanden sich Möglichkeiten in meiner Heimatstadt. So beschlossen wir, gemeinsam dort hinzuziehen.

Belas Mutter hatte erfahren, dass ich einen Grünen Star hatte und war sehr skeptisch. Sie warnte ihre Tochter vor dieser Partnerschaft, da eine solche Erkrankung zur Erblindung führen könnte. War diese nicht sogar vererbbar?

Noch nie zuvor hatte ich mir selbst diese Fragen gestellt und war völlig verunsichert.

Meine Augenärztin kannte mich seit meiner Windelzeit und gab mir oft mütterliche Ratschläge. Besonders nach dem Tod meiner Mutter fühlte ich mich in schwierigen Lebensfragen zu ihr hingezogen. So klagte ich bei ihr darüber, dass die Mutter meiner Freundin keinen Sehbehinderten in der Familie haben wolle, damit meine Erkrankung in ihrer Familie nicht weiter vererbt würde.

Die Ärztin reagierte sehr betroffen: »Wie sich deine Krankheit entwickeln wird, kann niemand voraussagen. Aber eine Erberkrankung hast du nicht!«

Ich atmete erleichtert auf.

Belas Eltern waren geschieden und Belas Mutter lebte mit einem deutlich älteren Herrn zusammen. Mehrere Male hatte ich versucht, zu diesen Herrschaften telefonisch Kontakt aufzunehmen, doch sobald ich meinen Namen nannte, wurde der Hörer wortlos aufgelegt. Ich versuchte es mit einem sehr persönlichen, freundlichen Brief, doch auch dieser blieb unbeantwortet.

Als Nächstes wollte ich erfahren, wo Belas geschiedener Vater verblieben war.

Belas Eltern hatten sich vor langer Zeit im Streit getrennt und ihr Vater war seit vielen Jahren wieder verheiratet. Belas Mutter hatte nach der Scheidung einen erbitterten Krieg gegen ihren geschiedenen Mann geführt und ständig versucht, die Kinder gezielt gegen ihren Vater einzusetzen.

Um nicht ständig zwischen den Fronten zu stehen, hatte Bela den Kontakt zu ihrem Vater abgebrochen. Also trafen sich Tochter und Vater seit Jahren nicht mehr.

Ich fragte, ob sie den Kontakt wieder aufnehmen wolle. Der Wunsch war da, doch sie quälte das schlechte Gewissen. Ihr war völlig klar, dass sie ihren Vater mit der Besuchsverweigerung sehr verletzt hatte.

»Wenn er ein Mensch mit Herz und ein echter Vater ist, wird er dir verzeihen«, schloss ich Bela in meine Arme. »Rufe ihn an und bitte um ein Treffen. Du brauchst eine Person deiner Familie, auf die du dich verlassen kannst. Wenn er ablehnt, ist die Situation nicht schlechter als jetzt.«

Voller Schuld- und Angstgefühle griff Bela zum Hörer, doch ihr Vater erklärte sich sofort zu einem Treffen bereit. Er zeigte großzügiges Verständnis für seine Tochter. Aus dem Neuanfang entstand zwischen beiden ein aufrechtes, zuverlässiges Verhältnis.

Ich wollte meiner Bela das Gefühl der Sicherheit geben, da das Mainzelmännchen nun in die Fremde ziehen sollte. Also verlobten wir uns zu Silvester im Partykeller meines Elternhauses.

Drei Monate später kam die staatliche Examensprüfung. Die Ausbilder und die Gutachter des Landesgesundheitsamts ließen uns eine Woche lang von morgens bis abends in den Fachprüfungen schwitzen. Bela und ich schlossen diese Ausbildung erfolgreich ab.

Nach der bestandenen Prüfung holten mich mein Vater und seine Frau mit dem Auto in Mainz ab, da ich die unzähligen Dinge, die ich im Laufe eines Jahres angeschleppt hatte, nicht alleine mit der Bahn transportieren konnte. Belas Sachen mussten ebenfalls aus ihrem Elternhaus geholt werden. Wir wurden nur von den Großeltern empfangen, die im Nachbarhaus der Mutter wohnten. Die Begrüßung war herzlich. Wir machten uns bekannt und der Großvater bewirtete uns mit ausgesuchtem Wein.

Belas Mutter stand hingegen im Nachbarhaus hinter ihrem Küchenfenster und lehnte jeden Kontakt zu uns ab. Mein Vater fühlte sich in seiner Ehre verletzt. Auf Grund dieser Ablehnung keimte in meinem Vater und seiner Frau eine Abneigung gegen Bela auf.

Aber das sollten wir erst später zu spüren bekommen. Unser Honeymoon überstrahlte alle üblen Gedanken.

Das Wohn-Schlaf-Klo

In meiner Heimatstadt Hattingen fanden sich für Bela und mich zwei Praktikumsstellen. Also zogen wir an die Ruhr und mieteten für 79 Mark Monatskosten ein ›Wohn-Schlaf-Klo‹. Diese Wohnung befand sich in einem Altbau direkt neben dem neuen Gerätehaus der Freiwilligen Feuerwehr und hatte zwei Zimmer im Dachgeschoss. Eine Gemeinschaftstoilette war auf dem Flur und musste mit einer greisen Nachbarin geteilt werden.

Das kleinere Zimmer nutzten wir als Schlafraum. Es bot ein

Waschbecken und einen Gasofen mit Außenkamin. Ein kuscheliges, französisches Doppelbett hatten wir neu gekauft. Da für einen handelsüblichen Kleiderschrank aufgrund der ungünstigen Dachschräge kein Stellplatz vorhanden war, schreinerte mein handwerklich sehr begabter Vater einen Einbauschrank für uns. Die Schranktüren hatten das Dekor der echten Mooreiche und der Korpus war schneeweiß.

Die Tapeten zeigten das zu dieser Zeit aktuelle, krasse, schwarzweiße Blumenmuster. Auch der Polsterstoff des Betts und dessen Umrandung waren schwarzweiß gehalten. Um diese Schwarzweißmalerei aufzulockern, mussten kontrastreiche Farben her. Die Silhouette eines umschlungenen, verliebten Pärchens bildete den Mittelpunkt eines großen Wandposters, dessen Hintergrundfläche nur aus einem rotgelben Abendhimmel mit Sonnenuntergang bestand. Auf dem Bett lagen Kissen in leuchtendem Rot und auf dem Boden streckte sich ein langhaariger orangefarbener Flokati aus.

Den größeren Raum nutzten wir als Wohnküche. Die Schrankwand war neu und die Ledergarnitur erbte ich von meinem verstorbenen Opa Hans. Die Küchenzeile hatte mein Vater ebenfalls selbst entworfen und gebaut. Sie besaß zusätzlich eine Theke mit drei Barhockern. Solch eine Theke zog alte Freunde magisch an. Viele meiner Altersgenossen begannen gerade mit dem Studium, wohnten noch bei ihren Eltern und fanden meine Wohnung nun so einladend, dass sie mehrmals pro Woche an unserer Küchentheke feuchtfröhlich abhingen. Bei Bela und mir winkte um Mitternacht der Bettzipfel, da wir morgens um 7 Uhr unseren Dienst aufnehmen mussten. Also war ich gezwungen, meine lieben Studenten regelmäßig des Nachts hinauszuwerfen.

Der Beruf des Masseurs und medizinischen Bademeisters

Bereits die ägyptischen Pharaonen, die griechischen Fürsten und die römischen Kaiser genossen die wohltuende und heilende Wirkung der Bäder und Massagen. Die Tradition der römischen Badehäuser wurde aufgrund der überzogenen Moralvorstellungen der Kirche im Mittelalter zwar etwas vernachlässigt, doch schon Karl der Große liebte die warmen Quellen in seiner Residenzstadt Aachen.

Die ›Wasserhähne‹, Dr. Siegmund Hahn und sein Sohn Dr. Johann Siegmund Hahn, entwickelten im 18. Jahrhundert die Hydrotherapie. Anfang des 19. Jahrhunderts gründete Vincenz Prießnitz ein Wassertherapiezentrum. Fünfzig Jahre später fand Pfarrer Sebastian Kneipp die alten Aufzeichnungen der ›Wasserhähne‹ und heilte mit deren Anwendungsmethoden seine eigene Tuberkuloseerkrankung. Daraufhin fasste er viele Naturheilmethoden zusammen, die zur Grundlage der heutigen Physiotherapie gehören.

Belas weiterer Ausbildungsweg führte von einer großen Massagepraxis zu einer physiotherapeutischen Abteilung einer Klinik.

Ich bekam einen Vertrag in dem Katholischen Krankenhaus, in dem ich mein erstes Pflegepraktikum gemacht hatte. Die Bäderabteilung meines neuen Arbeitsplatzes war hochmodern und sehr großzügig eingerichtet. Im Therapieangebot standen Massagen, Bewegungstherapien, Stangerbäder, Unterwassermassagen, Sudabäder, Hydro-Balneo-Therapien, alle kneippschen Anwendungen, UV- und Rotlichtbehandlungen, Elektrotherapien und ein thermales Bewegungsbad.

Unser Team bestand aus einer Ordensschwester, einer weiteren weiblichen Fachkraft und vier männlichen Fachkräften. Einer meiner Kollegen war aufgrund einer Kriegsverletzung sehbehindert. Ich konnte zu dieser Zeit mit meiner Sehschwäche in allen Aufgabenbereichen unserer Abteilung uneingeschränkt eingesetzt werden. Die Zusammenarbeit war kollegial und herzlich. Im Gegensatz zu meiner Krankenpflegezeit fühlte ich mich hier am rechten Fleck und war meiner Augenärztin im Nachhinein dankbar, dass sie mich in diese Berufsrichtung gelenkt hatte.

Hatte ich Dank meiner Ausbildung den Erdarbeiten der Straßenbaufirma entfliehen können, so holte mich das Erdreich in Form von heißem Moor nun wieder ein. Da wir noch keinen Warmhalteschrank für Moorpackungen besaßen, wurde die Heilerde in einem großen Kessel gekocht und gerührt. Moorparafin wurde bei einer Temperatur von über 60°C flüssig und ließ sich mit Schöpfkellen entnehmen und auf zugeschnittenen Folien ausgießen. Die moorbeladenen Folien lagen während ihrer Zubereitung auf dem kalten Fliesenboden und der Schlamm wurde mit einem Spachtel ausgestrichen. Dann warteten wir, bis das Material auf knapp 50°C abkühlte, um es dem Patienten auf nackter Haut anzulegen.

Als unsere Ordensschwester wieder mal eine Packung zum Abkühlen auf den Boden gelegt hatte, kam eine greise Dame am Moorofen vorbei. Noch bevor die Ordensfrau reagieren konnte, stand die Patientin mit beiden Füßen in der Packung.

»Was ist das denn für eine komische Fußmatte?«, schüttelte sie ihre silbernen Locken, stieg aus dem Schlamm und streifte ihre Pantoffel Schritt für Schritt auf unserem geflochtenen Kunststoffteppich ab.

Da sich das Paraffin in flüssiger Form in jede Pore des Teppichs gesetzt und bei Zimmertemperatur in einen festen Aggregatzustand gewandelt hatte, verbrachten wir drei Stunden mit der Reinigung.

Es gäbe viele Anekdoten aus dieser Abteilung zu berichten, die jedoch an dieser Stelle den Rahmen sprengen würden.

Unser erstes Auto

Neue drucksenkende Augentropfen versprachen mir Hoffnung auf besseres Sehen. Der Wirkstoff Timolol bewirkte eine deutliche Verringerung der Bildung des Kammerwassers im Auge. Tatsächlich sprach auch meine Glaukomerkrankung darauf günstig an. Ich konnte das pupillenverengende Mittel Prostecmin absetzen, durch die weniger verengte Pupille kam nun mehr Licht und meine Sehkraft stieg deutlich an. Wieder keimte die Hoffnung in mir auf, doch eines Tages den Führerschein machen zu können, aber davon war ich noch ein ganzes Stück entfernt. Das Sehen war mit Kontaktlinse und zusätzlicher Brille aber so gut, dass ich in der freiwilligen Feuerwehr erneut kleinere Aufgaben übernehmen konnte.

Da Bela zu der Generation gehörte, in der die Frauen selbstverständlich auch einen Führerschein machten, beschlossen wir, ein Auto zu kaufen.

Bela meldete sich in der Fahrschule an. Der theoretische Unterricht und die dazu gehörige Prüfung meisterte sie problemlos. Es folgte umgehend der praktische Teil. Der Fahrlehrer ließ sie mehrmals in der Stadt ihre Kreise ziehen, so dass ihr bald die Straßen und deren Beschilderungen bekannt waren.

Viel zu schnell stand der Prüfungstermin vor der Tür und der Prüfer saß ihr im Nacken.

»Biegen Sie an der nächsten Straße nach rechts ab!«, forderte er sie auf und Bela setzte ordnungsgemäß den Blinker.

Als die nervöse Fahrschülerin in die vorgegebene Straße einbog, rief der Prüfer: »Danke, Sie sind durchgefallen. Halten Sie sofort rechts an!«

Die Straße, in die Bela einbiegen sollte, war aufgrund einer Baustelle vorübergehend zu einer Einbahnstraße geändert worden und durfte aus dieser Richtung nicht befahren werden. Der Prüfer hatte Bela hereingelegt.

Trotz der Verärgerung gab sie nicht auf und bestand wenige Tage später die Nachprüfung. Wir kauften uns ein neun Jahre altes Fiat Spider Cabrio. Es war in sportlichem Gelb lackiert und hatte ein schwarzes Faltdach. In zurückgeklapptem Zustand verschwand es unter einer Stahlklappe. Die zwei Kunstledersitze waren klein und wenig bequem. Bei heftigem Regen erwies sich das geschlossene Verdeck als undicht und es tropfte auf unsere Knie.

Der Wagen war so niedrig, dass man unter hochgebauten Lastwagen hindurchgucken konnte. Das verursachte so manches Mal ein erdrückendes Gefühl.

Zu Anfang hatte Bela Hoppelbenzin getankt und das fiel gerade beim Anfahren besonders auf.

Als sie während der ersten Fahrt an einem Berg anfahren musste, würgte sie den Motor mehrmals ab. Um diese Anfängerin noch nervöser zu machen, betätigte unser ungeduldiger Hintermann seine Hupe im Dauerton. Also stieg ich aus, ging zu seiner Fahrertür, öffnete und sagte freundlich: »Würden Sie meiner jungen Dame beim Anfahren behilflich sein? Ich halte in der Zwischenzeit solange Ihre Hupe.«

Es gab als Antwort nur ein angemessen dämliches Gesicht und die Hupe verstummte.

Mit Hilfe der Handbremse und Geduld hoppelte Bela dann doch langsam los. Mit jeder weiteren Fahrt wurde ihr Hoppeln weniger, die Selbstsicherheit nahm zu und mit einiger Routine stellte sie sich als äußerst talentierte Fahrerin heraus.

Nicht nur wir hatten Gefallen an diesem Flitzer, sondern auch der Rost. An den hinteren Kotflügeln fraß er fingerdicke Löcher ins Blech. Dort bewahrheitete sich der uralte Slogan: ›Der Fiat rostet schon im Prospekt!‹

Ein Feuerwehrkollege half mir, sämtliche Löcher zu spachteln und lackierte das Auto neu. Danach war der Wagen wieder eine Augenweide.

Mit 850 ccm und 52 PS erreichte dieser Elefantenrollschuh eine Höchstgeschwindigkeit von 160 km/h. Aufgrund der hohen Drehzahlen konnte es vorkommen, dass der Keilriemen der Wasserpumpe schon mal wegflog. Ich ersetzte ihn dann vorübergehend mit einem Damenstrumpf.

Eines Tages kam meine Bela auf den Parkplatz der Wache gebraust. Sie lenkte in eine Parklücke, brachte den Wagen aber nicht zum Stehen. Sie rauschte durch den Jägerzaun, der das Grundstück begrenzte, und rutschte auf den zerbrochenen Latten in eine tiefer gelegene Garagenzufahrt.

Die Türen der Müllcontainer in der Wand des Nachbarhauses brachten den Fiat krachend zum Stehen. Er passte der Länge nach in die Zufahrt.

Mehrere Feuerwehrkollegen und ich hatten den Unfall mit Schrecken beobachtet, da wir gerade vor der Wache die Löschfahrzeuge reinigten. Gott sei Dank war meine Maus unverletzt.

Mit acht Männern hoben wir den relativ leichten Wagen herum

und schoben ihn zurück auf den Parkplatz. Nur die Stoßstange hatte eine Beule.

Warum war der Unfall passiert? Ein Schlauch des Einkreisbremssystems war geplatzt und so konnte der Wagen nicht mehr gestoppt werden.

Wir durften von Glück sprechen, dass nichts Schlimmeres geschehen war. Die neueren Fahrzeugmodelle wurden künftig nur noch mit Zweikreisbremssystemen ausgestattet, um solche Unfälle auszuschließen.

Polterspäße und Hochzeit

1979 ergab sich die Möglichkeit, eine preiswerte Dreizimmerwohnung zu mieten. Zu dieser Zeit wurden diese Wohnungen nur an verheiratete Paare oder Familien vermietet. Da wir sowieso beschlossen hatten, unseren weiteren Weg gemeinsam zu gehen und auch eine Familie zu gründen, entschlossen wir uns kurzfristig, standesamtlich zu heiraten.

Diese standesamtliche Hochzeit fand im engsten Familienkreis statt. Zu Belas Mutter hatten wir leider keinen Kontakt mehr. Im Gegensatz dazu vertiefte sich die Verbindung zu ihrem Vater und seiner neuen Familie.

Unbemerkt war noch ein kleiner Gast dabei. Einen Tag vor der standesamtlichen Hochzeit gratulierte der Gynäkologe Bela zu ihrer Schwangerschaft. Also konnte die kirchliche Hochzeit zeitlich nicht unendlich weit nach hinten verlegt werden und so stand zwei Monate später der Polterabend vor der Tür.

Unsere Freunde, viele Bekannte meines Vaters und die Kollegen meiner Löschgruppe drängten durstig in den Schulungsraum des Feuerwehrgerätehauses. Das Fassbier lief in Strömen. Im Morgengrauen schwankte endlich der letzte Gast hinaus.

Unsere jugendliche Unerfahrenheit hatte die weiße Hochzeit direkt am Tag nach dem Polterabend festlegen lassen. Übermüdet und etwas verkatert folgten wir dem viel zu frühen Weckruf des Weckers. Bela musste sich schon bald um ihre Frisur und den Brautschmuck kümmern und ich begann mit dem Aufräumen des Chaos, das unsere Feier hinterlassen hatte.

Säckeweise hatten die Poltergeister kleine Styroporkugeln im bepflanzten Gelände des Gerätehauses verteilt. Diese aufzufegen und einzusammeln war eine Sisyphusarbeit. Toilettenpapierrollen hingen wie Girlanden in den oberen, dünnen Ästen der Bäume. Dort reichte ich mit der Leiter kaum hin. Ohne die Mithilfe einiger Kameraden wäre ich nicht rechtzeitig fertig geworden. Nach etlichen Stunden war das Chaos halbwegs beseitigt. Ich machte mich frisch und stieg in meinen dunklen Anzug.

Endlich stand ich in der Kirche neben der strahlenden Braut. Bela trug ein figurbetontes, weißes Brautkleid, das in wenigen Wochen nicht mehr gepasst hätte.

Während der Zeremonie versank ich in eigene Gedanken. Schon von klein auf faszinierten mich alte Kirchengebäude. Der Turm dieses Gotteshauses war 800 Jahre alt und knüpfte damit das Band zu einer Zeit, als bereits die Ritter und Minnesänger die Luft dieses Gebäudes geatmet hatten. War es die Monumentalbauweise, die den Menschen so klein und Gott so groß erscheinen ließen? War es die transzendente Aura dieses Hauses, die dieses ehrfürchtige Gefühl im Menschen erzeugte? Wie viele Menschen mochten sich hier im Angesicht Gottes das ›Ja-Wort‹ gegeben haben? Blickte Gott denn an diesem Tag auch auf uns? Gab es wirklich ein höheres Wesen, das sich für unsere Hochzeit interessieren würde? Hörte sich dieses Wesen wirklich den schrägen Gesang an, den unsere Hochzeitsgäste gerade anstimmten? Sah es auf die tonlos bewegten Lippen derer, die nur so taten, als würden sie beten und singen?

»Und so frage ich dich...«, holte mich der Geistliche aus meinen Gedanken zurück und ich antwortete: »Ja, ich will!«

Nach Belas Ja-Wort gaben wir uns vor den Hochzeitsgästen einen Kuss und traten anschließend vor das Kirchenportal.

Sieben Sonnen standen am blauen Himmel. Die Feuerwehrkollegen hatten in Uniform nach alter Tradition einen weißen

Schlauch vor den Stufen ausgerollt, den ich nun in der Hand aufrollen musste. Die Zuschauermenge jubelte uns zu und die Fotoapparate blitzten.

Im Wohnzimmer meines Elternhauses hatte meine Stiefmutter eine festliche Kaffeetafel gedeckt. Nach der ersten Sättigung wurde die Feier in die Kellerbar verlegt. Vater hatte Fassbier angeschlossen und nun knallten die Sektkorken.

Im Verlauf des Abends war plötzlich die Braut verschwunden. Besser gesagt, sie wurde geraubt. Ein Verwandter erklärte sich bereit, mich zu fahren, um die Braut zu suchen. Wir fuhren von einer Gaststätte des Dorfes zur nächsten. Da die Entführer ihr Auto hinter der Gastwirtschaft, in die die Braut verschleppt worden war, versteckt hatten, dauerte die Suche etwas länger. Als ich meine Herzensdame endlich fand, saßen an dem Tisch auch noch einige Kameraden der Feuerwehr. Begeistert hielten sie eine fast leere 3-Liter-Asbachflasche hoch. Ich musste die Braut beim Wirt auslösen. Als ich feststellte, dass die geleerte Asbach-Flasche nur ein Scherz der Kollegen war, atmete ich erleichtert auf.

Zurück in der Kellerbar folgten der Jungferntanz und die Entschleierung. Mir, dem Bräutigam, steckte man eine dicke Zigarre zwischen die Lippen und endlich durften die Sakkos abgelegt werden.

Wieder graute der Morgen, als die letzten Gäste sich verabschiedeten, und damit hatten wir die viel besungene Hochzeitsnacht verpasst. Ich trug meine Braut über die Schwelle und bald darauf versanken wir in einen tiefen, verdienten Schlaf.

Ein eigenes Bad und Platz für drei

Wir verließen unser Wohn-Schlaf-Klo. Die große Yucca-Palme zog als letzte aus. Da sie nicht mehr in den Umzugswagen passte, musste Bela sie mit dem Cabrio transportieren. Ich baute den Beifahrersitz aus und stellte die Palme mit dem Topf an dessen Platz in den Wagen. Da sie mannshoch über die Frontscheibe hinausragte, sah das lustig aus und gab unterwegs viel Applaus.

Unsere neue Dreizimmerwohnung mit Balkon und herrlichem Gartenblick befand sich in einem Fünffamilienhaus. Endlich besaßen wir ein eigenes Bad mit WC. Über der Wanne hing ein Warmwasserboiler, der zum Aufwärmen eine Stunde benötigte. Das Handwaschbecken bot nur einen Kaltwasserhahn. Doch gegenüber der Ausstattung des Wohn-Schlaf-Klos war das hier Luxus pur!

Zum Heizen benutzten wir im Wohnzimmer einen Kohleofen, dessen Handhabung erst einmal erlernt werden musste. Die meisten Nachbarn waren alte, pensionierte Bergmänner mit ihren Familien. Sie bekamen kostenfreie Deputatkohle, die sie zum Teil unter der Hand verkauften. So erwarben wir billige Kohle und konnten günstig heizen.

Nach dem ersten Gebrauch des Kohleofens nahm ich morgens den Kohlenkasten mit der warmen, weißen Asche und stellte ihn zum Abkühlen ins Freie auf den Balkon. Danach fuhren Bela und ich zur Arbeit.

Als wir abends heimkamen, beschwerten sich die Nachbarn darüber, dass ihre Fenster und Balkone mit Aschenstaub bedeckt waren. Ich schaute in meinen Kohlenkasten. Der stand erstaunlicherweise leer auf dem Balkon. Böser, böser Wind! Also hatten wir wieder etwas dazugelernt.

Als Wiedergutmachung trafen wir uns am Wochenende mit den Nachbarn im Garten und stifteten eine Kiste Bier und eine Flasche Schnaps. Die Bergleute konnten mächtig viel Alkohol vertragen. Ich war das Schnapstrinken überhaupt nicht gewohnt. Irgendwann stand ich schwankend in meinem Schlafzimmer, wartete ab, bis mein Bett zum dritten Mal vorbeikam und sprang hinein.

Am nächsten Morgen erwachte ich auf dem Flokati vor meinem Bett, doch eine gute Fee hatte mich wenigstens zugedeckt. Mein Kater war nicht von schlechten Eltern!

Als wir mittags unsere Haustür öffneten, stand eine große Topfpflanze auf der Fußmatte. Daran steckte ein Willkommensgruß, der sagte, dass wir in den Reihen der Nachbarn aufgenommen worden waren.

Die Zeit der Windeln

Die neue Wohnung war der wachsenden Familie angemessen, doch das Cabriolet bot nur für zwei Personen Platz. Eine Anhängerkupplung für einen Kinderwagen ließ der TÜV nicht zu und so musste eine Familienkutsche her. Schweren Herzens tauschten wir den Sportwagen gegen einen Ford Escort, der dazu noch eine babyblaue Lackierung hatte.

Die werdende Mutter hatte das Kinderzimmer schon liebevoll eingerichtet, sich mit Babyliteratur eingedeckt und schob einen kugelrunden Bauch vor sich her. Wenn der Nachwuchs an ihrer untersten Rippe Klimmzüge machte, dann ertastete ich kleine Beulen mit einem Eigenleben.

Im Januar, es war um Mitternacht, spielten Bela und ich Schiffe versenken. Als ich gerade ihr letztes Schiff untergehen ließ, warf sie mir wütend ihren Kugelschreiber an den Kopf und rief: »Das ist ein Scheißspiel und außerdem habe ich Wehen!«

Ich telefonierte mit meinem Vater und er fuhr uns umgehend ins Krankenhaus. Die Hebamme war brummig und meinte, dass wir viel zu früh da wären. Doch die werdende Mutter wurde gebadet und im Kreißsaal auf die Geburt vorbereitet. Ich musste einen weißen Kittel überziehen, weil ich auf Belas Wunsch hin bei der Geburt dabei sein sollte. Mein Vater hatte am kommenden Morgen Dienst und fuhr heim.

Da es bis zur Geburt noch reichlich Zeit war, besuchte ich einen Nachtpfleger, der mir noch aus meiner Pflegezeit bekannt war. In meinem Kittel fand ich auch noch die Zigaretten und ein Feuerzeug, die bestimmt ein werdender Vater dort zurückgelassen hatte. Als ich wieder in den Kreißsaal zurückkehrte, knurrte mich die Hebamme gleich an: »Was fällt ihnen ein, mit einem sterilen Kittel durch das Krankenhaus zu laufen?«

Ich hielt die Zigaretten hoch: »Ich war eine sterile Zigarette rauchen, die mein Vorgänger in dem frischen Kittel, den Sie mir vorhin gegeben haben, vergessen hat!«

Vier Stunden nach der ersten Wehe wurde unsere Tochter geboren und präsentierte mit knallrotem Kopf eine kräftige Stimme. Wider der Voraussage der Hebamme hatte meine Frau eine Spontangeburt.

Nachdem meine erschöpfte Bela in den tiefen, verdienten Schlaf gefallen war und das kleine Mädchen nun von der neuen Welt träumte, bestellte ich mir ein Taxi nach Hause.

»Was haben sie mitten in der Nacht im Krankenhaus gemacht?«, erkundigte sich der Taxifahrer.

»Ich bin Vater geworden«, antwortete ich.

Bei dem Wort Vater lief mir ein Schauer über den Rücken. Dieser Titel passte doch gar nicht zu mir. Ich fühlte mich immer noch wie ein Junge und nicht wie ein Vater!

Das süße Mädchen war gesund und trainierte nun Tag und Nacht seine Stimme. Schon bald öffneten sich zwei strahlende blaue Augen, die gut zum blonden Haar passten. Gott sei Dank sahen diese Augen gesund aus. Trotzdem ließ ich unsere Tochter umgehend von meiner Augenärztin untersuchen und bestätigen, dass sie gesund war.

Auch ich erlernte nun das Wickeln, Baden und Füttern. Als unsere Tochter auf ihren ersten Krabbelexpeditionen den Cremetopf fand, zeigte sie bereits viel Kreativität. Ihr Gesicht war nur noch eine Maske und die Möbel waren mit Creme einbalsamiert.

Bela ging ganz in ihrer Mutterrolle auf. Mutterseelenallein hatte sie ihre erste Schwangerschaft hinter sich gebracht und der Umgang mit dem Baby funktionierte hervorragend. Mit ›mutterseelenallein‹ meine ich, dass sich Belas Mutter nicht einmal bei uns gemeldet hatte, obwohl sie wusste, dass ihre Tochter schwanger war. Sollte die Liebe einer Mutter nicht über ihrem Hochmut stehen?

Leider war von meinem Vater und seiner Frau in Sachen Enkelkinder auch nicht all zuviel zu erwarten.

»Ihr wolltet ein Kind haben, also kümmert euch auch darum!«, meinte mein Vater zu uns, noch bevor wir überhaupt um irgendwelche Hilfe gebeten hatten.

Das neue Familienmitglied wurde in unserer katholischen Dorfkirche auf den Namen Sonja getauft und in unserer Wohnung mit vielen Verwandten gefeiert.

Ein neuer Regenbogen

Völlig zufrieden mit meinem Leben setzte ich mich auf unseren Balkon und steckte mir genüsslich eine Zigarette an. Die untergehende Sonne und ich hatten Feierabend und es dämmerte bereits. Als ich auf die Flamme des Feuerzeuges sah, wurde diese von Regenbogenfarben umrahmt. Ich zündete nochmals und wollte nicht glauben, was ich da sah!

»Der Augeninnendruck ist weit über 30 mmHg«, stellte meine Ärztin besorgt fest.

Die Tropfentherapie des Timolol wurde mit Pilocarpin ergänzt, doch der Innendruck sank nicht. Dann gab man mir Entwässerungstabletten, die den Druck mindern sollten.

Deren Nebenwirkungen belasteten den Kreislauf. Kalte Finger und Füße waren die Folge. Alle Getränke mit Kohlensäure schmeckten ekelhaft süß. Kalium wurde ausgeschwemmt. Der Mangel ließ die Hände und Füße kribbeln. Ohrgeräusche verschlechterten mein Gehör. Doch der Innendruck des rechten Auges wollte nicht sinken.

Morgens um 7 Uhr meldete ich mich in der Augenklinik des Uniklinikums Essen. Diese Abteilung war in einem Hochhaus mit anderen Fachbereichen untergebracht. Der Warteraum war prallvoll mit Patienten. Ich zog eine Nummer und meldete mich in der Annahme.

»Sie sind die Nummer 78?«, fragte die Verwaltungsangestellte und seufzte demonstrativ überfordert.

Gegen 12 Uhr mittags wurde ich in den nächsten Warteraum gebeten. Meine Bela und Klein-Soni hatten mich begleitet und übten sich auch weiter in Geduld.

In diesem Wartebereich wurden die Patienten nach Augenvordergrund- und Augenhintergrunderkrankungen aufgeteilt. Ab 14 Uhr besahen sich die angehenden Augenärzte die Patienten. Ihnen folgten die Fach- und die Oberärzte. Um 17 Uhr saß ich endlich dem Chefarzt gegenüber. Aufgrund der gesamten Voruntersuchungen sah ich nur noch Sterne und konnte keine präzise Aussage mehr über meine augenblickliche Sehleistung machen.

Unser Kleinkind war verständlicherweise nach dieser Marathon-Wartezeit gelangweilt und spielte mit einer Apfelsine. Eine greise, korpulente Frau erregte sich mit mürrischem Gesichtsausdruck: »Nach dem Krieg hätten wir gerne eine Apfelsine gehabt und heute spielen die Blagen damit!«

Ich fragte sie, ob das ihr einziges Problem sei, und hätte ihr die Apfelsine am liebsten an den Kopf geworfen. Doch dann hätte meine Kleine nichts mehr zum Spielen gehabt. Hätten wir geahnt, dass die Wartezeit so extrem lang werden würde, dann hätten wir das Kind bei Freunden untergebracht.

Der Chefarzt riet mir zu einer drucksenkenden Operation und ich vereinbarte direkt einen Termin.

Schon bald kam der Tag der Klinikaufnahme. Die Station bot Dreibettzimmer mit Bad und WC. Von einem Gemeinschaftsbalkon aus ließ sich ein großer Teil des Klinikgeländes überblicken. Medizinische Fachabteilungen soweit das Auge reichte.

Im Raucherzimmer saßen die Patienten meiner Station abends gerne zusammen. Der Unfall von Zimmer 1, der unangeschnallt die Windschutzscheibe geküsst hatte, die Netzhautablösung von Zimmer 2, der graue Star von 3, die Hornhauttrübung von 4 und ich, als Vertreter des Glaukoms, rauchten nun um die Wette. Andere litten unter Retinitis Pigmentosa, Makuladegeneration oder Augenschäden durch Diabetes. Auch Verletzungen durch Prügeleien und Arbeitsunfälle bereicherten die Vielfalt der Augenerkrankungen in dieser Abteilung. Die tollsten Horrormärchen wurden aufgetischt. Aus der Zeit mit meinen blinden Freunden in der Reha-Ausbildungsstätte konnte ich bei den spannenden Anekdoten gut mithalten.

Wie einst in der alten Augenheilanstalt wurden nun wieder der Visus, der Innendruck, das Gesichtsfeld gemessen und zusätzlich Fotos von meiner Netzhaut gemacht. Die Ärzte beschlossen, an meinem Auge ein neues Filterkissen chirurgisch zu entwickeln, welches das Kammerwasser besser ableiten sollte. Ich demonstrierte Stärke und wirkte beruhigend auf meine besorgte Familie ein. Nur mein Zigarettenkonsum verriet die innere Anspannung.

Die lange, schlaflose Nacht war irgendwann vorüber. Statt einem genüsslichen Kaffee gab es morgens nur ein ›Engelhemd‹. Diese modischen Teile wurden im Rücken geschlossen und erleichterten den Schwestern das An- und Auskleiden des Patienten.

Im Krankenbett liegend wurde ich aus dem Zimmer geschoben. Im Stationsflur riefen mir die Raucherkameraden gute Wünsche hinterher und viel zu schnell stand ich mutterseelenallein in einem Raum vor dem OP. Nebenan, hinter einem Vorhang, erklärte Schwester ›Unblutig‹ einer Schülerin, wie das Skalpell zu benutzen sei und was bei einem Eingriff so alles schiefgehen kann. Ich wollte mit meiner großen Klappe etwas Passendes hinüberrufen, doch da öffnete sich die OP-Tür, grelles, kaltes Licht blendete mich und mein Schafott kam in Sicht.

Der Professor sprach mit väterlicher Stimme auf mich ein. Sein Atem roch nach Zigarrenrauch. Das empfand ich als zutiefst menschlich und angenehm.

Ich wurde auf den OP-Tisch gelagert und mein Kopf ruhte in einer gepolsterten Schale. Zur Einleitung des Narkosemittels musste eine Nadel in meine Unterarmvene gesetzt werden.

Zu meinem Engelhemdchen bekam ich ein schickes OP-Mützchen. Die gesamte Umgebung wirkte wie ein Science-Fiction-Film. Ein abstoßender Desinfektionsgeruch machte die Atmosphäre noch unheimlicher. Dann legte man mir ein Tuch über das Gesicht. Es hatte einen Ausschnitt, der nur das Auge frei ließ, das operiert werden sollte. Das Narkosemittel machte sich auf den Weg zu meinem Gehirn und ich begann zu zählen: »1, 2, 3, 4, 5, 6...«

Zitternd und frierend erwachte ich im Aufwachraum. Die Ursache meines Frierens war die Nachwirkung des Narkosemittels.

Über dem operierten Auge klebte eine Klappe. Kaum hatte ich das wahrgenommen, da schlief ich erneut ein. Beim nächsten Erwachen befand ich mich im Krankenzimmer der Station und Bela saß mit der kleinen Soni an meinem Bett. Unter dem Einfluss des Narkosemittels war ich kein guter Gesprächspartner.

»Was werde ich sehen?«, fragte ich mich ständig und konnte die Untersuchung am nächsten Morgen kaum erwarten.

Auch diese Stunde kam. Klappe ab, grelles Licht, dann konnte ich die Umrisse des Arztes erkennen. Er untersuchte das Auge mit seiner Spaltlampe und war mit dem Operationsergebnis für diesen Tag zufrieden.

Weil ich am Tag zuvor wegen der Narkose kaum gegessen hatte, drängte mein Bärenhunger auf das Mittagessen. Voller Erwartung hob ich den Deckel meines Tabletts und...? Es gab Fisch! Die Gräten des gesamten Fischfangs schienen sich auf meinem Teller zu befinden. Wie konnte jemand auf die Idee kommen, solche Gerichte den Sehbehinderten vor die Nase zu setzen?

Frustriert aß ich nur die Kartoffeln und sehnte mich nach dem Abendessen. Nachmittags kam Bela mit unserer Tochter und sie gaben mir Trost. Endlich ging auch dieser Tag herum.

Der Druck war nach der Operation unter 10 mmHg gesunken und stieg in den nächsten zehn Tagen meines stationären Aufenthalts nicht über 18 mmHg.

Zu kurze Haut

Die Augenheilstation war L-förmig angelegt und mein Dreibettzimmer befand sich ganz am Ende des Flurs im letzten Winkel. Gerade war ein Bettnachbar, befreit vom Grauen Star mit völlig neuer Aussicht, glücklich entlassen worden. Schon stand der nächste Patient bereit. Der neue Leidensgenosse wirkte klein, gebrechlich, etwas schüchtern und mochte auf den ersten Blick im Rentenalter sein. Außer einem kaum hörbaren ›Guten Tag‹ bekam er den Mund scheinbar nicht auf. Seine Begleiterin hingegen, eine pummelige, ältere Dame mit einer Ruhrgebietspudeldauerwelle auf dem Kopf, redete wie ein Wasserfall auf ihren Mann ein: »Datte mir nich widder so viele Sorgen machs... Halte dich an datt, watt die Ärzte dich sagen... Hasse alle Medikamente bei dich?«, und sie trug jeden weiteren Gedanken auf ihren Lippen.

Auch mein anderer Bettnachbar kommentierte die schnatternde Dame mit einem Augenrollen.

»Komm, wir gehen eine rauchen, sonst läuft mir gleich Blut aus dem Ohr«, stieß er mich an und wir gingen hinaus auf den großen Balkon der Station.

Nach dem Abendessen war die Quasselstrippe endlich heimgefahren und wir versuchten, mit dem Neuen Kontakt aufzunehmen. Aus seinen wenigen Worten erfuhren wir, dass er im Bergbau unter Tage einen Kohlenzug geführt hatte, und wir gaben ihm den Kosenamen ›Lokomotive‹. Wie treffend dieser Name war, sollten wir in der kommenden Nacht erfahren.

Zu später Stunde betraten mein Zimmergenosse, dessen Bett am Schrank stand, und ich unser Krankenzimmer. ›Lokomotive‹ lag im mittleren Bett auf seinem Rücken. Er pfiff und schnarchte, dass die Wände wackelten. Mein deutlich älterer Mitpatient knurrte: »Bei dem Gesäge kann ich nicht pennen«, und er stieß die ›Lok‹ mehrmals an.

Bald darauf stellte sich Erfolg ein und ›Lokomotive‹ drehte sich auf die Seite. Das Schnarchen blieb aus. Wir suchten kurz nacheinander das Bad auf und stiegen in die Betten. Noch bevor ich einschlafen konnte, gab die ›Lok‹ ein eindeutig grummelndes Geräusch seines Gesäßes von sich. Ich dachte, ich hätte nicht richtig gehört, doch bald darauf bestätigte auch meine Nase den Verdacht, dass die ›Lok‹ undicht geworden war. Mein Kamerad von der Schrankseite stand fluchend auf und rüttelte an der ›Lok‹: »Hey, hier sind noch andere im Raum! Willst du uns vergasen?«, dann versuchte er an meiner Bettseite einen Fensterflügel zu öffnen.

Da in diesem Haus eine Klimaanlage betrieben wurde, konnten die Fenster nur mit einem Spezialschlüssel geöffnet werden. Also stand ich auf und benutzte die Zimmertür zum Flur als Luftfächer.

Nachdem das Klima erträglich war, gingen wir wieder zu Bett. Noch bevor ich einschlafen konnte, drehte sich die ›Lok‹ auf den Rücken und begann, ohrenbetäubend zu schnarchen. Nach etwa einer Viertelstunde hörte ich die Stimme meines Leidensgenossen am Schrank rufen: »Hey, Lokomotive, dreh dich um! Du sägst!« Nachdem die ›Lok‹ sich gewendet hatte, wurde sie wieder undicht.

Zwei Nächte lang ließen wir die Geräuschkulisse und Luftverpestung über uns ergehen. In der dritten Nacht standen wir gegen 1 Uhr auf, öffneten die Zimmertür weit zum Lüften und gingen auf dem Balkon eine Zigarette rauchen. Als wir zurückkehrten, war die Zimmerluft angenehmer, doch nun schnarchte der Bergmann wieder.

»Packe mal mit an«, bat ich meinen Leidensgenossen und löste leise die Radbremse des Bettes, »wir schieben die ›Lokomotive‹ raus auf den Flur.«

Das ließ sich mein Zimmernachbar nicht zweimal sagen. Wir rollten die ›Lok‹ aus dem Zimmer und schoben sie in eine Nische, in der sonst ein leeres Notbett gestanden hatte. Da vom Schwesternzimmer aus der Winkel dieser Station nicht direkt einzusehen war, würde unsere Aktion kaum auffallen. Gegen Morgen wollten wir die ›Lok‹ dann wieder ins Zimmer fahren. Es war gegen 5 Uhr, als wir grob geweckt wurden.

»Wer von den Herren hat den Patienten auf den Flur geschoben?«, stand die Stationsschwester mit den Händen in die Hüften gestemmt auf dem leeren Parkplatz der Lok zwischen unseren Betten. Sie hatte alle Zimmerlampen eingeschaltet und das Licht reizte die Augen.

Ich richtete mich auf und antwortete: »Uns blieb nichts anderes übrig, als den Herrn vorübergehend an die Luft zu setzen. Andererseits hat es ihn bestimmt nicht gestört. Er hat einen begnadeten Schlaf«, und ich ergänzte: »Und er hat die Haut zu kurz!«

Die verärgerte Schwester baute sich vor mir auf: »Er hat was?«

Ich konnte mir das Grinsen nicht verkneifen: »Er hat die Haut zu kurz. Entweder steht sein Mund auf und er schnarcht oder er furzt!«

»Genau!«, mischte sich der Zimmergenosse ein. »Das ertragen

wir seit drei Nächten und das dämliche Fenster lässt sich in dieser Klinik ja nicht öffnen.

»Er hat die Haut zu kurz?«, wiederholte die Nachtschwester meinen Satz und ihre strenge Miene wich einem Schmunzeln. »Trotzdem haben Sie nicht das Recht, Ihren Mitpatienten aus dem Zimmer zu schieben. Ich muss den Vorfall dem Stationsarzt melden.«

Wir standen also auf und fuhren die ›Lok‹ unter Aufsicht der Schwester wieder ordnungsgemäß ins Zimmer. Am nächsten Vormittag ließ der Stationsarzt meinen Zimmernachbarn und mich deutlich strammstehen. Doch der Spruch ›der hat die Haut zu kurz‹ machte nun in der Klinik die Runde.

Am nächsten Morgen wurde die ›Lok‹ verlegt und in ein anderes Zimmer gerollt.

Verbogene Treppenstufen

Es war der Abend vor meiner Krankenhausentlassung. Ich steckte mir im Raucherzimmer in bester Laune eine Zigarette an und sah auf die flackernde Feuerzeugflamme. Irritiert zündete ich erneut und blickte noch genauer auf die Flamme. Verdammt, ich sah Regenbogenfarben um die Flamme herum.

»Der Druck ist über 30 mmHg«, stellte der Chefarzt enttäuscht fest, »aber wir können noch einmal operieren. Das nennt man eine Filterkissenrevision.« Also kam die dritte Operation des rechten Auges auf mich zu.

Besorgte Familie. Schlaflose Nacht. Tausend dunkle Gedanken. Morgens das Engelhemd. Narkose. Filterkissenrevision. Frierend und zitternd erwacht. Bela in den Arm genommen. Soni geknuddelt. Weitergeschlafen bis zum nächsten Morgen.

Voller Sorge und Zweifel betrat ich das Untersuchungszimmer des Stationsarztes. Vor dem Untersuchungsgerät thronte der Chefarzt mit seinen hellgrauen Haaren und wirkte wie ›Gott Vater‹. Der Oberarzt saß zu seiner Rechten und der Stationsarzt zu seiner Linken.

Ich setzte mich gegenüber auf den Patientenhocker und ließ dem Schicksal seinen Lauf. Augenklappe ab. Grelles, beißendes Licht. Langsam entwickelten sich Umrisse. Dann sah ich... ja, dann sah ich das totale Chaos.

Wenn ich auf die Tischkante vor mir blickte, so verlief diese nach meinem optischen Eindruck nur bis zur Mitte waagerecht. Danach machte sie einen steilen Knick nach oben und verlief dann in einem Linksbogen weiter. Es sah aus, als wenn in meinem Gesichtsfeld zusätzlich eine Fischaugenlinse eingebaut wäre. Mit panischen Gedanken erklärte ich den Medizinern, welche Horrorbilder sich vor mir auftaten.

»Die Ursache dafür ist eine Aderhautschwellung. Dadurch wird die Netzhaut gewölbt und vermittelt Ihnen so die Zerrbilder«, diagnostizierte der Chefarzt und ließ auch seine Kollegen in mein operiertes Auge schauen. »Die Schwellung bildet sich nach wenigen Tagen wieder völlig zurück.«

Nachdem ich die Augenschutzklappe nach drei Tagen weglassen durfte, konnte ich meinen ganz persönlichen Horrorfilm genießen. Mit der Fischaugenlinse sah das Treppenhaus zum Schießen aus. In der Mitte machten alle Stufen einen Knick nach oben. Die Fliesenkoordinaten im Bad veränderten sich zu einem bizarren Bild eines Fischernetzes. Die Betten, die Tische, einfach alles sah krumm, schief und verbogen aus.

Der Chefarzt sollte Recht behalten. Über Nacht war der Spuk vorbei und die Horrorbilder wichen den gewohnten optischen Eindrücken. Trotzdem hatte sich etwas verändert. Mir fehlte im nasalen Bereich ein großer Teil des Gesichtsfeldes. Dieser Teil war erheblich größer als der blinde Fleck. Um Gegenstände anvisieren zu können, musste ich den Kopf etwas nach links drehen.

Das Auge war gerettet, doch mein Sehen rutschte mit diesen Gesichtsfeldausfällen in eine ›hochgradige Sehbehinderung‹.

Ein halbes Jahr später musste auch das linke Auge aufgrund einer Innendruckerhöhung operiert werden. Diese Operation war im Sinne der Drucksenkung erfolgreich. Leider hatte der hohe Druck zuvor diesem Augen noch größeren Schaden angerichtet und ich erkannte damit nur noch schattenhafte Konturen.

Mit der zweiten OP am linken Auge und den drei Operationen am rechten hatte ich nun fünf Operationen hinter mir.

Obgleich der nasale Gesichtsfeldschaden am rechten Auge eine deutliche optische Einschränkung zufolge hatte, lernte ich mit einer Lupenbrille und einem speziellen Monokular umzugehen. Mit diesen Hilfsmitteln konnte ich kurzzeitig bedingt lesen und meine Umgebung näher heranholen. Mit einer Kontaktlinse am rechten Auge und einer zusätzlichen Brille erkannte ich das Fernsehbild, wenn ich direkt davor saß. Als ich mit meiner Nasenspitze einmal zu weit auf das Spielfeld einer Fußballübertragung stieß, wurde das Spiel abgepfiffen. Danach hörte ich mir die Europa- und Weltmeisterschaften unserer Kicker nur noch im Radio an.

Eine selbstständige Mobilität in bekannter Umgebung war noch möglich. Der weiße Stock wäre ebenfalls sinnvoll gewesen, doch den sah ich zu dieser Zeit als meinen persönlichen Feind an.

Neben der psychischen Belastung des weiteren Sehverlustes quälte mich der Gedanke, dass Belas Mutter nun Recht gehabt hatte. Ich war der Blindheit ein Stück näher gerückt. Würde es für mich überhaupt noch mal eine Besserung geben? Die zerstörten Sehnervenzellen würden sich nie mehr regenerieren, das war klar!

Mit Bela führte ich nun ein ernsthaftes Gespräch über unsere gemeinsame Zukunft. Sie war gerade 22 Jahre alt und hatte das gesamte Leben noch vor sich. Sollte sie dieses mit einem ›hochgradig Sehbehinderten‹ teilen? Unter diesen Bedingungen hatten wir uns nicht kennen gelernt. Ich fühlte mich irgendwie schuldig, doch meine Frau war fest entschlossen, an meiner Seite zu bleiben.

Einsichten trotz schlechter Aussichten

Ich war bis zu dieser Zeit überwiegend optimistisch gewesen und hoffte, dass der Kelch der Sehbehinderung an mir vorbeigehen würde. Mit aller Raffinesse hatte ich von klein auf versucht, mein schlechtes Sehen vor anderen Menschen zu verbergen. Eine aufkeimende Reife fragte mich: »Warum und vor wem musst du eine Behinderung verbergen?«

Eine vernünftige Antwort konnte ich mir darauf nicht geben. Gleichzeitig erinnerte ich mich an meine Mutter und meinen Großvater, die ihre Leiden angenommen hatten. Mehr als das. Sie wirkten durch ihr häufiges, zufriedenes Lächeln ausgeglichen und glücklich. Ich fragte mich, ob eine Behinderung sogar eine Bereicherung sein könnte? Das ›Neue Testament‹ behauptete, dass Jesus Christus Blinde sehend gemacht hätte. War damit tatsächlich die Wiederherstellung der Sehleistung der Augen gemeint oder sollten damit die neu gewonnene geistige Weitsicht und eine gewisse innere Erleuchtung angesprochen werden? Ich hatte bereits Witz, Humor und eine große Klappe. Aber hatte ich auch genug Rückgrat anderen Menschen zu zeigen, dass ich behindert bin?

Ich setzte meine Nase auf die Tasten meiner Schreibmaschine und stellte beim Versorgungsamt einen Antrag auf die Anerkennung einer Schwerbehinderung nach dem Schwerbehindertengesetz. Ich bekam daraufhin eine Einladung zu einer amtsärztlichen Untersuchung.

Der Termin war da und nun saß ich dort einem weißhaarigen Herrn im weißen Kittel gegenüber. Er nahm aus seiner Schublade eine Taschenlampe heraus und forderte mich auf, mich zu ihm vorzubeugen. Auch er beugte sich zu mir. Sein Atem ließ ihn noch älter wirken, als er schon aussah.

»Machen Sie die Augen weit auf!«, meinte er und leuchtete mir mal ins rechte, dann ins linke Auge. Anschließend schob der wortkarge Mann meinen Kopf zurück und machte sich Notizen. Ich fragte verwundert: »Das war doch jetzt nicht die gesamte Untersuchung, oder?« Der Gott in Weiß nickte: »Sie sind fertig und bekommen von uns Bescheid.«

Mir war aufgrund meiner Augenklinikerfahrungen bewusst, dass das hier keine fachliche Untersuchung gewesen sein konnte, und so platzte es aus mir heraus: »Sie müssen ein hochbegabter Mediziner sein. In der Uniklinik hatte man mir Glaszylinder auf die Augenoberfläche gesetzt, um den Augenhintergrund zu fotografieren. Trotz x-facher Vergrößerung und komplizierter Spiegelungen, trotz Ultraschallvermessungen, perimetrischer Untersuchungen usw. bedauerten die Augenärzte der Uniklinik, dass der genaue Einblick in meine Augen äußerst schwierig sei. Ihrem Amt wurden diese Untersuchungsergebnisse zugestellt. Wenn Sie mit ihrer Taschenlampe jetzt die Untersuchungen der Augenklinik kontrolliert haben und zu anderen Ergebnissen kommen, mache ich Sie mit Hilfe der Presse berühmt.«

Doch auch die Taschenlampenuntersuchung bestätigte nach vielen Wochen meine ›hochgradige Sehbehinderung‹ und das Versorgungsamt stellte mir einen entsprechenden Schwerbehindertenausweis aus.

Die Konsequenzen meines Sehverlustes

Nun war man auch bei der Freiwilligen Feuerwehr der Meinung, dass ich aufgrund der Sehbehinderung das Feuer nicht mehr finden würde. Gut, ich hätte noch mitfahren und über Lautsprecher »Tatütata« rufen können, doch das war mir zu blöd.

In der Alters- und Ehrenabteilung sollte ich ein neues Zuhause finden. Damit hatte ich das Recht, am ›Altentreffen‹ teilzunehmen. Und das schon mit Mitte zwanzig! Das war ein riesiger Karrieresprung! Andere Feuerwehrkollegen mussten dafür bis zu ihrem sechzigsten Lebensjahr warten. Ich durfte auch weiter an den Dienstversammlungen der Aktiven teilnehmen, was ich auch regelmäßig tat.

Plötzlich kam ein Brandeinsatz. Alle Kameraden stürmten in die

Fahrzeughalle. Sie sprangen in die Stiefel, kletterten auf die Wagen und zogen währenddessen die Jacken an. Sie schnallten die Hakengurte um und setzten ihre Helme auf. Die Blaulichter kreisten, die Hallentore flogen knallend auf, die Martinshörner ließen die Ohren pfeifen und schon brauste der Löschzug davon. Und ich? Ich gehörte nicht mehr dazu! Beim Schließen der Tore liefen mir vor Frust die Tränen über die Wangen. In der verwaisten Kellerbar der Wache zog mich magisch der Bierzapfhahn an.

Auch beruflich hatten die weiteren optischen Einschränkungen Konsequenzen. Die schriftlichen Arbeiten in meiner Bäderabteilung, wie zum Beispiel das Eintragen von Terminen, das Ausfüllen von Karteikarten und Dienststundenblättern, konnte ich mit der hochgradigen Sehbehinderung nicht mehr ausüben. Der Stationsdienst, das heißt, die Arbeit am Krankenbett, war nicht mehr möglich. Mit meinem schlechten Sehen nahmen in den Krankenstationen alle Infusionsständer plötzlich Fahrt auf. Die Betten, Nachtschränkchen oder Papierkörbe, die aufgrund von Putzarbeiten zeitweise kreuz und quer in den Stationsfluren standen, stieß ich versehentlich an oder um. Ich war einfach umwerfend! Also war Schluss mit diesen Aufgaben! Stattdessen durfte ich nun überwiegend Massagen machen.

»Dann kriegst du noch mehr Kraft in die Arme!«, wurde kollegial gelästert. Diesen Satz hatte ich bereits im Zusammenhang mit der vorher beschriebenen Arbeit in der Wassergewinnungsanlage gehört. Da der älteste Kollege unserer Abteilung ebenfalls sehbehindert war, musste sich niemand mit diesem Thema neu befassen, und ich wurde von allen Mitarbeitern verständnisvoll behandelt.

Der lachende Amtsschimmel

Als ich in der Augenklinik operiert worden war, kam ich mit einem blinden Verwaltungsangestellten, der ebenfalls stationär behandelt wurde, oft ins Gespräch. Er kannte sich im Schwerbehindertenrecht gut aus und gab mir viele nützliche Hinweise und

Ratschläge. So erfuhr ich, dass man auch als Blinder und ›hochgradig Sehbehinderter‹ beim Arbeitsamt einen Antrag zur finanziellen Bezuschussung eines privaten Pkws stellen könnte. Da meine Frau mich seit meiner hochgradigen Sehbehinderung jeden Tag zur Arbeitsstelle fuhr und auch wieder abholte, trafen die gesetzlichen Förderbedingungen auch auf meinen Fall zu. So richtete ich mich nach meiner Entlassung an eben dieses Amt.

»Wir sind zu Tisch!«, schmatzte eine amtliche Männerstimme am anderen Ende der Telefonleitung und legte umgehend wieder auf.

Da man mit mehr als hundert Gramm im Mund nicht sprechen sollte, wartete ich den amtlichen Verzehr ab und wählte erneut.

»Ja?«, meldete sich eine Männerstimme und verharrte dann in einem abwartenden Schweigen. Ich fragte, ob ich mit dem zuständigen Sachbearbeiter verbunden sei. Der Herr fühlte sich angesprochen und so erklärte ich, dass ich einen Antrag stellen möchte zur Bezuschussung eines privaten Fahrzeugs. Als er hörte, dass ein Sehbehinderter diesen Antrag stellte, lachte er schallend: »Haha, wie wollen Sie das Fahrzeug ohne zu sehen denn fahren?« Ich ging auf die lustige Frage ein: »Vielleicht haben Sie schon die neuen Scheinwerferwischer gesehen, die jetzt an den Luxusautos angebracht wurden. Wenn man dort statt Wischer zwei Stöcke montieren würde, die sich wie ein Blindenstock tastend hin- und herbewegen, dann müsste ich damit ein Fahrzeug führen können!«

Damit hatte ich leider die heitere Atmosphäre zerstört und es folgten äußerst plumpe Bemerkungen seitens des Amtsschimmels. Es bedurfte noch vieler Telefonate und Schriftwechsel, bis ich meine negativen Erfahrungen mit diesem Amt verärgert zu Papier brachte. Als Nächstes wendete ich mich schriftlich an den Dezernenten der Stadt. Ich übersandte ihm eine Auflistung aller Unverschämtheiten, die mir in seinem Amt begegnet waren, bat ihn um seine Hilfe und erwähnte, dass ich notfalls meinen Fall in der Presse diskutieren lassen würde. Meinem Antrag wurde in kürzester Zeit von höchster Stelle stattgegeben.

Auto fängt mit ›Au‹ an und hört mit ›o‹ auf!

Der babyblaue Ford Escort war ein nützlicher Wagen gewesen, doch er hatte eine spartanische Ausstattung. Nach den vorausgegangenen trüben Ereignissen wollten wir uns etwas Besonderes gönnen. Den o.g. Zuschuss vom Amtsschimmel gab es nur bei einem Neuwagenkauf. Wir entschieden uns für den Kauf eines Opel Kadetts in der ›Berlina Ausstattung‹. So hieß die Luxusversion, die derzeit maximal mit einer 75 PS-Maschine geliefert wurde. Die Wagenfarbe war taubenblau-metallic und es gab Sportfelgen. Getönte Scheiben und ein Stahlschiebedach krönten diese Kombilimousine.

Elf Monate hatten wir bereits Freude an diesem Wagen, da fuhren wir zu einer abgelegenen Gastwirtschaft zum Essen. Bester Laune verließen wir nach Speis und Trank den Gasthof. Hohe Bäume behinderten beim Verlassen des Parkplatzes die Einsicht in die angrenzende Straße. Als Bela den Wagen langsam vorrollen ließ, um den Verkehr überblicken zu können, kam von links ein Motorrad angerast. Der Fahrer schaute gerade auf den Tacho und nicht auf die Strasse. Ohne zu bremsen stieß seine Maschine vor das linke Vorderrad unseres Wagens. Das Schiebedach war geöffnet und der Motorradfahrer flog über unsere Köpfe hinweg.

Klein-Soni saß auf der Rückbank im Kindersitz, sah hoch und fragte: «Macht der Onkel da?« Ich rief mit pochendem Herzschlag: »Der übt das Fliegen!«, stieg aus und ging zu dem Piloten, der glücklicherweise unverletzt auf der anschließenden Wiese eine Bauchlandung gemacht hatte. Von dem Telefon der Gaststätte rief ich die Polizei an. Der Motorradfahrer gab zu Protokoll, dass er auf keinen Fall zu schnell gefahren sei. Ich konnte meine Bemerkung nicht unterdrücken, dass man niemals schneller fahren sollte, als der Schutzengel fliegen kann.

Die Polizei sah eine gegenseitige Unfallschuld, da unser Wagen etwas zu weit auf die Vorfahrtstraße gefahren wäre. Dass Bela so weit vorfahren musste, um in die Straße einblicken zu können, interessierte niemand. Unser Rechtsanwalt sorgte dafür, dass wir keine Strafe bezahlen mussten. Der Schaden an unserem Auto war fast ein Totalschaden und wurde zum Glück durch die Vollkaskoversicherung übernommen. Der Opelhändler machte uns ein verlockendes Angebot. Wir gaben den Unfallwagen plus Versicherungssumme in Zahlung und kauften einen neuen Opel Ascona CC mit Fließheck.

Die zweite Windelzeit

1983 wurde die Familie noch einmal größer. Dieses Mal war es kein Nachtprogramm. Ich war gerade in meiner Dienststelle, da bekam Bela ihre Wehen. Ich meldete meine Patienten ab und fuhr zur Klinik. Noch einmal durfte ich das Wunder der Natur miterleben. Unser zweites Kind hatte es eilig gehabt und kam drei Wochen vor dem errechneten Geburtstermin. Gott sei Dank gab es keine Komplikationen. Der kleine Junge sah nur etwas schrumpelig aus. Obwohl er zu früh geboren wurde, wog er über 3000 g und hatte eine kräftige Stimme. Während Bela im Wochenbett lag, hatte meine Stiefmutter unsere Tochter dankenswerterweise zu sich genommen.

Als Mutter und Kind, immer noch erschöpft, aus der Klinik nach Hause kamen, brachte die Stiefoma unsere Tochter umgehend in unsere Wohnung. Kaum hereingetreten fragte sie Bela: »Hast du schon Kaffee für uns gekocht?«, und wartete auf die Bedienung.

Unser Sohn Benjamin machte nun einige Monate die Nacht zum Tag. Als er zum ersten Mal seine Lider aufschlug, zeigten sich auch bei ihm zwei klare, blaue Augen. Den kleinen Jungen ließen wir so schnell wie möglich von meiner Augenärztin untersuchen. Auch bei Benjamin konnte ich aufatmen! Seine Augen waren gesund. Benni sollte die dunkelblonde Haarfarbe seiner Mutter bekommen.

Schlüsselerlebnis

Genau wie Sonja konnte Benni bereits mit 13 Monaten selbstständig laufen. Wieder baute ich die Türklinken kindersicher um und drehte diese um 90° nach oben. Doch an unserer Balkontür befand sich nur ein sogenannter Schnapphebel. Als Bela auf dem Balkon zu tun hatte, spielte Ben mit seinen Holzklötzen hinter der angelehnten Balkontür. Plötzlich schlug die Tür zu und der Hebel schnappte laut nach oben. So, da war die Mama auf dem Balkon ausgesperrt. Drinnen ging nun das Geplärre los. An den hochgeklappten Hebel reichte der kleine Kerl nicht heran. Nach einiger Zeit kam auf einem Nachbarbalkon Hilfe in Sicht. Da unsere Wohnung im ersten Stock lag, holte der liebe Mitbewohner von einer benachbarten Schreinerei eine lange Leiter und befreite die ausgesperrte Mama. Bela holte von meinem Arbeitsplatz eilig meinen Wohnungsschlüssel ab und hoffte, damit die Wohnungstür öffnen zu können. Doch der andere Schlüssel steckte von innen quer im Schloss. In der Wohnung, hinter der Wohnungstür, war das ängstliche Kindergeplärre noch lauter geworden. Mit viel Geduld und beruhigenden Worten versuchten die nervöse Mutter und unser Nachbar den kleinen Jungen dazu zu bewegen, an dem Schlüssel zu drehen. Auf dem Außenschlüssel gaben sie währenddessen permanent Druck. Klein-Ben weinte theatralisch weiter, fingerte aber auch immer wieder an dem Schlüsselbund von der Innenseite der Wohnungstür. Gerade, als der Nachbar nur noch die Lösung sah, das Schloss herauszubohren, da erreichte der Innenschlüssel die richtige Stellung. Der Außenschlüssel konnte ganz hinein geschoben und das Türschloss geöffnet werden.

Mutter und Kind waren wieder glücklich vereint und unser treuer Nachbar hatte von dem Schlüsseldrücken einen dicken Daumen. Bei nächster Gelegenheit baute ich ein Türschloss ein, das sich auch schließen und öffnen ließ, wenn einer der Schlüssel quer stand.

Nebenjobs

Während meiner Dienstzeit hatte ich Patienten oder Kunden kennen gelernt, die meine Arbeit schätzten, aber zu den Öffnungszeiten meiner Dienststelle aus beruflichen Gründen schlecht kommen konnten. So wurde ich gebeten, am späten Nachmittag oder Abend privat zu massieren. Ich fühlte mich geehrt und der Zuverdienst kam der jungen Familie gerade recht. In den gut betuchten Häusern unseres Dorfes hatten einige sogar eine eigene

Massagebank vor ihrem Saunaraum. Wer keine Bank besaß, legte dicke Decken auf den Esstisch, der dann zur Massagebank umfunktioniert wurde.

Unter anderem arbeitete ich für einen Volleyball-Verein, der in der zweiten Bundesliga kämpfte. Zu den vereinbarten Terminen wurde ich abgeholt und massierte dann fast alle Spieler in der Sporthalle. Auch bei den Auswärtsspielen begleitete ich die Mannschaft. Die Jungs waren alle sehr lang und hatten eine enorme Sprungkraft. Bei den Sprungübungen benutzten sie teilweise Bleiwesten. Dementsprechend ausgeprägt war die Beinmuskulatur. Da hatte ich alle Hände voll zu tun und der Begriff ›Knete machen‹ bekam bei diesem Gelderwerb eine treffende Bedeutung.

Kindermund

Auch wenn viele Menschen der Babysprache nichts abgewinnen konnten, so fand ich diese Kommunikation sehr niedlich. Die Wurst hieß aus unerklärlichen Gründen ›Lu‹, das Pferd hieß ›Huhu‹, die Fliege hatte den Namen ›Jay‘ und die Eisenbahn war ganz klar die ›Huschhusch‹. Aus dem Bademantel wurde ein ›Bantelmantel‹, aus dem logischerweise dann die Kurzform ›Bantel‹ entstehen musste. Für meine Kinder war ich meinem Beruf entsprechend bald das ›Knetmännchen‹.

Als unser Sohn in den Kindergarten kam, schloss er sich dem Trend entsprechend der Kochgruppe an, und schon bald gab es für ihn die Gelegenheit, sein neues Wissen anzubringen.

Wir waren mit unseren Kindern und einem befreundeten Pärchen in einem Hotel zum Essen. Meinem ›Zappelphilipp‹ hatte ich strenge Verhaltensmaßregeln zum Benehmen bei Tisch mitgegeben. Es wurde serviert und wir bekamen eine Vorsuppe mit kleinen Klößchen. Mein Sohn saß kerzengrade auf seinem Stuhl und machte ein altkluges Gesicht. Da ich mehr auf ihn als auf den Inhalt meiner Suppentasse achtete, sprang beim Zustechen mit dem Löffel ein ungeschickter Kloß heraus und stürzte auf den Boden. Wortlos bückte sich mein hilfsbereiter Tischnachbar und legte den blöden

Kloß auf den Rand meiner Untertasse. Im voll besetzten Speisesaal war es gerade totenstill. Da holte mein Sohn tief Luft und rief aus voller Kehle: »Das habe ich gesehen. Erst flog dein Kloß aus der Tasse, dann auf den Teppich und dann habt ihr ihn wieder auf Papas Tellerrand gelegt!«

Alle Gäste drehten sich zu mir herum und lachten. Gut, ich hatte es nicht besser verdient.

Als Nächstes schob mein Sohn seinen Stuhl zurück, stand wortlos auf und verschwand. Mit verschmitztem Lächeln kehrte er zurück und aß weiter.

Die Hotelchefin stellte sich an unseren Tisch und fragte, ob alles in Ordnung sei. Wir drückten unsere Zufriedenheit aus und bedankten uns. Schmunzelnd erklärte die Dame, dass der Sohnemann in der Küche war und den Koch sprechen wollte.

Er hätte gesagt: »Die Suppe ist nicht süß genug. Da muss mehr Zucker dran. Ich bin im Kindergarten im Kochkurs und da lernt man, wie man richtig kocht!«

Aufsicht ohne Sicht

Auch wenn ich mit dem schattenhaften Sehen noch vieles machen konnte, so kam ich doch manchmal in peinliche Situationen.

Als unser Sohn etwa drei oder vier Jahre alt war, ging ich mit ihm zum Spielplatz. Die ortsansässige Förmchenbande hatte schon riesige Sandberge versetzt und die Katzen- und Hundeköttel ausgegraben. Die dazugehörigen Muttis belagerten die Bänke und konkurrierten mit Lobhudeleien über den buddelnden Nachwuchs.

Ich setzte mich auf einen einsamen Baumstumpf, steckte mir eine Zigarette an und lauschte den Sirenenklängen der mütterlichen Parkbank.

»Kevin, lass das sein. Die Mama kommt dir gleich dahin. Kevin, lass das sein. Die Mama kommt. Aber dann!«, und nachdem dieser Satz mindestens zehn Mal gefallen war und sich natürlich keine Reaktion einstellte, wurde Mamas Stimme rauer und sie steckte sich nervös eine Zigarette an.

Dann begann die nächste Mama: »Marvin, wir gehen jetzt!«, doch selbst nach mehrmaligen Aufforderungen spielte das Kind stur weiter. Auch diese Dame löste ihr Problem, indem sie sich eine Zigarette ansteckte und das Kind weiterspielen ließ.

Endlich kam unsere Essenszeit und wir mussten nach Hause. Ich rief meinen Sohn, doch auch er hatte scheinbar Sand in den Ohren. Beim zweiten Anrufen wurde meine Stimme schon strenger. Nachdem auch beim dritten Mal keine Reaktion kam, dachte ich: »Jetzt sehen die Damen mal, wie echte Konsequenz aussieht!« Ich ging zum Sandkasten, packte mein sehr widerwilliges Kind am Arm und zog es mit mir zum Ausgang des Spielplatzes.

Plötzlich stampfte eine militante Mutti auf mich zu, die den Wohlstand unserer Zeit deutlich auf den Hüften trug, und schnauzte mich an: »Lassen sie sofort mein Kind los!« Ich befolgte ihren Befehl und war völlig irritiert. Da fragte mich eine bekannte Stimme: »Papa, können wir jetzt nach Hause gehen? Ich warte hier schon lange auf dich.« So nahm mich mein Sohn an die Hand und er hüpfte fröhlich neben mir nach Hause. Wer hatte hier eigentlich wen beaufsichtigt?

Miete oder Eigentum?

Nachdem Bela und ich das Wohn-Schlaf-Klo bezogen hatten, schmiedeten wir große Zukunftspläne. Zwei Ziele wurden ins Auge gefasst. Die Physiotherapie blühte und verlockte dazu, sich mit einer eigenen Massagepraxis selbstständig zu machen. Danach sollte Eigentum angeschafft werden. Also fuhren oder flogen wir nicht dem Trend entsprechend in die Urlaubssonne, sondern schlossen hohe Bausparverträge ab.

Für das Wohn-Schlaf-Klo hatten wir 79 Mark Monatsmiete bezahlen müssen. Danach kam die Dreizimmerwohnung, die auch nur 179 Mark Miete kostete. So blieb finanzieller Spielraum zum Sparen.

Mit großen Steuergeschenken wurden in vielen Häusern wärmedämmende Maßnahmen ergriffen, die meine Miete bald auf

300 Mark erhöhten. Um dieser Mietgier zu entkommen, startete nun das Rennen auf Wohnungseigentum, wodurch die Kaufpreise ebenfalls in unverschämte Höhen schossen.

In den 50er Jahren kostete ein Einfamilienhaus in unserem ländlichen Wohngebiet 55.000 Mark. Diese Kaufsumme wurde meistens von einem Ernährer mit drei bis fünf Kindern finanziert. Diese neuen Häuslebauer waren Handwerker oder Angestellte des mittleren Dienstes. Also keine Akademiker oder Manager mit extrem hohen Einkünften.

In den 60er Jahren verdoppelte sich der Baupreis und in den 70er Jahren gab es wieder eine Preisverdopplung. Leider stiegen die Einkommen nicht parallel zu den Kaufpreisen.

Stolz berichteten unsere Eltern, dass sie so sparsam waren, dass sie zwischen den Fingern aus Pfennigen Kupferdrähte gerollt hatten. Bei aller Ehre und Bewunderung musste man aber feststellen, dass sie die Möglichkeit hatten, ohne Mitarbeit der Mütter solch ein Bauprojekt zu stemmen. Das war für die meisten Sparfüchse meiner Generation fast nicht mehr möglich. Viele graue Panther hatten mit ihren Spekulationen die Wucherpreise so nach oben getrieben, dass sie vor Lachen nicht mehr in den Schlaf kamen, und dafür ließen sie sich auch noch loben und preisen.

Da es in unserer Umgebung keine Vierzimmerwohnung zu erwerben gab und die Mittel für einen Hauskauf aus oben genannten Gründen nicht reichten, fiel unsere Wahl auf eine größere Dreizimmerwohnung, die in der direkten Nachbarschaft meiner Dienststelle lag.

Die ›neue‹, 16 Jahre alte Eigentumswohnung kostete jetzt doppelt soviel, wie das Einfamilienhaus meines Vaters vor zwanzig Jahren und auch doppelt soviel, wie eine gleich große Eigentumswohnung, die mein Stiefbruder acht Jahre zuvor erworben hatte. Damit war unsere finanzielle Belastbarkeit ausgereizt. Das Risiko einer beruflichen Selbstständigkeit konnten wir mit zwei Kindern nicht mehr eingehen, da der neue Kanzler dafür gesorgt hatte, dass im Gesundheitssystem drastisch die Mittel gekürzt wurden.

Trotz der angesparten Bausparverträge drückte uns eine große Hypothekenlast. Nach dem Tod meiner Mutter hatten das Vormundschaftsgericht und das Nachlassgericht mich als Teilerben meines Elternhauses ins Grundbuch eintragen lassen. Ich sprach meinen Vater darauf an und fragte, ob er mir finanziell helfen wolle. Er wollte nicht, sondern bot stattdessen für die Renovierung meiner Wohnung seine handwerkliche Hilfe an. Also stellte ich keine finanziellen Ansprüche an ihn und nahm seine handwerkliche Hilfe an.

Zur Ehre des alten Herrn muss ich betonen, dass er gewissenhafter und genauer arbeitete, als die meisten Handwerker. Das meisterliche Handwerk der neuen Zeit zeichnete sich dadurch aus, dass so gut gepfuscht wurde, dass es dem Kunden nicht gleich ins Auge fiel.

Wir nahmen uns für die Renovierung zehn Wochen Zeit. So lange lief unser anderer Mietvertrag parallel weiter. Auch wenn ich mit meinem schlechten Sehen keine meisterlichen Handwerksarbeiten ausführen konnte, so war ich ein guter Handlanger. Ich schlug mit Hammer und Meißel den alten Fußboden aus und schaffte den Schutt nach unten. Die alten Tapeten mussten heruntergekratzt werden und auch das ging, ohne viel zu sehen. Ich schlug Schlitze für neue Kabel. Der feine Staub setzte sich dabei unter meine Kontaktlinse und schmirgelte kräftig auf der Hornhaut meines Auges.

Doch nur herumstehen und zusehen, wie der alte Herr schwitzte, konnte ich nicht. So schleppte ich das gesammelte Baumaterial aus der Garage in die Wohnung. Fliesen, Kleber, Zement für die Wand- und Bodenarbeiten.

Die Decken im Flur, in der Küche und im Wohnzimmer wurden mit Holz verkleidet. Im Schlafzimmer tapezierten wir die Decke, was zur Folge hatte, dass am nächsten Morgen die Deckentapeten wie Gardinen vor dem Fenster hingen. Die Türen wurden lackiert und die Wände tapeziert oder gestrichen. Zum Schluss wurde die Küche aus der alten Wohnung ausgebaut und in der neuen aufgestellt. Bei dieser Aktion blieb auch nicht alles heil.

»Dreimal umgezogen ist wie einmal ausgebombt!«, scherzte mein Vater, denn er hatte beides erlebt.

Da diese Wohnung nur drei Zimmer hatte, überließen Bela und

ich den Kindern das größere Schlafzimmer. Mit Schränken, die an der Zimmerdecke abschlossen und mit Holzverkleidungen teilten wir den Raum in zwei kleine Kinderzimmer auf. Sonja bekam ein Hochbett und Benni ein Klappbett. Jedes Kind hatte auch einen eigenen Schreibtisch. Es kam der Wonnemonat Mai, der Umzugstag und die Eisheiligen. Der Nachbar meiner alten Wohnung war ein Bierkutscher. Er stellte sich mit seinen Lkw für den Umzug zur Verfügung. Die Arbeitskollegen meiner Abteilung und andere Freunde schleppten unseren gesamten Haushalt in die neue Wohnung. Da es herrlich schneite, hatte jeder ein weißes Häubchen auf dem Kopf. Mit bester Laune schlitterten alle über den neuen, nassen Fliesenboden den bereitgestellten Mettbrötchen und Bierflaschen entgegen.

Die neue Adresse bot allen Familienmitgliedern Vorteile. Der Kindergarten und die Schule lagen günstig in der Nähe und mein Arbeitsplatz wartete auf der anderen Straßenseite auf mich. Bela konnte zu Fuß viele Geschäfte erreichen und das Auto freute sich über eine eigene Garage.

Alle Jahre wieder

Eine besonders kluge Mutti verkündete im Kindergarten, dass sie ihren Sprössling vernünftig darüber aufgeklärt habe, dass es keinen Nikolaus, kein Christkind und keinen Osterhasen gäbe und dass die Erzieherinnen bitte bei der anstehenden Nikolausfeier darauf Rücksicht nehmen. Um den anderen Kindern den Spaß nicht zu verderben, baten die Erzieherinnen, dass die kluge Mutti ihren aufgeklärten Spross dann nicht zur Nikolausfeier bringen möge.

Bei unserer freiwilligen Feuerwehr war das ganz anders. Während überall nur gespielte Nikoläuse auftraten, kam zu unsere Feier selbstverständlich der ›Echte‹.

›Hans Muff‹ begleitete immer noch als treuer Knecht des heiligen Nikolaus die vorweihnachtlichen Auftritte. Doch seine Rolle als Schreckgespenst hatte er fast völlig aufgegeben. Wenn dieser schwarze Mann es gewagt hätte, mit einem Sack voller herausschauender Kinderbeine aufzutauchen, dann hätten ihn die militanten Muttis der neuen Generation persönlich in den Sack gesteckt. Ja, der Wind der Erziehungsmethoden hatte sich um 180° gedreht und nun war es der ›Hans Muff‹, der vor den Nikolausauftritten vor Nervosität ein Schnäpschen trank und mit einer deutlichen Fahne in Erscheinung trat.

Doch wir Väter steckten dem Nikolaus mit diebischem Spaß kleine Zettel zu, die im ›Schwarzen Buch‹ zwischengelagert wurden. Rügen wie ›räumt sein Zimmer nicht auf‹ oder ›macht ihre Schularbeiten nicht‹ oder ›ist immer frech zu seiner Schwester‹ wurden dann mit tiefer Stimme von Seiner Heiligkeit verlesen. Aber auch Belobigungen aus dem ›Goldenen Buch‹ fanden nun den gerechten Ausgleich.

Bela und ich waren stolz, dass Sonja und Ben mutig ihre fleißig geübten Gedichte vor dem Publikum zum Besten gaben. Sie erhielten vom Nikolaus eine riesige Tüte mit Leckereien, die Muttis aßen Kuchen und die Feuerwehr-Väter vergnügten sich mit Bier vom Fass. Und war die Nikolaus-Tüte leer, dann stand das Christkind vor der Tür.

Spätestens in der Schule nahm die Zahl der Schlaumeier zu, die genau wussten, dass der Osterhase und der Nikolaus nur erfundene Figuren seien. Beim Anzweifeln der Existenz des Christkinds übten sich viele noch in Zurückhaltung, da anderenfalls eventuell die begehrten Geschenke ausbleiben könnten.

Auch unsere Tochter war sich mit neun Jahren nicht mehr sicher, ob das Christkind existiere oder nicht. Nun wollte sie es genau wissen: »Papa, meine Freundin hat gesagt, bei ihr zu Hause kommen die Weihnachtsgeschenke aus der Gästetoilette. Der Vater hatte die dort versteckt. Gibt es das Christkind wirklich?«

Bei uns in der Wohnung bestand am Heiligen Abend die Tradition, dass wir im Kinderzimmer gemeinsam warteten, bis das Christkind seine Geschenke ins Wohnzimmer gebracht hatte und wieder fort war. Während der Wartezeit las Bela Weihnachtsgeschichten vor, wir spielten Flöte, Gitarre und sangen.

Um die Illusion des Geschenke schleppenden Christkindes noch zu unterstreichen, hatte ich dessen mühsames Handeln heimlich mit dem Mikrophon aufgenommen und auf Tonband konserviert. Man hörte deutlich, wie die Balkontüre geöffnet und geschlossen wurde. Das Geschenkpapier knisterte und selbstverständlich musste auch ein Glöckchen klingeln. Wenn dann leise die Weihnachtsmusik aus den Lautsprechern der Musikanlage plätscherte, dann wussten die Kinder, dass das Christkind fort war. Es durfte endlich geguckt werden!

Das sollte aufgrund eines überschlauen Schülers oder einer Freundin, deren Geschenke vom ›Klo‹ kamen, vorbei sein? Nein, das konnte ich nicht zulassen.

Also nahm ich meine Tochter vertrauenerweckend in die Arme und fragte: »Wie kommst du darauf, dass die Geschenke bei uns nicht vom Christkind kommen? Wir sind doch vor der Bescherung alle zusammen im Kinderzimmer. Wir spielen Flöte, Gitarre und singen. Und irgendwann hören wir das Christkind und danach geht von selbst die Weihnachtsmusik an. Du konntest sehen, dass zuvor keine Geschenke im Wohnzimmer waren. Wer stellt die also dahin?«

Soni grinste etwas verlegen: »Du gehst aber immer zwischendurch Getränke holen. Da hast du die Gelegenheit, die Geschenke hereinzubringen. Deshalb habe ich dich in Verdacht!«

Das hatte meine Maus brillant analysiert! Doch so einfach wollte ich das Christkind noch nicht aufgeben. Spontan versprach ich ihr, dass bei dem anstehenden Heiligen Abend vor der Bescherung niemand das Kinderzimmer verlassen würde. Egal was käme. Damit hatte sie nicht gerechnet und war nun noch mehr gespannt.

Geheimunternehmen ›Christkind‹

Der Heilige Abend stand vor der Tür. Mit meinem großen Versprechen an meine Tochter hatte ich mich selbst in die Klemme gebracht. Ich musste mit dem Christkind reden und ein Abkommen treffen. Ich fand das Geschenke bringende Geschöpf in Form meines Nachbarn. Nach kurzer Erklärung war er begeistert, dieses Jahr heimlich an meiner weihnachtlichen Expedition teilzunehmen.

Und es begab sich, dass Bela aus unserer Wohnung wieder liebevoll eine Weihnachtswiese zauberte. An der Wohnungstür hing in Stofflettern ›Frohes Weihnachtsfest‹. Die Fenster zeigten Motive mit Winterlandschaften. Die Kerzen der Schwibbögen strahlten in das frühe, kalte Dunkel hinaus. Schäfer und Schäfchen besetzten weite Gebiete des ehemals freien Fußbodens. Die Elche und Weihnachtsteddys bedrängten mich zunehmend auf meiner Wohnzimmercouch. In Belas gewaltfrei getöpferter Adventsschale strahlten die Kerzen aus dem Sonderangebot, deren Wachs kräftig auf das duftende Tannengrün tropfte. Der Weihnachtsbaum trug standhaft die gesamte Dekoration des Bastelprogrammes der Schule und des Kindergartens.

Die Geschenke für die Kinder hatten wir wie geplant bei unserem Nachbarn deponiert. Ich vereinbarte mit ihm, dass er Punkt 17 Uhr heimlich mit meinem Wohnungsschlüssel hereinkommen und im Wohnzimmer die Geschenke ablegen würde. Dann sollte er sich auf leisen Sohlen wieder zurückziehen.

Die spannende Stunde vor der Bescherung kam und der Schelm in mir grinste. Wie jedes Jahr saß die Familie erwartungsvoll im Kinderzimmer. Sonja spielte Flöte, Benni sang und ich griff beherzt in die Gitarrensaiten. Bela las eine Weihnachtsgeschichte aus dem Tchibo-Heft vor. Bis dahin lief alles nach Plan.

Doch auf dem Esstisch im Wohnzimmer stand eine hölzerne Weihnachtspyramide aus dem Erzgebirge. Sechs Kerzen aus westdeutscher Produktion feuerten mit aller Kraft auf die Flügel des ostdeutschen Produkts und versetzten die heilige Familie, die drei Heiligen aus dem Morgenland, den Ochsen und den Esel in einen eiligen Rundlauf. In der oberen Pyramidenetage kreisten die Engel um die Wette.

Als wir zur Kontrolle der Kerzen gegen 16 Uhr 15 in Begleitung der misstrauischen Tochter ins Wohnzimmer schauten, stand das DDR-Gerät still und die Flügel drohten zu verbrennen. Also gaben wir der inneren Pyramide Schwung und ließen die heiligen Figuren wieder rennen.

Der ehemalige Feuerwehrmann in mir hätte die Kerzen am liebsten gelöscht, doch ein Heiliger Abend ohne brennende Kerzen war nicht machbar. Somit musste die ›rotierende Familie‹ öfter kontrolliert werden.

Im 10-Minutentakt wurden nun im Kinderzimmer gesungen und dann wieder die Jahresendzeitflügelpuppen der DDR gescheucht. Meine misstrauischen Kinder wichen mir nicht von den Fersen.

Endlich war es zehn Minuten vor der vereinbarten Zeit, zu der der treue Nachbar heimlich die Bescherung vornehmen sollte. So machte ich mich ein letztes Mal auf den Weg ins Wohnzimmer. Unser Sohn Ben hatte inzwischen das Interesse verloren, alle paar Minuten nach der ›blöden Pyramide‹ zu sehen und blieb im Kinderzimmer. Nur Sonja traute dem Braten nicht. Wir gingen zum Esstisch, gaben der Heiligen Familie erneut Schwung und wollten gerade wieder ins Kinderzimmer zurückkehren, da hatten wir eine Erscheinung.

Hinter dem großen Tannenbaum legte das Christkind gerade sein letztes Geschenk ab. Es war über unseren Anblick genauso überrascht wie umgekehrt. Sonja blickte stumm zwischen ihm und mir hin und her. Schweigend verließ das Christkind die Wohnung durch die Flurtür. Vater und Tochter tauschten noch einen Blick, dann rief Sonja ihren Bruder: »Benni, komm, das Christkind war da und hat Geschenke gebracht. Ich habe das Christkind sogar noch gesehen!«

Empört kam der Kleine aus dem Kinderzimmer gerannt: »Warum habt ihr mich nicht gerufen? Ich wollte es auch sehen. Wie sah es denn aus?«

Wahrheitsgemäß beschrieb die große Schwester: »Es hatte nur wenig Haare auf dem Kopf, einen roten Pullover an und trug eine Brille.« Dass sie unseren Nachbarn erkannt hatte, behielt sie für sich.

Im Advent des nächsten Jahres malte der kleine Bruder seinen Wunschzettel.

»Wer ist denn der Mann mit der Brille und dem roten Pullover?« fragte Bela.

»Das ist das Christkind. Sonja hat es doch im letzten Jahr bei der Bescherung gesehen«, meinte Ben und wunderte sich, welche dummen Fragen die Erwachsenen stellen konnten.

Wasserspiele

Als medizinischer Bademeister war es meine Pflicht, meinen Kindern das Schwimmen beizubringen. In einem öffentlichen Schwimmbad hätte ich als Sehbehinderter einige Probleme gehabt, doch das Schicksal bot mir ein privates Planschbecken. Das Thermalbad meiner physiotherapeutischen Abteilung hatte eine Größe von 4 mal 8 Meter und das 33°C warme Wasser war im Schnitt 1,35 m tief. Ich bekam die Genehmigung, nach Feierabend das Becken privat zu nutzen und so kamen meine Kinder mindestens einmal pro Woche zum Schwimmen.

Anfangs kam nur das Töchterlein und brachte ihre aufblasbaren Schwimmkörper mit. Ein Delphin, ein riesiges Krokodil und das U-Boot ›Roter Oktober‹ schaukelten durch die Wellen. Zuerst schwamm Soni auf meinem Rücken, dann mit Schwimmflügeln und schon bald sprang sie mutig ganz alleine ins Wasser. Bis zu ihrer Pubertät besuchte sie einen Schwimmverein und wurde bei einem Wettbewerb sogar Stadtmeisterin.

Auch Klein-Benni schloss sich diesem wöchentlichen Spaß in meinem Bewegungsbad an. Er war zuerst furchtbar wasserscheu. Jedes todesmutige ›Kopf-unter-Wasser-tauchen‹ kostete mich anschließend im Krankenhauscafé einen großen Eisbecher. Er weigerte sich lange, die Schwimmflügel auszuziehen. Also blies ich von Woche zu Woche weniger Luft hinein. Eines Tages zog er sie dann freiwillig aus, da die ›blöden Dinger‹ ihn ja doch nicht richtig tragen würden. Im nächsten Sommerurlaub sprangen die Kinder bereits vom 1-Meter-Brett.

Herrliche, optische Welt

Unter meiner konsequenten Augentropfentherapie blieb der Innendruck meiner Augen viele Jahre in einem erträglichen Bereich. Das linke Auge sah nur noch hell und dunkel. Die Lichter der Deckenlampen konnte ich aber noch zählen. Wenn ich besser gesehen hätte, dann wären mir als Alarmsignale Regenbogenfarben aufgefallen, denn nun meldete sich links der ›Grüne Star‹ zurück. Die Kopfschmerzen trieben mich außerhalb meiner Routineuntersuchungen zu meiner Augenärztin, die nun in die Jahre gekommen war.

Da an dem linken Auge eine höhere Dosierung der Tropfentherapie keinen Erfolg brachte und bei der winzigen Sehleistung kaum noch ein Risiko bestand, legte ich mich zum sechsten Mal unter das mikrochirurgische Messer.

Am rechten Auge bildete sich langsam ein ›Grauer Star‹, der sich wie eine kleine Nebelwolke von oben herab in mein bescheidenes Gesichtsfeld senkte. Die Griechen nannten dieses Phänomen ›Katarakt‹, da die Linse im Auge hinter der Regenbogenhaut wie ein grauer Wasserfall schimmert.

Da ich gerade in der Klinik lag, fragte ich den Chirurgen, ob er bereit wäre, die graue Linse herauszuoperieren. Um den ›Grünen Star‹ am rechten Auge nicht zu reizen und damit den letzten Sehrest zu riskieren, lehnten die Mediziner eine ›Katarakt-Operation‹ ab.

»Wie viel Zeit bleibt mir noch, die herrliche Welt optisch wahrzunehmen?«, fragte ich mich. In der schlaflosen Nacht eines Krankenhausaufenthalts hat man scheinbar unendlich viel Zeit, sein vergangenes Leben und seine Zukunftsperspektiven gedanklich zu beleuchten.

Unter der bedrückenden Sorge, künftig alle optischen Eindrücke zu verlieren, rief ich die Bilder auf, die ich auch während einer Erblindung nie vergessen dürfte.

Ich sah vor meinem geistigen Auge das Gesicht meiner Frau, meiner Kinder, meines Vaters und das vieler Freunde. Ich erinnerte mich an die Winterurlaube während meiner Jugendzeit in Tirol.

Bilder mit schneebedeckten Tannen, glitzernden Schneefeldern und leuchtenden Gipfeln reihten sich aneinander. Lange Eiszapfen hingen wie Gardinen an den Dachrinnen schneebeladener Dächer. Ich dachte an den klaren Nachthimmel, dessen funkelnde Sterne in den Winterbergen zum Greifen nahe waren.

Die bunten Almwiesen der Sommerurlaube durfte ich ebenso nicht vergessen. Auf den Wanderungen hatte ich mit meinem kleinen Monokular die Wasserfälle, die gespiegelten Gipfel in den Bergseen und viele Tiere vor die Linse holen können.

Ein weiteres spektakuläres Bild schob sich in meine Erinnerung. Nach einem gewaltigen Sommergewitter waren die Felsen eines gegenüberstehenden Bergmassivs regennass. Die untergehende Sonne fand ein Loch in der Wolkendecke und entzündete ein atemberaubendes Alpenglühen.

All diese Bilder würde ich als Blinder nicht mehr wahrnehmen können. Sie würden ein besonderes Geschenk an die Sehenden bleiben! War ihnen das überhaupt bewusst?

Was mir aufgrund der geringen Sehkraft schon länger fehlte, war eine Kommunikation, die für Sehende selbstverständlich ist. Die Menschen verständigen sich nicht nur mit Sprache und Schrift, sondern mit der Mimik, über die Bewegungen der Augen und der Gestik.

Nachdem meine Augen an dieser Kommunikation nicht mehr teilnahmen, dachte ich: »Jetzt hörst du auch noch schlecht!«

Wenn ich in dem Stimmengewirr festlicher Menschenmengen versuchte, mein Gegenüber akustisch zu verstehen, so bekam ich nur noch die Hälfte mit. Ich sprach einen Ohrenarzt darauf an und der erklärte: »Ihr Gehör ist relativ normal. Es gibt Studien darüber, dass normalsehende Menschen einen Hörverlust bis zu 40% mit den Augen ausgleichen können. In lauter Umgebung kommunizieren die Sehenden unbewusst mit Hilfe der Mimik und Gestik. Der Sehende sieht, wenn er angesprochen wird. Er liest sogar zum Teil von den Lippen ab.«

An dieser Stelle möchte ich auch den Volksglauben ausräumen, dass Sehbehinderte und Blinde ein besseres Gehör entwickeln als Sehende. Ein gutes Hören bewegt sich innerhalb eines bestimmten Frequenzbereichs. Man gewinnt durch schlechtes Sehen keine Frequenzen hinzu. Man hört genauso gut oder schlecht wie vor einer Sehbehinderung. Richtig ist, dass Sehbehinderte und Blinde sich mehr auf ihr Gehör konzentrieren und deshalb mit gespitzten Ohren besser analysieren als viele Sehende.

Seit mein Sehen schwach wurde, achtete ich mehr auf die Stimmen der Menschen. In der Stimme schwingen die Gefühle der Seele genauso mit, wie in dem Variationsspiel der Augen, Mimik und Gestik.

In dieser Krankenhausnacht nahm ich mir vor, jeden wertvollen optischen Eindruck, der mir noch vergönnt sein sollte, künftig mehr zu genießen und in meinem Gedächtnis zu speichern.

Die Grenzen meiner Sehbehinderung

Besonders in unseren Urlauben ging ich immer öfter an die Grenzen meiner persönlichen Mobilität.

Wie zu meiner Jugendzeit hieß unser Urlaubsziel mal im Sommer, mal im Winter Tirol, Tirol und Tirol. In der liebenswerten Bergbauernfamilie hatte ich bereits die vierte Generation kennen gelernt und auch meine Bela und die Kinder fanden hier eine Urlaubsheimat.

Wenn man als Sehbehinderter in bekannter Umgebung Urlaub macht, so ist man bereits am ersten Tag unabhängig. Ich genoss meine eigene Selbstständigkeit und auch meine Frau musste sich nicht verpflichtet fühlen, für mich die Begleitperson zu spielen.

Auf den sommerlichen Wanderwegen konnte ich die Kontraste noch erkennen, da mein Farbensehen noch intakt war. Als wir auf breiter Bergstraße den Kühen beim Almabtrieb folgten, saß meine kleine Tochter stolz auf meinen Schultern und gab mir Navigationshilfe: »Papa, jetzt kommt die Kuhkacke rechts. Jetzt kommt die Kuhkacke links!«, und unser Team verließ unbeschadet den reichlich üblen Pfad.

Auch als Kapitän unseres Schlauchboots konnte ich mich als Sehbehinderter nützlich machen und paddelte meine Familie über die angrenzenden Seen unseres Urlaubsdomizils. Für unsere Kinder waren die Nachtwanderungen immer ein Highlight. Bei diesen Situationen ergriff ich natürlich den nächsten Ellenbogen und ließ mich führen. Spätestens in den Waldlichtungen am Lagerfeuer konnte ich mich mit meiner Gitarre dann wieder nützlich machen. Wenn unter dem Gesang ›Hohe Tannen weisen die Sterne‹ der Silbermond unsere nächtliche Runde erhellte, gab es vereinzelt feuchte Augen.

Eines Tages machten wir eine Bergtour über Stock und über Stein. Die Kinder hüpften problemlos wie Berggämsen die knietiefen Mulden und Stufen hinauf und hinab. Ich hingegen ertastete mühsam meinen Weg mit zwei Stöcken. Zusätzliche Navigationshinweise durch Bela oder gute Freunde lenkten mich durch die unwegsame Landschaft. Die fernen Gipfel entlockten unserer Wandergruppe immer wieder begeisterte Ausrufe. Meine Aufgabe war es hingegen, nicht mit dem Monokular herumzuspielen, sondern mir nicht den Hals zu brechen. Meine romantischen Eindrücke zerflossen im Schweiß und angestauten Adrenalin.

Dann tauchte wie aus dem Nichts eine schwarze Wolkenwand auf. Um auch Sehbehinderten die drohende Gefahr zu vermitteln, begann der Himmel zu grollen. Da wir uns auf einem recht hohen Berggrat befanden, wurde das aufziehende Gewitter zu einer großen Gefahr. Einige Erwachsene nahmen sich der Kinder an und trieben sie eilig auf die nächste Hütte zu, die in etwa 1 km Entfernung zu sehen war. Gleichzeitig setzte der Regen ein.

Nun hieß es, den Sehbehinderten aus dem Berg zu lotsen. Wir zogen unsere wasserdichte Kleidung an und stapften los.

Bela, meine Freunde Gabi, Kurt und Kalle gaben mir nun permanent gezielte Anweisungen, wo ich in dem Geröll meine Füße hinzusetzen hatte: »Achtung, geradeaus geht es knietief ab... Vor dir ist eine Pfütze... Setze den Fuß nach rechts... Gleich kommen zwei

Stufen nach oben... Jetzt kommt ein ganz schmaler Pfad...!« und dazu gab der Donner den Takt an.

Die duftenden Krüppelkiefern, die unseren Pfad säumten, waren von niedrigerem Wuchs als die klatschnassen Wanderer. Armdicke Blitze schossen in unserer Nähe bedrohlich in den Boden und spannten unsere Nerven auf das Äußerste. Die genauen Anweisungen und deren Befolgung verlangten allen Beteiligten äußerte Konzentration ab.

Nach gefühlten hundert Stunden erreichten wir endlich die schützende Hütte.

Ich revanchierte mich bei meinen Rettern mit Bier und Obstler. Dann zog ich aus dieser Erfahrung meine Konsequenzen und wanderte künftig nur noch auf Ziehwegen, auf denen ich notfalls einer Begleitperson auch im Laufschritt folgen konnte.

Im Winter zeigte ich meinen Kindern am ›Babylift‹ und ›Anfängerhang‹, wie man mit den Skiern die Schneepflugkurven und den Stemmbogen fahren konnte. Doch es dauerte nicht lange, da fuhren sie der scheelen Eule davon. Bela hatte sich knallrote Skikleidung angezogen und ich folgte tapfer einem roten Fleck auf weißem Grund. Das ging so lange gut, bis mich von hinten rechts eine ›Pistensau‹ anrempelte. Wir stürzten beide. Der junge Bursche stand auf und fuhr weiter. Ich hingegen war mit dem Gesicht auf die vereiste Schneefläche geschlagen. Das linke Brillenglas hatte direkt unter dem Auge in meine linke Wange geschnitten und der Schnee färbte sich rot. Der Dorfchirurg war ein fähiger Mann. Die Naht, die er mir damals setzte, sollte später keine Narbe hinterlassen.

Auch diesen Fingerzeig des Schicksals hatte ich begriffen. Künftig fuhr Bela mit den Kindern alleine Ski und ich begann, mir für den Urlaub Hörbücher auszuleihen.

Selbstverständlich genoss ich trotzdem den winterlichen Hüttenzauber, traf beim Eisstockschießen mehr mit Glück als Verstand und knüpfte auch dort neue, langfristige Freundschaften.

Musik und Selbstwert

Mit der schwindenden Sehkraft fühlte ich mich zu Anfang in meinen Freizeitmöglichkeiten immer mehr eingeschränkt. Nachdem meine Kinder ebenfalls nach meinem beruflichen Feierabend ihr Recht auf Bespaßung einforderten, suchte ich mir ein häusliches Hobby.

Als Kind hatten meine Eltern mich zum Klavierunterricht genötigt. Widerwillig hatte ich regelmäßig die Tasten gequält, die vorgegebenen Fingerübungen absolviert und klassische Musikstücke geübt, die mich nicht ansprachen. Aber gleichzeitig stellte ich fest, dass ich das Talent besaß, nach Gehör mit der rechten Hand die aktuellen Schlager auf Anhieb nachzuspielen. Mein Klavierlehrer zeigte mir, wie man eine Begleitung improvisiert, und endlich zündete mein Interesse an handgemachter Musik. Leider kollidierte ich danach noch mehr mit den klassischen Fugen und Etüden und gab das Klavierspielen auf.

Als Jugendlicher kaufte ich mir eine Gitarre und schaute mir die Griffe und Schlagtechniken bei einigen Hobbygitarristen ab. Schon bald spielte ich Lagerfeuerlieder und die Songs unserer Flower-Power-Zeit. Interessanterweise zog die Gitarre auch das Interesse der jungen Weiblichkeiten auf sich und bis die klavierspielende, männliche Konkurrenz ihr Klavier ans Lagerfeuer geschoben hatte, waren die Mädels bereits wieder fort.

Nun saß der brave Familienpapi an seiner neuen Heimorgel und frischte seine Tastentalente wieder auf. Schon bald kaufte ich mir das erste Keyboard und traute mich, zu festlichen Anlässen im Verwandten- und Freundeskreis zu spielen.

Der Applaus trieb mich an, intensiver in die Musik einzusteigen, und wie es der Zufall wollte, traf ich einen Hobbymusiker mit gleichen Interessen. Wolfgang spielte ebenfalls Gitarre und Keyboard und so beschlossen wir, künftig zu zweit aufzutreten.

Der 60. Geburtstag seiner Eltern wurde als zeitliches Ziel für den ersten Auftritt festgesetzt und nun erarbeiteten wir unser erstes Programm. Da mein Vater und seine Frau gerade in den USA bei Vaters Bruder über mehrere Wochen Urlaub machten, nutzten Wolfgang und ich die Kellerbar meines Elternhauses als Proberaum. Wir bastelten uns aus Hi-Fi-Verstärkern, einfachen Musikboxen und Kaufhaus-Mikrophonen eine Gesangsanlage zusammen. Nach kurzer Zeit hörte sich das Zusammenspiel ganz ordentlich an.

Dann kamen meine Eltern aus dem Urlaub zurück und verwiesen uns umgehend aus ihrer Kellerbar. Meine Stiefmutter gab vor, dass sich die Nachbarn gestört gefühlt hätten. Selbstverständlich hatte ich diese zuvor informiert und nur Zuspruch erhalten. Tatsächlich störte Vaters Frau, dass sich während ihrer Abwesenheit jemand im Haus befand.

Nun kam das Kontrastprogramm. Bei Wolfgangs Eltern Walter und Molli wurden wir mit unserer Musikanlage herzlich aufgenommen. Sie stellten uns in ihrem Haus einen kleinen Proberaum zur Verfügung. Zusätzlich verwöhnte uns Wolfgangs Mutter regelmäßig mit Kaffee und Kuchen.

Endlich kam der 60. Geburtstag von unseren beiden neuen Fans. Das Musikprogramm war so erfolgreich, dass wir mehrfach angesprochen wurden, auch zu anderen Feierlichkeiten zu spielen. So kamen durch Mundpropaganda immer mehr Auftrittstermine zusammen.

Begonnen hatten wir mit einer alten Stereoanlage, einem billigen Mischpult und Kaufhaus-Mikrophonen. Auf dem alten Verstärker hätten wir nach zwei Stunden Höchstbelastung Spiegeleier braten können. Die Mikrophone hatten häufig Rückkopplungen und das Spielzeug-Mischpult machte bald, was es wollte. Da nun auch Anfragen von Veranstaltern kamen, deren Besucherzahlen bis zu 400 Personen zählten, mussten Wolfgang und ich tief in die Tasche greifen und in professionelle Technik investieren. Damit wurden aus finanziellen Gründen die nächsten Auftritte zu einem ›Muss‹!

Aber mit der besseren Technik erreichten wir einen noch besseren Sound. Und entsprechend stieg der Zuspruch des Publikums.

Die Auftritte bewegten sich zwischen Holstein und dem Odenwald. Wir spielten auf Schützen- und Feuerwehrfesten. Unsere

Boxen schwankten auf den Schiffen des Baldeneysees und tönten auf dem Rhein zwischen Bonn und Rüdesheim über die sanften Wellen. Wir gewöhnten uns daran, an den Festtafeln höchster Familienfeiern teilzuhaben.

Beim Auf- und Abbauen der Musikanlage ging Wolfgang immer voraus und ich trottete mit vollen Armen hinterher. Selbstverständlich stießen meine Hände aufgrund des schlechten Sehens an diese oder jene Türecke. Natürlich fluchte ich jedes Mal über Schrammen oder blaue Flecken. Doch ich ließ es mir nicht nehmen, genauso zu schwitzen, wie mein treuer Musikpartner. Wenn die Anlage und die Instrumente nach dem Auftritt Wolfgangs Opel-Kombi bis unter das Dach gefüllt hatten, wich ganz langsam unsere innere Anspannung einem befreienden Gefühl.

Zuhause räumten wir den Kombi wieder leer und schleppten seinen unendlichen Inhalt in den frühen Morgenstunden in den Proberaum. Da Wolfgang in der Nähe meiner Wohnung wohnte, setzten wir uns danach immer noch eine Stunde zusammen. Um innerlich von der Rolle zu kommen, wurden so einige Bierchen gekippt. ›Der Applaus ist das Brot des Künstlers‹ – aber das muss auch heruntergespült werden!

Wir genossen die Euphorie des bestandenen Musikabenteuers und waren uns jedes Mal sicher, künftig vor den Auftritten kein Lampenfieber mehr zu bekommen. Leider trat das nicht ein.

»Du hast den Vorteil, dass du die Blicke des Publikums nicht siehst«, stöhnte Wolle nicht selten, bevor wir die ersten Takte von uns gaben. Doch auch ich fühlte mich in permanent fremder Umgebung ohne Sicht äußerst unwohl.

Hierzu passt dieser alte Witz... Ein Blinder und ein Gehörloser wollen Tanzmusik machen. Fragt der Blinde den Gehörlosen: »Tanzen die Gäste schon?« Fragt der Gehörlose den Blinden: »Wieso, spielen wir denn schon?«

Mein alter Freund Wolfgang konnte hervorragend mit meiner Behinderung umgehen. Er fasste nur dort zu, wo ich alleine nicht zurechtkam. Neben unseren musikalischen Darbietungen bekamen wir wegen des offenen und natürlichen Umgangs mit meiner Behinderung großen Zuspruch.

Ich bin heute davon überzeugt, dass die Musikauftritte mir bei schwindender Sehkraft geholfen haben, mein Selbstwertgefühl im Gleichgewicht zu halten.

Sehbehindert aufs Kreuz gelegt

Mein Freund und Musikpartner Wolfgang war auch Judo-Trainer. Er überredete mich, Judoka zu werden. »Unsere Dan-Träger üben mit verbundenen Augen. Also kannst du auch als Sehbehinderter Judo erlernen. Dieser Sport verschafft dir mehr Gefühl und Sicherheit in den Bewegungsabläufen.« So steckte man mich in einen Judoanzug und ich ließ mir jede Woche an der Jacke ziehen. Vor dem Training wurde der Hallenboden mit der Judomatte ausgelegt. Sie bestand aus 2 mal 1 Meter großen, gepolsterten Teilstücken, die zu einem riesigen Rechteck zusammengelegt wurden. Alle Judoka setzten sich in der Zazen-Haltung, also auf den Unterschenkeln sitzend, an den langen Mattenrand nebeneinander. Unser Trainer Manfred, Dan-Träger und Oberguru, saß uns in der Mitte gegenüber. Wenn das Kommando ›Zazen‹ kam, dann herrschte für eine Minute lang absolute Stille. Das diente der inneren Sammlung und Konzentration.

Als Nächstes scheuchte uns der Trainer zum Warmwerden etliche Runden im Trab um die Matte, auf der im Anschluss die Fallschule begann. Fallen nach links und rechts. Fallen nach vorne und hinten. Beim Auftreffen musste man mit den flachen Händen und den Unterarmen auf der gepolsterten Matte knallend abklatschen.

Dann folgte das Judowurfprogramm. Das Wurfprogramm reichte vom berühmten Fußfeger über mindestens 40 Techniken bis zum Überkopfwurf, den man oft in spektakulären Kinoszenen geboten bekommt. Hinzu kam die Boden- und Haltetechnik.

Das gesamte Judoprogramm unterteilt sich in Stufen, die sich in Kyo-Graden (Gürtelfarben) darstellen. Dem Weißgurt folgen die Farben Gelb, Orange, Grün, Blau und Braun. Die Gürtelfarben zeigen an, welche Techniken der Judoka schon beherrscht. Ab dem Grüngurt gibt es für den Kampfgegner im Fall seines Sieges Punkte. Einmal im Jahr darf eine weitere Gürtelprüfung gemacht werden. Jede beinhaltet acht neue Würfe, neue Bodenkampf- und Haltetechniken. Bewertet wird die Prüfung von zwei Prüfern des DDK, des Deutschen Dan Kollegiums. Wenn man besteht, wird das in den Judopass eingetragen und der stolze Judoka darf sich mit einem neuen Farbgurt schmücken.

Über all diesen thront der Dan, der Schwarzgurt. Er zeichnet den Judomeister aus und muss grundsätzlich erkämpft werden.

Dieser kleine Einblick soll nur zeigen, dass es sich beim Judo nicht um eine Krabbelgruppe, sondern um eine intelligente Sportart handelt.

Wolfgang sollte mich bis zum Blaugurt trainieren. Dazu passten die regelmäßigen blauen Flecken.

Das Angenehmste am Training war der anschließende Judostammtisch. Da zischten die Biere, die sich mit den freigesetzten Endorphinen mischten und immer eine heitere Geselligkeit entfachten.

Tatsächlich brachte mir dieses Training mehr Sicherheit und Gefühl in meinen Bewegungen. Mehr als das. Als ich eines Wintertages auf spiegelglatter Fläche ausrutschte und nach hinten fiel, klatschte ich reflexartig auf dem Boden ab. Meine angespannten Rückenmuskeln schützten die Wirbel und das Kinn lag, wie so oft geübt, auf der Brust. Außer, dass mir die Handflächen vom Aufschlag brannten, blieb ich unverletzt.

Ähnlich erging es mir auf unserer 14-stufigen Flurtreppe. Ein freundlicher Nachbar hatte auf den oberen Stufen einen Stapel Zeitungen abgelegt. Als ich mit meinem Standfuß dort beim Heruntergehen auftrat, wurde aus der Treppe eine Rolltreppe.

Wieder verhielt ich mich reflexartig wie bei der Fallschule. Das schützte meinen Kopf und die Wirbelsäule. Die Rückenmuskeln wurden von den Stufenkanten mächtig massiert und ich rutschte auf den verstreuten Zeitungen bis nach unten zum Treppenabsatz.

Bis auf einige blaue Flecken blieb ich wieder unverletzt. Ich denke, dass mir das Training schwerere Verletzungen erspart hatte.

Die ersten Risse in der Familie

Mein Vater wurde 60-jährig in den verdienten Ruhestand versetzt. Leider überschatteten viele Probleme meines Stiefbruders das Eheglück der alten Leute. Er war seit einigen Jahren alkoholabhängig. Meine Stiefmutter warf sich nun immer öfter schützend vor ihren Sohn und machte meinem Vater die Hölle heiß, mit seinen guten Verbindungen die Kastanien aus dem Feuer zu holen. Dadurch kam es immer häufiger zu verbalen Auseinandersetzungen.

In Vaters Verzweiflung oder Zorn äußerte er: »Dein Sohn macht mir nur Ärger. Mein Sohn macht mir keine Sorgen, obwohl er eine Behinderung hat!«

Das gab meiner Stiefmutter scheinbar Anlass zur Eifersucht und bildete auch zwischen der Familie meines Stiefbruders und mir die ersten Risse.

Durch meine Arbeit in einem Krankenhaus mit einer großen, psychiatrischen Abteilung und Selbsthilfegruppen für anonyme Alkoholiker wusste ich, dass Alkoholismus eine schwere Suchterkrankung ist. Diese konnte und kann nur behandelt werden, wenn der Patient sich zu der Erkrankung ganz ehrlich bekennt und eine intensive Therapie eingehalten wird.

Meine Stiefmutter und ihr Sohn entschieden sich für eine Verdrängung der Tatsachen und versuchten, das heraufziehende Unheil auszusitzen. Jeder ehrliche, hilfreiche Rat wurde argwöhnisch abgeschmettert.

Die Frau meines Stiefbruders hatte eine Mutter, die sich über Enkelkinder freute und bereit war, diese auch zeitweise zu beaufsichtigen. So hatte meine Schwägerin die Möglichkeit, trotz ihrer kleinen

Kinder arbeiten zu gehen. Ihr Fleiß wurde von meiner Stiefmutter in den höchsten Tönen gelobt.

Wir hatten keine Oma für die Kinderbeaufsichtigung. Wie meinte mein Vater direkt nach der Geburt unserer Tochter: »Ihr wolltet Kinder, dann kümmert euch auch darum.« Also blieb meine Frau in den ersten Jahren für die Kinder zu Hause, was für sie sicherlich gut war. Doch aufgrund dessen, dass Bela nicht berufstätig war und damit auch an meiner Familie endlich etwas auszusetzen war, verbreitete die Stiefmutter im Bekanntenkreis der Eltern, dass meine Frau faul sei.

Alle unsere Bemühungen, den Riss zwischen den Familien zu kitten, verliefen im Nichts der großen Sturheit. Man ließ uns gnadenlos auflaufen!

›Alkohol ist ein gutes Lösungsmittel. Er löst Freundschaften, Ehen, Familien, Bankkonten, Dienstverträge, Haus- und Hofbesitz und vieles mehr auf! Doch er löst keine Probleme!‹ Dieser weise Kalenderspruch sollte sich leider bewahrheiten.

Während zwischen Ost- und Westdeutschland die Mauer gerade gefallen war, wurde zwischen unseren Familien nun massiv gemauert.

Unser Sohn Ben wurde eingeschult. Sonja ging zur Kommunion und bald darauf zum Gymnasium. Eine enge Bindung zwischen meinem Vater und meinen Kindern entwickelte sich erstaunlicherweise nicht. Er war mit seiner Frau ständig unterwegs zu gesellschaftlichen Anlässen. Viele Reisen schlossen sich an. Trotz seines beruflichen Ruhestands nahm er sich nicht einmal die Zeit, an den Sportveranstaltungen und Schulaufführungen seiner Enkel teilzunehmen, auf die wir immer wieder hoffend hingewiesen hatten. Ob es Desinteresse war oder ob er negativ von seiner Frau beeinflusst wurde, konnte ich schlecht einschätzen.

Im Gegensatz zu seinem Vater, meinem verstorbenen Opa Hans, konnte er mit kleinen Kindern scheinbar nichts anfangen. So bekam er von dem Aufwachsen und der interessanten Entwicklung seiner Enkel nichts mit.

Nur zu Weihnachten und Geburtstagen wurden die obligatorischen Familienbilder gestellt. Das waren die Alibifotos meiner Stiefmutter, die sie bei passender Gelegenheit hervorzog, um ihren Bekannten ein intaktes Familienbild vorzuspiegeln.

Grauer Star

In der Stadt Bonn Bad-Godesberg wirkte Dr. Dardenne, der eine völlig neue Operationstechnik zur Behandlung des Grauen Stars entwickelt hatte. In seiner kleinen, selbst gegründeten Privatklinik wurden auch Kassenpatienten behandelt. Drei Praxen teilten sich die Behandlungen spezieller Augenerkrankungen.

Ich nahm Kontakt zu einem dieser Spezialisten auf. Er erklärte sich nur besorgt und schweren Herzens bereit, die trübe Linse aus meinem rechten Auge zu entfernen. Das Risiko war extrem groß, da mein rechtes Auge bereits dreimal operiert worden war. Hinzu kam, dass ein Auge mit einem angeborenen ›Grünen Star‹ unberechenbar reagieren konnte.

Der Augeninnendruck war seit vierzehn Jahren selten über den normalen Grenzbereich gestiegen, konnte aber durch einen erneuten Eingriff außer Kontrolle geraten. Doch für eine ›Dardenne Operationsmethode‹ durfte der Zustand der Linse nicht weiter voranschreiten und die alte Operationsmethode war zu gefährlich. Der Chirurg gab mir Bedenkzeit und dann sollte ich einen Termin mit der Klinik vereinbaren.

Ich überlegte nicht lange. 1995 war es soweit. Mein besorgter Vater und Bela hatten mich nach Bonn gebracht. Ich wurde von dem freundlichen Personal sehr fürsorglich aufgenommen. Das Bettenhaus befand sich in einer schönen, alten Villa. Diese war geschmackvoll mit einem gläsernen Mittelbau einem modernen Gebäude angeschlossen. Die Drei- und Vierbettzimmer hatten Teppichböden und die Betten waren in gemütlichem Holzdesign. Selbstverständlich waren sie elektrisch verstellbar und funktionell, wie normale Krankenbetten. Die Fenster lagen hinter Gardinen und langen Schals, die bis zum Boden reichten. Das Bad bot Waschbecken, WC und Dusche aus edler Keramik. Die wohnliche Atmosphäre erleichterte den Aufenthalt. Die herzliche Art des Personals entspannte die besorgten Patienten.

Die Voruntersuchungen waren ähnlich wie in den oben beschriebenen Augenkliniken. Der Visus, das Gesichtsfeld und der Augeninnendruck wurden wieder gemessen. Ein Ultraschallgerät stellte die innere Beschaffenheit des Auges dar. Der Chirurg erklärte mir sehr verständlich, wie die Operation vor sich gehen sollte, und der Narkosearzt informierte sich über meine internistischen Werte. Alle Mediziner sprachen mir Mut zu.

Dann kam die Zeit des langen Wartens. An der Tür eines Notausgangs durfte geraucht werden. Das nutzten andere Leidensgenossen und ich auch reichlich. Mit unseren Gesprächen, dem Austausch an Erfahrungen und dem schwarzen Humor hielten wir uns gegenseitig aufrecht.

Das gebotene Essen war gut, doch vor einem solchen risikoreichen Eingriff verging mir der Appetit. Die Nacht lud zum Grübeln und zu Alpträumen ein. Dann kam der Morgen. Sanft wurde ich von den Schwestern geweckt und daran erinnert, dass ich nüchtern bleiben musste. Mit einem Rollstuhl schob man mich durch Kellergänge zum OP-Saal. Trotz aller netten Worte wurde ich das Gefühl nicht los, dass meine Hinrichtung bevorstand. Ich war schon zweimal voller Hoffnung mit meinem rechten Auge auf die Schlachtbank gestiegen. Beide Male hatte es große Komplikationen gegeben. Den Horrorfilm, mit den oben beschriebenen, gekrümmten Bildern, die durch eine Aderhautschwellung entstanden waren, hatte ich noch klar vor meinem inneren Auge. In diesem Moment schickte ich ein Stoßgebet nach oben und fühlte mich dadurch tatsächlich etwas erleichtert. Ich atmete tief durch und spielte wieder den Helden. Mit einem OP-Mützchen geschmückt kletterte ich auf den OP-Tisch und legte mich auf den Rücken. Der Kopf wurde in einer gepolsterten Halbschale gelagert. Über eine Nadel am Unterarm konnte das Narkosemittel zugeführt werden. Über das Gesicht wurde ein Tuch gelegt, das nur für das zu operierende Auge einen Ausschnitt hatte. Der Chirurg erklärte mit beruhigender Stimme, was nun geschehen würde. Kurz darauf erreichte das Narkosemittel den Sicherungskasten meines Gehirns und ich schlief ein.

Meine Erinnerung sagt mir nicht, ob ich erst in meinem Zimmer wach wurde oder zuvor im Aufwachraum. Mein besorgter Chirurg stand plötzlich an meinem Bett, nahm die Schutzkappe von dem operierten Auge ab und bewegte seine Hand davor hin und her.

»Was sehen Sie?«, fragte er voller Spannung.

Zuerst sah ich dunkle, lila Flecken. Dann wurde es heller. Ein Schatten bewegte sich hin und her.

»Ich sehe eine ständige Bewegung vor meinem Auge«, antwortete ich.

Der Arzt atmete hörbar erleichtert auf und verschloss das Auge wieder mit einer Schutzkappe. Nun hieß es, bis zum nächsten Morgen Geduld zu haben. Dann würde sich zeigen, wie viel Restsehen mir hinter der entfernten Linse geblieben war.

Ich telefonierte mit meinen Lieben. Mit Besuch brauchte ich vorläufig nicht zu rechnen, da diese Klinik fast hundert Kilometer von meinem Heimatort entfernt lag. Der Tag und die nächste Nacht zogen sich zu einer gefühlten Woche in die Länge. Unaufhaltsame Gedankenströme wanderten durch meinen Kopf und formten sich wieder zu gruseligen Alpträumen.

Dann kam der ersehnte Morgen mit der ersten Untersuchung nach der OP. Klappe ab. Tupfer ab. Licht. Blendendes Licht mit vielen lila Flecken. Ich sah Umrisse von Menschen, Möbeln und Türen, sofern sie kontrastreich waren. Der Arzt sah sich mit seinen Untersuchungsgeräten das Auge von außen und innen an.

»Die trübe Linse ist entfernt. Zur Stabilisierung des Auges habe ich einen Kapselspannring eingesetzt. Die Operation war unkomplizierter als befürchtet«, erklärte der Chirurg zufrieden.

In den nächsten Tagen wurde mein Sehen immer besser. Alles war heller als zuvor. Ich konnte sogar wieder Farben erkennen. Mit meiner Lupe konnte ich die Zeiger meiner Uhr erahnen. Auf jeden Fall sah ich die groben Umrisse von Betten, Stühlen und Tischen. Die Orientierung in bekannter Umgebung war besser geworden. Ich hätte den Chirurg am liebsten umarmt. Natürlich betraf das bessere Sehen nur mein äußeres Gesichtsfeld. Die großen nasalen Ausfälle, die ich schon beschrieben hatte, blieben mir treu.

Unerwartet standen plötzlich meine Frau und die Kinder im

Krankenzimmer. Schemenhaft konnte ich wieder ihre Gesichter erkennen. Vor Freude liefen mir die Tränen über die Wangen.

Mein Augeninnendruck blieb wider alle Befürchtungen im Normalbereich. Es hatte keine Komplikationen gegeben. Nach einigen Tagen der Beobachtung wurde ich aus der Klinik entlassen.

Das war der vierte Eingriff am rechten Auge und mit den drei OPs am linken insgesamt die siebte Augenoperation.

Optische Hilfsmittel für Sehbehinderte

Nach der Entfernung des ›Grauen Stars‹ beschaffte ich mir ein optisches System, das als Monokular zum Weitsehen diente und mit einem aufschraubbaren Linsensatz zu einer Lupe mit einer 45-fachen Vergrößerung umfunktioniert werden konnte. Die Handhabung war nicht ganz einfach, da bei dieser optischen Vergrößerung das Bild leicht verwackelte. Aber für die Wahrnehmung weniger Buchstaben, sei es das Lesen einer Adresse oder eines Namenschildes, war das hilfreich. Die achtfache Vergrößerung für die Entfernung ließ mich die nähere Umgebung besser erahnen.

Auch ein Brillen-Hyperokular war nützlich, um die Uhr und anderes zu lesen. So hatte ich für viele Situationen die passende Optik zur Hand.

Meine Sehverbesserung machte es ebenfalls möglich, mit einem Bildschirmlesegerät zu arbeiten. (Da dieses Hilfsmittel auch heute noch in Gebrauch ist, beschreibe ich es in der Gegenwartsform.)

Das Bildschirmlesegerät besteht aus einem Monitor, der etwa 15 cm über einem verschiebbaren Rollentisch angebracht ist. Unter dem Bildschirm, besser gesagt, in der Unterseite, ist eine Video-Optik eingebaut. Wird ein Schriftstück oder Bild auf den verschiebbaren Rollentisch gelegt, so wird dieses über die Videokamera im Monitor sichtbar gemacht. Die Kameralinse wird entweder von Hand oder einem Autofokus exakt auf die Entfernung zu dem Schriftstück eingestellt. Liegt z.B. ein dickes Buch darunter, so ist der Abstand zur Videolinse geringer, als wenn nur ein dünnes Blatt auf dem Rollentisch liegt. Ist das Bild scharf, dann kann mit dem Zoom die Vergrößerung eingestellt werden.

Mein Gerät hatte eine bis zu 45-fache Vergrößerung. Bei maximaler Vergrößerung konnte ich wieder meine Post und Buchtexte lesen. Diese Hilfsmittel wurden zu dieser Zeit von den Krankenkassen auf Antrag gefördert.

Pubertät

Unsere Tochter war als kleines Mädchen eine niedliche Maus gewesen. Ein fröhliches, lachendes Kind mit dunkelblonden Haaren und strahlend blauen Augen. Einige Jahre später sah sie in ihrem Kommunionkleid aus wie eine kleine Braut. Sie hatte mit Neugier und Freude gelernt und war in der Schule ihrem Stoff immer ein Stück voraus.

Drei Jahre lang hatte sie auf meiner alten Gitarre die ersten Griffe geübt und kaufte sich dann von ihrem Kommuniongeld ein eigenes Instrument.

Im Gegensatz zu Sonja alberte unser Sohn Ben ständig herum. Für die Schule machte er nur das Nötigste. Er war auch dunkelblond und hatte verschmitzte blaue Augen, aus denen nur der Unfug funkelte.

»Nimm dir mal ein Beispiel an deiner großen Schwester!«, mahnte ich und steckte dem Nikolaus wieder Zettel für das ›Schwarze Buch‹ zu. Doch die liebe, große Schwester wurde dreizehn und sagte zu unserer Überraschung: »Jetzt ändere ich mein Leben!« und sie begann auch gleich damit.

Was nun bei uns einzog, war die Pubertät, die ›Zickenzeit‹. Da wurden nicht mehr die schicken Kleidchen angezogen, die die Mama ausgewählt hatte. Die Schulklasse gab jetzt die Garderobe vor. Da kamen für die Schüler die Markenklamotten an erster Stelle. Die waren sehr teuer und erschlafften deutlich unseren Geldbeutel. Eine Zeit lang hielt man als Eltern das permanente Quengeln und Genörgel aus, dann gab man nach. Aber es durfte nicht sein, dass am Ende des Geldes noch zuviel Monat übrig war. Also gab ich ein

Kleidergeld von monatlich 50 Mark. Damit musste die Tochter nun ihren gesamten Garderobenbestand kaufen und haushalten lernen. Das Geld durfte nur für Kleidung und nicht fürs Kino verwendet werden. Nach kleinen Startschwierigkeiten klappte das immer besser und der Zickenalarm ließ nach.

Soni bekam von einem meiner Freunde eine Arbeitsjacke aus dem Chemiewerk. Die hing im Keller. Da gehörte sie meiner Meinung nach auch hin! Doch die Tochter war in das gammelige Ding ganz verliebt. Bela hatte klar und deutlich bestimmt, welche Jacke Sonja in der Schule zu tragen hatte. Diese Jacke zog die Tochter auch brav beim Verlassen der Wohnung an. Danach ging sie in den Keller und zog heimlich wieder die Chemiewerksjacke an. Sie glaubte tatsächlich, dass wir das nicht mitbekommen würden. Aber war ich im pubertären Alter anders? Ich erinnerte mich schmunzelnd an die abgeschnittenen Fransen meiner Wildlederstiefel, die meinem konservativen Vater zum Opfer gefallen waren! Und meine langen Haare stießen damals bei meinen Eltern auch nicht auf große Begeisterung.

Ernsthafte Sorgen machten wir uns um Sonja, wenn unter dem Modezwang im Winter nur eine dünne Regenjacke und keine Mütze getragen wurde. Zeugen waren häufig die Ohrenentzündungen und die triefende Nase.

Dann kam der ›Used-Look‹. In die Jeans wurden Löcher geschmirgelt oder geritzt und sie wurde ausgefranst. Die Stofflöcher waren meistens am Gesäß. Unser Töchterlein zeigte aber keine Haut, sie nähte sich zum Beispiel gelben Frotteestoff von innen dagegen. Dann sah es aus, als wenn man ihre Unterhose sehen würde.

Der Aktionsradius wurde ständig knallhart ausgehandelt und zu Gunsten der Pubertät erweitert. Die Heimkehr am Abend erfolgte immer später und unsere Nächte wurden schlafloser. Erstreckten sich die Aktivitäten meiner Jugend noch im Bereich der Heimatstadt und der Nachbarstädte, so eroberte meine Tochter mit ihren Freundinnen nun das gesamte Ruhrgebiet. Standen die jungen Damen mal wieder nachts in den frühen Morgenstunden auf dem

Bahnsteig, da sie den letzten Zug verpasst hatten, so standen meine Frau und ich vor Sorge senkrecht im Bett.

Selbstverständlich fanden sich auch bei einigen Freundinnen emanzipierte Mütter, denen es scheinbar völlig gleichgültig war, wo und wie lange sich das pubertäre junge Gemüse des Nachts herumtrieb. Diese Muttis unterstützten auch das Gezicke in der Schule. Drohte der Lehrer zu meiner Zeit im Unterricht: »Wenn das mit dir nicht klappt, dann werde ich mal mit deinem Vater reden!«, so mahnten nun die Schüler den Lehrer, »Wenn das mit Ihnen nicht klappt, dann bringe ich mal meine Mutter mit!«

Seit einiger Zeit ging ich auch nicht mehr zu den Elternpflegschaftsversammlungen, weil mir die Emanzen mit ihren gegenseitigen Profilierungen auf die Nerven gingen. Da auch bald die restlichen Väter fern blieben, lag ich mit meiner Einstellung scheinbar nicht völlig daneben. Nachmittags lagen die gestressten Pädagogen dann auf meiner Massagebank und klagten mir zu Recht ihr Leid.

Der größte Erziehungsfehler, den wir bei vielen Eltern beobachten konnten, lag darin, dass sich Vater und Mutter von den Kindern oft gegeneinander ausspielen ließen. Das gab es bei meiner Frau und mir grundsätzlich nicht. Hatte Bela zu einer Sache ›nein‹ gesagt, dann galt für mich das Gleiche. Egal, welcher Meinung ich war. Und umgekehrt genauso. Diese konsequente Haltung wurde anscheinend von unseren Kindern mit Respekt aufgenommen und zeigte ihnen eine Stärke, die sie gleichzeitig als Schutz empfanden.

In der Jazzband der Schule fand Sonja Anerkennung und die Gitarre gab ihr in stressiger Zeit den inneren Ausgleich wieder.

Die Versicherung musste für unseren Sohn nach einer Rangelei in der Grundklasse des Gymnasiums die zerdepperte Schultafel finanzieren, doch dann wurde auch Benjamin ruhiger.

Sein strenger Klassenlehrer hatte offenbar guten Einfluss auf ihn und der Junge begann selbstständig an sich zu arbeiten. Ich nahm ihn mit in den Judoverein, wo er lernen konnte, sich auf dem Schulhof zu wehren. Gleichzeitig trat er in die Jugendfeuerwehr ein.

Als wir zum ersten Mal mit meinem Freund Kalle bei seinen

Eltern an der Ostsee waren, hatte Ben die Möglichkeit, Rasen zu mähen. Das machte ihm so viel Spaß, dass er sich in den nächsten Jahren als Gärtner sein Taschengeld aufbesserte. Wolfgangs Mutter Molli, bei der wir unseren Musikproberaum hatten, war Witwe geworden und freute sich, dass sie für ihre Gartenarbeit Hilfe bekam. Sie bezahlte nicht nur für Bennis Arbeiten, sondern sorgte wie eine liebe Oma für ihn mit Kuchen und anderen Leckereien. Ben fühlte sich dort, genau wie ich, bald zu Hause. Sein zuverlässiges Arbeiten sprach sich herum und er bekam auch von benachbarten älteren Damen zusätzliche Gartenarbeiten. Das verdiente Geld sparte er für seinen Führerschein.

Mütter im Beruf – eine Zerreißprobe für die Familie

Als ich Kind war, ging im Bekanntenkreis meiner Eltern kaum eine Mutter arbeiten. Die ›Emanzen‹ meiner Generation behaupteten, dass unsere Mütter zu Hause nichts zu sagen gehabt hätten.

Meine Beobachtungen waren völlig gegenteilig. Meine Mutter, zierlich wie sie war, steuerte meinen stolzen, kräftigen Vater nur mit ihren Blicken. Sicherlich tat sie das auch mit den Waffen einer Frau, doch das konnte ich damals noch nicht beurteilen. In den Familien meiner Freunde schien das auch die Regel zu sein. Am meisten erstaunte mich, dass gerade die autoritären Männer, die im Beruf ein ganzes Regiment führten, zu Hause vor ihren Frauen brav kuschten. Mit Sicherheit war das auch abhängig von der Bildung und dem Intellekt der Frauen.

Auf jeden Fall wirkten diese Mütter auf mich sehr ausgeglichen, zickten nicht so oft herum wie viele Mädels meiner Generation und hatten große nervliche Reserven für ihre lebhaften Kinder.

Als ich Mitte der 70er Jahre in einem katholischen Krankenhaus zu arbeiten begann, wurde dieses Haus von Ordensschwestern geleitet. Jede Abteilung, außer der des technischen Dienstes, wurde von einer Ordensschwester geführt. Die männlichen Mitarbeiter waren stark in der Minderheit und Aussicht auf Karriere gab es für die weltlichen Mitarbeiter kaum. Also war auch der Streit um einen Karriereposten von vornherein ausgeschlossen. Das begann tatsächlich erst, als die Nonnen sich aus Altersgründen und Nachwuchsmangel aus der Leitung zurückzogen. Die Angestelltengehälter waren in der Klinik in derselben Tarifgruppe bei Mann und Frau gleich. Also wuchs ich von Anfang an mit dem Verständnis der Gleichberechtigung zwischen den Geschlechtern auf.

Mein alter Geschichtslehrer hatte uns während meiner Schulzeit prognostiziert: »Mit eurer Generation beginnt geschichtlich etwas ganz Neues. Künftig werden die Eheleute beide berufstätig sein. Dadurch steht euch zu Anfang viel mehr Geld als euren Eltern zur Verfügung. Leider werden dadurch auch viele Leute das »Handeln« verlernen. In zwanzig Jahren findet sich eure Generation in der finanziellen Situation wieder, in der das Einkommen eines Partners allein nur für die Miete und die Nebenkosten einer Wohnung aufgebracht werden muss.

Aufgrund der beruflichen Einbindung beider Elternteile werdet ihr für die eigenen Kinder kaum noch Zeit übrig haben«, und der weise Mann sollte Recht behalten.

Viele Kinder bekamen nun einen Wohnungsschlüssel um den Hals gehängt und fanden beim Ausfall von Schulstunden nur ein leeres Heim vor.

Selbstverständlich war der Gedanke vernünftig und gerecht, dass sich die Frauen meiner Generation mit ihren oft hart erlernten Berufen selbst verwirklichen und ausleben sollten. Die Kreativität und Innovationsfähigkeit der Frauen stellten für jede Gesellschaft eine große Bereicherung dar und der frauliche Instinkt löste manches Problem sicherlich besser als die kühle Sachlichkeit der Männer.

Doch in Westdeutschland war die Betreuung der Kinder durch den Kinderhort oder die Nachmittagschule nicht geregelt und das brachte viele Familien immer wieder in Schwierigkeiten.

Ende der 80er Jahre gehörte es zum aktuellen Trend, dass eine Mutter berufstätig war. Es ging nicht nur um das Geld. Nein, es war die gesellschaftliche Anerkennung und die viel versprochene Selbstverwirklichung der Frauen. Die Machos meiner Generation lernten das Haushalten, Waschen, Bügeln, Putzen, Babywickeln, Backen und Kochen. Und viele unserer Mädels verlernten es. Hatte ich einst meiner Frau ›den Hof gemacht‹, so ›machte ich ihr heute die Treppe‹.

Der neue Trend drängte auch meine Bela in den Beruf. Sie hatte neben unserer gemeinsamen Berufsausbildung auch den Abschluss einer Hauswirtschaftsfachschule und begann mit ihrem ›Pudding-Abitur‹ im Hauswirtschaftsbereich einer Berufsakademie stundenweise zu arbeiten. Aus einem Sonntagsdienst wurde mit der Zeit ein fünftägiger Halbtagsjob. Ihre Aufgaben begannen meistens am Nachmittag und so drückten wir uns, wenn ich gerade Feierabend hatte, die Türklinke wie ein Staffelholz in die Hand. Dadurch hatten die Kinder zwar immer einen Ansprechpartner, doch unser privates Miteinander litt darunter.

Die Berufstätigkeit hob Belas Selbstwertgefühl, da sie, wie erwähnt, von meiner Stiefmutter im Bekanntenkreis zu Unrecht als ›die Faule‹ dargestellt worden war.

Als Bela und ihr Bruder klein waren, konnte ihre Mutter halbtags arbeiten gehen, weil die Großeltern im Nachbarhaus als Aufsichtspersonen zur Verfügung standen.

Mit solchen engagierten Großeltern waren wir, wie gesagt, leider nicht gesegnet. Obwohl meine Kinder in nur fünf Minuten zu Fuß von der Schule das Haus meines pensionierten Vaters erreicht hätten, fanden solche Besuche nie statt. Die alten Herrschaften wollten nicht gestört werden. Stattdessen kritisierten sie bei jeder Gelegenheit an vielen unserer Entscheidungen herum.

Zwischen den beruflichen Aufgaben, den ersten pubertären Sorgen der Kinder und dem Genörgel meiner Eltern kam es nun auch in unserer Beziehung häufiger zu partnerschaftlichen Spannungen.

Oder stellte sich nach dem verblassten Honeymoon langsam die Midlife-Crisis ein?

Alle Vögel sind schon da und wieder mal der Grüne Star!

Im Frühjahr zwei Jahre nach der Operation des ›Grauen Stars‹ meldete sich am rechten Auge nun der ›Grüne Star‹ mit einer extremen Druckerhöhung an. Wie der Chirurg vor zwei Jahren befürchtet hatte, funktionierte der Abfluss des Kammerwassers nicht mehr. Mit vielversprechenden, neu entwickelten Tropfen- und Tablettentherapien ließ der hohe Augeninnendruck sich auch nicht senken. Ich hatte in den 16 Jahren nach der letzten drucksenkenden Operation am rechten Auge in der Augenklinik Essen die drohende Gefahr des heimtückischen ›Grünen Stars‹ erfolgreich aus dem Gedächtnis verdrängt. Doch nun kam die Sorge mit Macht zurück. Wie lange würden meine wenigen intakten Sehnervenfasern diesem Druck standhalten? Der Bonner Chirurg war bereit, mir nochmals zu helfen.

Nach gründlichen Voruntersuchungen beschloss er, eine Trabekulotomie durchzuführen. Dabei wurde chirurgisch der Abfluss des Kammerwassers im Trabekelwerk verbessert.

Wie in Kapitel eins beschrieben, ist das Trabekelwerk, auch Schlemmkanal genannt, das Entwässerungssystem des Auges.

Die Vorbereitungen und Erlebnisse rund um den Eingriff beschreibe ich nicht näher, da er ähnlich den anderen Operationen war. Dass dies wieder spannende und nervenaufreibende Tage waren, muss nicht besonders betont werden. Die Operation führte ohne Komplikationen zum Erfolg. Der Augeninnendruck konnte nach dem Eingriff mit wenigen, verschiedenen Augentropfenwirkstoffen in der nächsten Zeit unter 20 mmHg gehalten werden. Es war die fünfte Operation am rechten Auge und mit den drei OPs am linken meine achte Augenoperation.

Ein notwendiger, weiterer Eingriff am rechten Auge kündete sich bereits an, da sich ein Nachstar gebildet hatte. Das war eine erneute Eintrübung der hinteren Linsenkapsel. Diese hätte man mit einem YAG-Laser beseitigen können, doch vorläufig traute sich mein Chirurg nicht an dieses Thema heran.

Das Ende einer Tragödie

Meinen Stiefbruder hatte ich kennengelernt, als er mit seiner Mutter 1973 zu uns in das Haus meines Vaters zog. Etwas korpulent, mit rundem Gesicht und permanentem Lächeln, erinnerte er oft an den Kabarettisten Heinz Erhardt. Probleme schien es für ihn nicht zu geben. Da er drei Jahre älter war als ich, beeindruckte er mich mit seiner Sorglosigkeit und dem Schabernack, den er ständig veranstaltete. Aber schon zu dieser Zeit schaute er gerne tief ins Glas. Unter uns jungen Leuten bewies die Trinkfestigkeit auch die Männlichkeit. Genauso wie das Rauchen dazugehörte. Ich trank auch schon gern ein paar Bierchen mit, doch an harte Getränke ging ich in jungen Jahren überhaupt nicht heran. Der »große Bruder« hingegen kippte gern einige Kräuterschnäpse. Man muss betonen, dass das in der Handwerkerszene der damaligen Zeit noch gang und gäbe war.

Mein Stiefbruder war als gelernter Klempner und Installateur zur Berufsfeuerwehr meines Vaters gewechselt. Schon bald hatte er geheiratet und dann folgten zwei Kinder.

Ich tat es ihm nach und folgte mit Frau und Kindern. Die beiden jungen Familien verstanden sich gut.

Der Klempnergeselle war sehr hilfsbereit und half mir bei so manchen Renovierungsarbeiten. Doch schleichend und kaum bemerkt begannen bei ihm die Alkoholprobleme. Erst viele Jahre später erinnerte ich mich an eine Szene, die ein Alarmsignal hätte sein müssen.

Wir waren mit unseren Frauen und Kindern mit dem St. Martinszug unterwegs. Als wir an einer Gaststätte vorbei kamen, meinte mein Stiefbruder zu mir: »Lass die Frauen mit den Kindern schon vorgehen. Wir tanken hier mal kurz auf.«

Unsere Mädels waren großzügig, gingen mit den Kindern alleine weiter, und so kehrten wir ein. Nach zwei bis drei appetitlich schäumenden Bierchen bestellte der ›große Bruder‹ für jeden von uns ein Kräuterschnäpschen. Direkt danach fragte er: »Trinkst du noch einen mit?«, und sah mich voller Erwartung an.

»Nicht so schnell«, sagte ich etwas verlegen, »sonst sehe ich meine Kinder gleich doppelt und für vier Blagen haben wir in der Wohnung gar keinen Platz.«

Doch der standfeste Handwerksgeselle kippte sich gleich noch zwei Schnäpse hinterher. Danach schaute er plötzlich sehr ernst in sein leeres Pinnchen und meinte: »Pass auf, dass du davon nicht abhängig wirst. Das ist ein Sauzeug!«

Mit der Zeit wurde unser Kontakt immer weniger. Immer deutlicher war zu erkennen, dass der Stiefbruder ein Alkoholproblem hatte. Statt diese Erkrankung rechtzeitig therapieren zu lassen, wurde die Sucht verharmlost und vertuscht.

Zwischen dem Stiefbruder und seiner Mutter bestand immer eine extrem enge Bindung. Sie hätte hilfreichen Einfluss auf eine Therapie ihres Sohnes haben können, doch sie bevorzugte ebenfalls eine Verdrängung der Tatsachen. Es war die verständliche Scham vor dem Geschwätz des Dorfes. Damit gab sie ihm keinen Halt und so sank der Ärmste immer tiefer in die Sucht hinab. Private wie auch berufliche Schwierigkeiten häuften sich. Bald schon wurde mein Vater von seiner Frau unter Druck gesetzt, beim ›Einsammeln der Scherben‹ zu helfen. Das Alkoholproblem als Ursache durfte nicht von ihm angetastet werden.

Es war traurig mit anzusehen, wie ein Mensch, der immer sehr hilfsbereit, freundlich und humorvoll gewesen war, tiefer und tiefer sank.

Um Stiefmutters Fassade einer heilen Welt aufrecht zu erhalten, durften Bela und ich nun nichts mehr von der anderen Familienseite erfahren. Dazu vergrößerte man die bereits bestehenden Risse zwischen den Familien zu einer kaum überwindbaren Kluft. Als die Alkoholprobleme am Arbeitsplatz zu groß wurden, überwies man meinen Stiefbruder in eine Entzugsklinik. Leider hatte der Alkohol schon so große Schäden angerichtet, dass bald ein Herzinfarkt und mehrere Bauchoperationen folgten. Das mündete in eine Frühpensionierung. Weitere Entzugstherapien folgten und auch die Rückfälle gaben dem einst so fröhlichen Menschen keine Ruhe.

Als Nächstes ging die Eigentumswohnung verloren. Dann häuften sich die Unfälle.

Die Stiefmutter, mein Vater und die Schwägerin lebten ständig in der Sorge vor neuen Schreckensbotschaften. Immer wieder wurden mein Vater, seine Frau und sogar ich von Bekannten darauf angesprochen, dass wir doch dafür sorgen sollten, dass dem ›großen Bruder‹ der Führerschein entzogen werde, da er angeblich oft betrunken Auto und Lkw fahre. Wie sollte das vor sich gehen? Sollten wir unseren eigenen Verwandten anzeigen?

Die Entscheidung übernahm das Schicksal. Der Stiefbruder schlief alkoholisiert während der Fahrt am Lenker ein. Er raste über eine rote Ampel in eine belebte Verkehrskreuzung.

Obwohl wir kaum noch Kontakt zueinander hatten, rief mich meine Schwägerin an und bat Bela und mich um Hilfe. Sie traute sich nicht, meine Stiefmutter zu verständigen. Wir holten die Schwägerin ab und fuhren zu der Klinik, in die mein Stiefbruder gebracht worden war. Dort erfuhren wir, dass er kaum Verletzungen aufwies und dass es, Gott sei Dank, nur zwei weitere Leichtverletzte gegeben hatte. Unsere ›Schnapsdrossel‹ durfte also nach Hause. Angesichts einer Alkoholblutprobe von 3,5 Promille hielt sich dieser Mensch noch gut auf den Beinen. Als er uns durch die Glasdrehtür des Ausgangs folgen wollte, wurde diese für ihn für etliche Runden zu einem Hamsterlaufrad.

Wir standen lachend draußen vor dem Klinikeingang und die Schwägerin meinte: »Und wenn der bis morgen in der Drehtür läuft, wir helfen ihm nicht! Das hat er verdient!«

Diesen riesigen Crash konnten wir der Stiefmutter nicht verheimlichen. Da ihr Sohn unverletzt geblieben war, überbrachten wir so schonend wie möglich die Nachricht.

Mein Vater, der ausgenüchterte Stiefbruder und ich fuhren am nächsten Tag zur Polizeiwache, die den Unfall aufgenommen hatte, um das Formelle zu klären. Der Führerschein wurde endlich eingezogen. Damit hatte die Familie künftig eine Sorge weniger.

Beim Abschleppdienst betraten wir eine Halle, in der mindestens fünfzehn beschädigte Fahrzeuge standen. Ich ging um einen Kadett herum, dem das rechte Hinterrad und ein Teil vom Heck fehlten. Daneben stand ein Golf, dessen Motorhaube zur Hälfte zusammengeschoben worden war.

»Was war das denn für ein heftiger Unfall?«, fragte ich den Mann vom Abschleppdienst.

»Das sind doch nur zwei von den vier Fahrzeugen, die Ihr Bruder gerammt hat«, wies der Mann auf weitere Unfallwagen. »Die Schutzengel müssen bei diesem Unfall auf der Kreuzung gerade eine Versammlung abgehalten haben, sonst hätte es bestimmt mehrere Tote gegeben!«

Der Stiefbruder war so schockiert, dass er glaubhaft versicherte: »Ich trinke nie wieder Alkohol.« Leider hielt dieser Vorsatz nur eine Woche. Den Führerschein bekam er nie mehr zurück.

Eines Tages eilten meine Stiefmutter und mein Vater zu ihrem Sorgenkind. Er hatte einen Reinfarkt und stand gleichzeitig unter Alkohol. Die Rettungssanitäter und Ärzte bemühten sich, ihn mit mehreren Reanimationen wiederzubeleben. Der hohe Blutalkohol gab dem 42-jährigen keine Chance mehr.

Mein Stiefbruder war ein begeisterter Karnevalfan gewesen. Es sollte wohl eine Ironie des Schicksals sein, dass er am Aschermittwoch beigesetzt wurde. Als sich sein Sarg in die Grube senkte, verfinsterte sich der Himmel und es gab einen Platzregen, wie ich ihn in meinem gesamten Leben nur selten erlebt hatte. Der riesige Trauerzug war klatschnass. Ich war in diesem Augenblick davon überzeugt, dass mein immer fröhlicher Stiefbruder auf dieser Regenwolke über uns saß, diebischen Spaß hatte und sich vor Lachen auf die Schenkel klopfte. Er war endlich von seinen Leiden erlöst. Ich werde ihn als einen sehr humorvollen, hilfsbereiten Menschen in Erinnerung behalten.

In einer Gesellschaft wie der unsrigen, in der so leichtfertig mit dem Teufel Alkohol umgegangen wird, sind unzählige Menschen suchtgefährdet. Saufen können viele, helfen nur wenige!

Meine Stiefmutter fiel verständlicher Weise in eine tiefe Depression, die auch für meinen Vater nicht leicht zu verkraften war.

»Bei uns gibt es nur sauer oder Trauer!«, sollte für lange Zeit sein Standardsatz lauten.

Die Schwägerin zog sich mit ihren Kindern ganz von uns und den alten Leuten zurück. Für diese waren nur noch Bela, unsere Kinder und ich zuständig.

Angriff von innen – Rheumatisches Fieber

Der Schatten des Todes meines Stiefbruders lag seit einem halben Jahr über der Familie, als mich das Schicksal einem ganz neuen Test unterzog.

Ich war gerade von der Arbeit heimgekommen, da bekam ich Schmerzen in der Lendenwirbelsäule, als ob mir jemand eine Axt dort hineingeschlagen hätte. Ich schleppte mich, zitternd vor Schmerzen, auf die Couch und bat Bela den Hausarzt anzurufen. Er kam nach Praxisschluss und gab mir eine lindernde Spritze. Die Diagnose war nicht klar. Die Ursache für die extremen Schmerzen konnte ein heftiger Hexenschuss sein, aber auch eine Nierenkolik. Gegen 22 Uhr kam der Arzt noch einmal vorbei, doch da ging es mir bereits deutlich besser.

»Morgen gehen Sie nicht arbeiten. Sie werden von der Spritze noch sehr müde sein«, riet mir der Arzt. Am übernächsten Morgen sollte ich in seine Sprechstunde kommen.

Die Spritze wirkte tatsächlich noch am nächsten Tag und fesselte mich geschwächt ans Bett. Abends bekam ich starke Gelenkschmerzen und dachte, dass die Symptome zu diesem Krankheitsbild gehören. Jedoch am folgenden Morgen waren mein rechtes Bein und mein linker Arm wie gelähmt. Unter diesen Umständen würde es mir aber nicht möglich sein, ohne Hilfe die Arztpraxis zu erreichen. Egal, ich musste unter allen Umständen meine Blutwerte bestimmen und eine Sonographie machen lassen! Meine medizinische Erfahrung und mein Instinkt gaben Großalarm!

Wie immer konnte ich mich auf meinen Freund Wolfgang

verlassen. Nach meinem Hilferuf kam er umgehend vorbei und schleppte mich zusammen mit Bela in die Praxis. Der Doktor schlug die Hände über dem Kopf zusammen, da ich in diesem Zustand in die Sprechstunde kam. Er wollte mich sofort ins Krankenhaus einweisen, doch ich bat ihn, die Blutuntersuchungsergebnisse abzuwarten.

Zuhause hütete ich wieder das Bett. Gegen Abend bekam ich hohes Fieber und Schüttelfrost. Am nächsten Morgen war mein rechtes Knie doppelt so dick wie normalerweise. Mein linker Unterarm und die Hand waren extrem geschwollen und voller Wasser. Bela war zur Frühschicht in der Akademie und die Kinder in der Schule.

Angesichts dieser Symptome bekam ich Angst und versuchte die Arztpraxis zu erreichen, doch ich konnte nicht einmal den Telefonhörer halten.

Als Bela gegen Mittag heimkam, brachte sie in Erfahrung, dass alle Blutwerte aus dem Normalbereich waren und ich sofort in der internistischen Intensivstation aufgenommen werden müsse. Benjamin kam aus der Schule. Meine Frau und mein 14-jähriger Sohn schleppten mich bis zur Krankenwageneinfahrt des gegenüberliegenden Krankenhauses, in dem ich arbeitete. Mit dem Rollstuhl ging es dann auf die Intensivstation.

In dieser Station gab es drei Zweibettzimmer. An jedem Bett blinkten und summten Überwachungsgeräte. Ich wurde entkleidet und bekam ein Engelhemd angezogen, wie ich es schon in der Augenklinik vor der OP tragen musste.

Viele Elektroden wurden auf meinem Brustkorb fixiert. Umgehend piepte der Pulszähler und meine Herzfrequenz war auf dem Monitor sichtbar. An meinem Oberarm pumpte sich regelmäßig, automatisch das Blutdruckmessgerät auf. Die Körpertemperatur wurde gemessen und ergab 42°C. Diese hohe Temperatur war lebensgefährlich, da bereits Eiweiß über die Nieren abgebaut wurde. Mein Körper vergiftete sich gerade selbst. Die Fußgelenke, Kniegelenke und das linke Handgelenk waren tiefrot, voller Wasser und noch stärker als am Morgen angeschwollen.

Der Chefarzt diagnostizierte ›Rheumatisches Fieber‹. Das wurde durch Bakterien, sogenannte Streptokokken, ausgelöst.

Wie war ich zu dieser Infektion gekommen? Ursache konnten Entzündungen im Rachenraum gewesen sein. Doch ich war kurz zuvor noch zur zahnärztlichen Kontrolle und meine Zähne waren wohl die wenigen Teile meines Körpers, die vor Gesundheit strotzten.

Bela hatte zu dieser Zeit eine Halbtagsstelle als Hauswirtschaftskraft. Natürlich war auch dort Personalmangel und der Halbtagsjob wurde Dank der Überstunden häufig zum Volljob.

Wenn Bela nicht zu Besuch kam, dann besuchte mich meine verstorbene Verwandtschaft. Meine Mutter saß lange an meinem Bett und sprach mir Mut zu. Mein fröhlicher Großvater erzählte mir wieder Geschichten und Großmutter saß daneben und drehte verträumt Däumchen.

Ja, das erschien mir so real, dass ich im Fieberwahn Traum und Wirklichkeit nicht mehr unterscheiden konnte. Unter den beruhigenden Medikamenten empfand ich dies als ganz amüsant, im Gegensatz zu meiner Frau und den Ärzten, die um mein Leben bangten und kämpften.

Die Breitbandantibiotika konnten die Infektion kaum positiv beeinflussen. Meine einzige Chance zu überleben bot das gute, alte, reine Penicillin. Hatte ich von den Breitbandantibiotika kaum etwas verspürt, so floss das Penicillin in meine Venen, als wollte es mich innerlich verbrennen. Mir schien es, als spürte ich den anatomischen Verlauf einer jeden Vene in meinem Brustkorb. Viermal täglich baumelte eine Infusionsflasche am Bettgalgen über meinem Kopf.

Nach wenigen Tagen hatte ich 13 kg verloren. Eine Woche später hatte sich mein Gesundheitszustand so stabilisiert, dass ich in die externe Station verlegt wurde. Dort schlief ich Tag und Nacht durch und trank nur zur Mittagzeit zwei Tassen heiße Suppe. Mein Zeitgefühl war völlig ausgeschaltet. Die Krankheit hatte meinen Körper extrem geschwächt. Ich war zu einem Pflegefall geworden. Zum Wasserlassen musste ich eine Bettflasche benutzen. Die war mir aus meiner Zeit als Pflegepraktikant nicht unbekannt, doch dieses Mal befand ich mich auf der anderen Seite des Spielfelds. Jetzt wurde mir sehr bewusst, wie unangenehm es war, seinen Schniedelwutz in eine Urinflasche zu hängen und dabei nicht zu schlabbern. Was war danach mit Hände waschen? Natürlich nichts!

Beschämt dachte ich: »Und damit gibst du deinem Besuch die Hand?«, doch wenn man dem Totengräber gerade von der Schippe gesprungen war, dann traten diese ›großen Probleme‹ in den Hintergrund!

Irgendwann kam dann unvermeidbar die Zeit für das große Geschäft.

»Nein, diese Blöße wirst du dir nicht geben!«, rebellierte mein Schamgefühl und ich hielt noch einen Tag weiter den Druck und das Kneifen aus. Wieder kam ein ›Nein, auf keinen Fall heute‹ und noch ein Tag und noch ein Tag. Aber bevor mir ein Malheur im Bett passierte, musste ich endlich klingeln

»Machen Sie mal eine Brücke«, hieß die freundliche Aufforderung und schon saß ich auf dem eiskalten Metallrahmen der Pfanne. Auf diesem Thron war man kein kleiner König! Es war unbequem und äußerst peinlich.

Ich versuchte mich daran zu erinnern, dass mir als Pflegepraktikant täglich diese Aufgaben zugewiesen worden waren und dass es mir nach einiger Zeit nichts mehr ausgemacht hatte. So ging es dem Personal schließlich auch. Das aufsteigende Schamgefühl meldete sich auch beim täglichen Waschen mit Hilfe des Personals. Anderen Menschen kann man immer gute Ratschläge und beschwichtigende Erklärungen geben, doch wenn man selbst in einer solch peinlichen Situation steckt, sieht die Welt nicht mehr so lustig aus!

Das tägliche Anlegen neuer Infusionsnadeln empfand ich mit der Zeit als Folter. Ich wurde immer empfindlicher, je mehr meine Vitalkräfte zurückkehrten. Meine Venen an den Unterarmen und in den Armbeugen waren so von den Infusionsnadeln zerstochen, dass nur noch auf dem Handrücken geprockelt wurde. Das war sehr schmerzhaft. Solange meine linke Hand vom Lymphwasser geschwollen war, konnte dort keine Nadel angelegt werden. Ich konnte auch beim Essen kein Besteck damit halten. Also blieb mir zum Greifen nur die rechte Hand. Doch dort steckte in der Vene des Handrückens die Infusionsnadel und der Infusionsschlauch baumelte beim Hantieren mit einer Gabel hin und her. Akrobatik pur!

Meine physiotherapeutischen Kolleginnen Gabi und Käthe begannen mit mir die Bewegungstherapie. Auch hier war es interessant, in der Patientenrolle zu sein. Ich hatte nämlich absolut keine Lust, mich zu bewegen. Jede Bewegung schmerzte und ich war psychisch so angeschlagen, dass einfach alles lästig erschien. Ob Kollege oder nicht. Diese beiden engagierten Frauen hatten sich gnadenlos vorgenommen, mich wieder auf die Beine zu stellen. Sie begannen mit meiner Atemgymnastik. Das Sitzen auf der Bettkante war zu Anfang kaum möglich. Es ist erschreckend, wie schnell sich die Stützmuskulatur bettlägeriger Patienten abbaut. Dann folgten die ersten Stehversuche. Nach drei Wochen konnte ich schon vor dem Waschbecken auf einem Hocker sitzen und mich selbstständig waschen! Gleichzeitig eroberte ich auch das WC und endlich, endlich gehörte mein Hintern wieder mir! Auf diesem Thron fühlte ich mich nun wirklich wie ein kleiner König.

Die fachliche Anleitung durch Physiotherapeuten stellt die Grundlage dar, um wieder auf die Beine zu kommen, doch wenn der Patient nicht zusätzlich selbst an sich arbeitet, dauert die Genesung sehr viel länger.

Ich schwenkte den fast gelähmten Arm wie ein Pendel auf und ab und versuchte ihn eine Sekunde lang in der Horizontalen zu halten. Jeden Tag ging das eine Sekunde länger. Das rechte Bein erholte sich schneller und ich humpelte täglich eine Rille in den Boden des Krankenzimmers. Dann erweiterte ich meine Aktivitäten auf den Stationsflur. Es folgten kleine Spaziergänge im Krankenhausgarten. Nur zehn Minuten laufen genügten, um im gesamten Rückenbereich schmerzhaften Muskelkater zu bekommen. Nach sechs Wochen wurde ich endlich entlassen.

Meine Kleidung war mir aufgrund meiner extremen Gewichtsabnahme zu groß geworden, doch ich wollte mein altes Kampfgewicht zurückhaben. So trank ich jeden Tag zwei Flaschen alkoholfreies Malzbier und aß mit gutem Appetit.

Obwohl ich den zuvor gelähmten Arm noch nicht über die Horizontale heben konnte, nahm ich meinen Dienst in der Bäderabteilung wieder auf. Der Alltag ist ein sehr guter Therapeut!

Nach einem halben Jahr Training war ich wieder völlig hergestellt. Ich hatte viel dazugelernt. Mein Verständnis und Mitgefühl für unsere Patienten war nach dieser Erfahrung noch weiter gewachsen.

Lichtblicke und drohendes Dunkel

Nach fast zwanzig Jahren sollte ich zum ersten Mal Belas Mutter persönlich kennen lernen.

Wir machten auf dem Weg zum Weihnachtsurlaub beim Bergerbauer in Tirol einen Zwischenstopp in Mainz. Belas Mutter wohnte in einem Einfamilienhaus, das neben dem alten Haus der mittlerweile verstorbenen Großeltern gebaut worden war.

Ich erinnerte mich noch gut an die Szene, als meine Eltern mich nach der Ausbildung von Mainz abholten. Belas Mutter stand damals hinter ihrem Küchenfenster und lehnte jeden Kontakt zu meinem Vater, seiner Frau und mir ab.

Belas jüngerer Bruder, der auch seit zwei Jahren Frau und Kind hatte, drängte seit langem auf eine Familienzusammenführung.

Zuvor hatte es viele Diskussionen zwischen Bela, meinem Schwager und mir gegeben, ob der Kontakt zu der Mutter überhaupt sinnvoll sein würde. Ob wir uns damit nicht neue Probleme ins Haus holen würden. Zusätzlich drängte unsere Tochter Soni nun auf ihr Recht, unbedingt ihre Oma mütterlicherseits kennen zu lernen.

Die ersten telefonischen Wortwechsel mit Belas Mutter verhießen einen ehrlichen Neuanfang und so wollten wir die entgegengestreckte Hand nicht zurückweisen. Wir stimmten einer Begegnung mit dem Gedanken zu, dass sich Menschen nach vielen Jahren zum Positiven ändern können.

So betraten meine Kinder und ich zum ersten Mal Belas Elternhaus. Wir wurden von der Schwiegermutter und ihrem Mann, einem achtzehn Jahre älteren Herrn, freundlich empfangen. Jeder zeigte sich von seiner Schokoladenseite. Erlesene Speisen und Getränke wurden aufgetischt. Wir übernachteten und fuhren nach spektakulärem Abschied weiter in die unschuldig-weiße Weihnachtswelt der Tiroler Berge. Schon bald feierten wir fröhlich in das Jahr 1998 hinein.

Die Telefonate zwischen Bela und ihrer Mutter häuften sich und wurden immer intensiver. Endlich gab es in diesem dunklen Kapitel einen Lichtblick. Voller Zuversicht blickten wir auf das neue Jahr und es wurde Frühling.

Wie im Vorjahr meldete sich plötzlich mit den Singvögeln auch der ›Grüne Star‹ wieder zurück. Das rechte Auge quälte mich mit einem Innendruck von über 35 mmHg. Tropfen und Tabletten halfen nicht. Wieder brachte mich meine Familie nach Bonn in die Dardenne Klinik. Der Chirurg war absolut nicht begeistert, doch er wollte mir helfen.

Eine neue Operationsmethode, eine Iridektomie mit einem Hyaluron-Implantat, sollte dieses Mal den Abfluss des Kammerwassers verbessern. Wieder einmal keimte Hoffnung in mir auf.

Die bekannten Prozeduren der Vorjahre wiederholten sich. Aufnahme in der Klinik, Voruntersuchungen, Gespräch mit dem Narkosearzt, nach Hause telefoniert und alle beruhigt, Stärke gezeigt, schlaflose Nacht, kein Frühstück, mit dem Rollstuhl zum Operationssaal, auf den OP-Tisch geklettert, Mütze aufgesetzt, Tuch über dem Gesicht und in der Narkose versunken.

Nachdem der Augenarzt am Tag nach der Operation das Auge untersucht hatte, zeigte er sich mit dem Befund zufrieden. Der Innendruck war sehr niedrig und es hatte keine Komplikationen gegeben. Ich musste noch einige Tage stationär zur Kontrolle bleiben. Von Tag zu Tag wuchs meine Sehkraft so weit an, dass ich während des Rauchens am Klinikeingang schattenhaft die Umrisse von den vorbeifahrenden Autos wahrnahm.

»Wenn mein Sehtest sich auf diesem Level halten würde, dass wäre ein hoffnungsvoller Lichtblick«, dachte ich, »ich wäre den Ärzten und dem lieben Gott für immer dankbar!«

Plötzlich stieg der Augeninnendruck wieder drastisch an. Der Chirurg, der auf mich immer einen so selbstsicheren Eindruck machte, wirkte nun sehr aufgelöst. Er war äußerst besorgt und sichtlich enttäuscht. Nach gründlichen Überlegungen und einem langen Gespräch sollte jetzt noch einmal die gleiche Operation durchgeführt werden.

Gesagt, getan...

Am Tag nach dem wiederholten Eingriff entfernte der Chirurg die Klappe vor dem Auge, doch ich sah nicht einmal Licht. Die Vorderkammer des Auges war mit Blut vollgelaufen. Panik stieg in mir auf. Der Arzt sprach beruhigend auf mich ein und versicherte, dass das Blut nach einigen Tagen abfließen würde und mein Sehrest wiederkäme. So saß ich in meinem Krankenzimmer und war völlig verzweifelt.

Ein Normalsehender verstand vielleicht meine Aufregung nicht und fragte sich: »Was hat der denn noch zu verlieren? Der sieht doch sowieso fast nichts!«

Ich konnte da nur antworten: »Die Umrisse der Möbel, der Türdurchgänge, das Fensterlicht, usw. sind meine letzten optischen Orientierungshilfen. Die Deckenlampen dienen oft als Leitlinien, vergleichbar mit dem Leuchtfeuer für landende Flugzeuge.«

›Blind‹ – was bedeutete das eigentlich? Im Mittelalter galt die Blindheit als Stigma, als Strafe Gottes. Dieser idiotische Gedanke kreiste noch in den Köpfen einiger alter Menschen.

Der Gesetzgeber hatte festgelegt, dass eine Sehleistung unter 2% als ›blind‹ im Schwerbehindertenausweis mit dem Merkzeichen ›BL‹ einzutragen war. Daran waren nicht nur Rechte gebunden, sondern auch Pflichten. Zum Beispiel die Pflicht, sich im Straßenverkehr mit einem weißen Stock oder einer Armbinde kenntlich zu machen.

Den ›weißen Stock‹ oder die Armbinde mit den drei Punkten empfand ich als stigmatisierend und deshalb schob ich diesen Gedanken ganz schnell wieder in meine Verdrängungsschublade.

Als Nächstes erinnerte ich mich an die Gespräche mit blinden Ausbildungskollegen in Mainz. Die unterschieden in heftigen Diskussionen zwischen ›blind‹ und ›schwarz-blind‹. Wer nämlich noch Lichter und Umrisse als Orientierungshilfen zur Verfügung hatte, war deutlich im Vorteil und jeder, der noch ein winziges Restsehen besaß, bangte auch um dieses. Genau wie ich in dieser augenblicklich verzweifelten Situation!

Nun hatte ich einen Vorgeschmack darauf, ›schwarz-blind‹ zu sein. Davor war ich seit Jahren auf der Flucht! Hatte mich das schwarze Nichts endlich eingeholt? Sein eiskalter Hauch bereitete mir eine Gänsehaut. Weitere Gedanken schoben sich in meine Finsternis. Ich erinnerte mich an einen blinden Mitschüler in der Reha-Ausbildungsstätte, der sein Augenlicht unangeschnallt im Sekuritkranz einer Windschutzscheibe verloren hatte. Er war ›schwarz-blind‹. Seine Philosophie lautete: »Alle Sehbehinderten leiden unter der quälenden Angst, ihr Restsehen zu verlieren. Wenn du ›schwarz-blind‹ bist, hört das endlich auf. Entweder nimmst du die völlige Blindheit an und führst damit ein zufriedenes Leben, oder du gehst seelisch unter!«

Diesen Satz konnte ich drehen und wenden wie ich wollte, darin lag für mich kein Trost und kein Lichtblick.

»Wenn ich wenigstens den Weg zum Aschenbecher und zum Zigarettenautomaten finden würde«, meldeten mein Körper und mein Nervenkostüm den zu niedrigen Nikotinspiegel. Meine Familie und meine Freunde waren 100 km weit weg. Mitpatienten wollte ich nicht um Hilfe bitten. In diesem Moment klingelte das Telefon an meinem Krankenbett. Wolfgang war in der Leitung. Er erzählte, dass er gerade an seinem stotternden, alten Auto reparieren würde. Also berichtete ich ihm über meine hoffentlich vorübergehende, völlige Erblindung und klagte darüber, dass ich nicht einmal rauchen könne. Das Gespräch hatte gut getan und ich schlief auf meinem Bett bald ein.

Im Halbschlaf hörte ich eine bekannte, auffordernde Stimme: »Wolltest du nicht rauchen?« Ich traute meinen Ohren kaum. Wolfgang stand mit einem Mal an meinem Bett und mir liefen vor Rührung die Tränen über die Wangen. Dann führte mich der alte Freund zum Aschenbecher am Klinikausgang. Er hatte mir sogar Zigaretten mitgebracht und ich begann, wie eine Lok zu qualmen.

»Was ist mit deinem kaputten Auto?«, fragte ich.

»Es klappert und verliert etwas Öl. Wenn es unterwegs auseinander gefallen wäre, hätte ich halt Pech gehabt. Die Freundschaft geht eben vor!«, grinste er in seiner typischen Unbesorgtheit. Es fehlte zu diesem Freundschaftsbild im Hintergrund nur noch die Winnetou-Melodie! Es war für mich ein Lichtblick in tiefster Dunkelheit.

Leider wollte das Blut nicht von allein aus meinem Auge abfließen und es bestand die Gefahr, dass die kleinen Abflusskanälchen wieder verstopfen würden. Die Ärzte beschlossen, eine Vorderkammerspülung des Auges durchzuführen. Also musste ich wieder in den OP-Saal. Unter örtlicher Betäubung wurden zwei Hohlnadeln in das Auge eingeführt. Schmerzen empfand ich nicht, doch ich spürte genau, was da vor sich ging.

»Jetzt bloß nicht bewegen, damit der Schaden nicht noch größer wird«, ermahnte ich mich selbst.

Über die eine Nadel wurde eine Spüllösung in die Vorderkammer gedrückt und über die andere Nadel wurde das Blut abgesaugt. Ich sah regelrecht, wie es von Minute zu Minute heller wurde. Nach einigen Tagen waren meine geliebten Konturen, die vielen Schatten und die hilfreichen Lichter wieder da. Auch der Innendruck blieb zur Zeit der Entlassung aus der Klinik konstant. Nun hatte mein rechtes Auge somit acht Eingriffe überstanden und mit den drei OPs am linken war das die elfte Augenoperation.

Nervensache

Ich ließ den Augeninnendruck weiter regelmäßig und engmaschig kontrollieren. Meine Augenärztin, die mich mein gesamtes

Leben lang ärztlich, fast mütterlich betreut hatte, war in den Ruhestand gegangen. Ihre Tochter nahm sich nun ebenfalls sehr fürsorglich meiner Sache an.

Es waren nur wenige Wochen seit der letzten Operation in Bonn vergangen, da spielte der ›Grüne Star‹ am rechten Auge wieder verrückt. Mein Tastbefund und die Kopfschmerzen bewiesen, dass der Druck sehr hoch sein musste. Bevor meine Frau mich zur Augenarztpraxis fuhr, war die Stimmung zwischen uns bereits äußerst gespannt. In ihrer Arbeitsstelle ging aufgrund des Personalmangels alles drunter und drüber. Wir knurrten uns nur noch gereizt an. Nach so vielen gesundheitlichen Attacken gegen meine Person, in deren Kreuzfeuer Bela permanent mit einbezogen worden war, lagen unsere Nerven blank.

Nun saßen wir völlig frustriert in der Praxis. Die Ärztin hatte den Druck gemessen und wirkte extrem nervös. Sie rief den Chirurgen in Bonn an und diskutierte mit ihm über die zu ergreifenden Maßnahmen. Der Chirurg lehnte vorläufig jeden weiteren operativen Eingriff ab. Da die Tropfentherapie und die drucksenkenden Tabletten keine Wirkung mehr zeigten, gab es also auch keine Lösung. Die Folgen waren der Ärztin und mir sofort klar. Die letzten wenigen Sehnervenzellen würden diesem Druck höchsten zwei bis drei Wochen Stand halten. Danach würde bei mir das Licht für immer ausgehen!

Äußerlich wirkte ich in diesem Moment völlig ruhig, gleichzeitig hatte ich das Gefühl, vom Patientenhocker zu kippen. Die Ärztin ließ meinen Blutdruck messen, aber der war völlig normal. Ich hatte weiterhin das Gefühl umzufallen und äußerte das auch besorgt. Da bot man mir an, mich in einem Nebenraum auf eine Behandlungsbank zu legen. Kaum hatte ich mich ausgestreckt, da begann mein gesamter Körper zu zittern, wie ich es noch nie erlebt hatte. Patienten aus der psychiatrischen Abteilung meines Krankenhauses hatten mir von solchen Situationen berichtet.

Ich sagte mir: »Lass dich fallen. Lass dich einfach fallen. Lass alles mit dir geschehen. Lass alles einfach los!«

Meinem Empfinden nach fiel mein Körper in einen unendlichen Abgrund. Mit einem Mal liefen mir die Tränen über die Wangen. Je länger sie flossen, desto befreiter fühlte ich mich. Das Zittern ließ ganz langsam nach und hörte bald ganz auf.

Ein völlig neuer Bewusstseinszustand stieg in mir auf. Ich hatte plötzlich keine Angst mehr. Alles wurde erstaunlich leicht. Die Ärztin traute der Sache nicht: »Ich entlasse sie erst aus der Praxis, wenn ein Termin mit einem Psychiater oder Psychotherapeuten gemacht wurde!«

Ich bat darum, einen Facharzt im Krankenhaus meiner Dienststelle zu konsultieren. Die Ärztin war einverstanden und ich bekam sofort im Anschluss einen Gesprächstermin.

Meine Bela brachte mich zu dem Psychiater, den ich seit vielen Jahren als Krankenhauskollegen aus meiner Dienstzeit kannte. Fast zwei Stunden dauerte unser Gespräch. Er kannte aus vorherigen, privaten Gesprächen die Problematik meiner Augenerkrankung.

»Ich bin regelrecht vom Hocker gekippt«, begann ich und berichtete über die drei letzten Eingriffe an meinem Auge, die mir Schlag für Schlag zugesetzt hatten.

»Du hattest elf operative Eingriffe an den Augen. Die Prognosen für deinen Sehrest sind besorgniserregend. Dein rheumatisches Fieber und das angeschlagene Immunsystem mussten von dir verarbeitet werden. Auch deinem Nervenkostüm sind Grenzen gesetzt«, erklärte der Arzt mit einfühlsamer Stimme und reichte mir ein Beruhigungsmittel.

Die Tablette, ein leichter Tranquilizer, wirkte bereits nach 30 Minuten und ich strahlte scheinbar die Gelassenheit von Jesus aus.

Das, was ich erlebt hatte, war das Ergebnis einer nervlichen Überforderung. Der Volksmund bezeichnet dieses Phänomen als ›Nervenzusammenbruch‹.

Ich zog meine Lehren daraus. Als erstes nahm ich mir vor, nicht mehr den Starken oder den Helden zu spielen, da die echten Helden alle nicht alt werden.

»Du machst uns wieder so viele Sorgen!«, war der Kommentar

meines ehrlich besorgten Vaters und seiner Frau bei jeder gesundheitlichen Attacke, die mir das Schicksal auferlegt hatte.

»Macht euch keine Sorgen«, versuchte ich wie immer erst einmal alle anderen zu beruhigen. »Alles kein Problem. Ich halte das schon durch. Das wird schon wieder!«

Nein, es war nicht meine Aufgabe, mein Umfeld zu beruhigen. Meine Aufgabe würde es sein, mich um mich zu kümmern, meine Sorgen auszusprechen und dem Schicksal direkt in die Augen zu sehen.

Damit kam ich zum zweiten Punkt. Die Annahme meiner selbst.

Immer noch stieß ich lieber gegen Türkanten, stolperte über Stufen und andere Hindernisse, als endlich den weißen Stock zu Hilfe zu nehmen. Warum? Wollte ich wirklich damit warten, bis absolut kein Lichtstrahl mein Sehzentrum mehr erreichen würde? War es nicht verantwortungslos, sich anderen nicht als Blinder kenntlich zu machen? Denn auch wenn ich durch mein ›Schlüsselloch-Gesichtsfeld‹ noch Umrisse sah, vor dem Gesetz war ich, verdammt noch mal, blind!

Wieder dachte ich an den Satz des ›schwarz-blinden‹ Mainzer Mitschülers: »Alle Sehbehinderten leiden unter der quälenden Angst, ihr Restsehen zu verlieren. Wenn du ›schwarz-blind‹ bist, hört das endlich auf. Entweder nimmst du die völlige Blindheit an und führst damit ein zufriedenes Leben, oder du gehst seelisch unter!«

War mein Nervenzusammenbruch nicht ein deutlicher Fingerzeig, dass mir mein seelischer Untergang drohte, wenn ich nicht endlich meine Blindheit mit all ihren Problemen und Äußerlichkeiten annahm? Gehörte der weiße Stock nicht längst zu mir? Wenn ja, dann gehörte zur Annahme meiner selbst auch die Annahme des weißen Stocks!

Unter Laser-Beschuss

Meine Augenärztin machte Urlaub und mein Augeninnendruck blieb weiterhin zu hoch. Ich ließ den Druck bei der ärztlichen Vertretung in einer anderen Praxis messen. Der Vertretungsarzt studierte meine Krankenakte sorgfältig und bot mir seine Hilfe an. Dieser Arzt hatte gute Verbindungen zur Uni-Klinik Düsseldorf. Er telefonierte und ich bekam umgehend einen Termin bei dem zuständigen Oberarzt.

Diese Augenklinik war im 19. Jahrhundert von Dr. Mohren gegründet worden. Sie bestand aus vielen alten Gebäuden, deren ehemaliger Glanz mit viel Fantasie noch zu erahnen war. In den letzten Jahren hatte der Bausparvertrag für Renovierungen scheinbar nicht mehr gereicht. In den Fluren zeugten die tiefen Schleifspuren an den Wandecken davon, dass dort viele Generationen von Krankenbetten vorbeigekratzt sind. Die Türen der Krankenzimmer öffneten sich in Richtung Flur, was meiner Meinung nach für Schlechtsehende äußerst gefährlich war. Da sie aber sicher auch unter Denkmalschutz standen, wie das gesamte Gebäude, durften sie wohl nicht verändert werden. Diese Türen hatten auch große Fenster, die nun mit Gardinen verhangen waren. In früheren Tagen hatten die Schwestern in ihrer Aufseherfunktion somit eine bessere Kontrolle über die Kranken.

Das Aussehen und die Ausstattung der Klinik sollten mich aber nicht interessieren. Ich benötigte eine Lösung zur Drucksenkung und nichts anderes!

Der freundliche Oberarzt untersuchte mich und schlug mir vor, dass ich für einige Tage stationär in die Klinik kommen solle. Es wurde ein Druckprofil erstellt. Über weitere Eingriffe würde man erst danach entscheiden.

Ich ließ mich darauf ein und wurde stationär aufgenommen. Mir wurde ein Zweibettzimmer zugeteilt, das in der Nähe der Stationstoilette lag, die ich als fast Blinder leicht finden konnte.

»Sei froh, dass du nicht siehst, wie trostlos es hier aussieht«, meinte meine Bela und ließ ihren Blick über die verblassten Wände gleiten.

Doch vor dem Zimmer befand sich ein riesiger Gemeinschaftsbalkon, der den Patienten viele Gartenstühle, Tische und sogar Liegen bot.

Mein Bettnachbar war ein sympathischer, sehr attraktiver Mann Anfang dreißig. Er legte sich tagsüber gerne mit freiem Oberkörper in die sommerliche Sonne unseres Balkons. Kaum hatte er sich hingelegt, so umkreiste ihn ein sehr auffälliger, homosexueller, 60-jähriger Patient aus dem Nachbarzimmer und baggerte ihn ungeniert an. Seine gebräunte Haut zeugte von einem Dauerabonnement auf der Sonnenbank. Sein langes, graues Haar hatte er zu einem Pferdeschwanz gebunden. Das übertrieben bunte Hemd war bis zum Bauch aufgeknöpft. Zu einer roten Hose trug er auch rote Schuhe, in denen quietschgelbe Socken steckten. Damit erinnerte er an einen Harlekin.

Als mein Zimmergenosse unter dem Geschwafel in seinem Liegestuhl eingeschlafen war, zwang der bunte Vogel mir sein Gespräch auf: »Meine letzten Partner waren ein Polizist, ein Bankangestellter und ein Masseur. Ich habe jahrelang in Paris in der Haute Couture gearbeitet. Bevor dieses verdammte Aids aufkam, konnte man noch mandeltief lieben, aber heute?«

Obwohl ich mich als gestandener Mann fühlte, schoss mir bei dieser unverblümten Offenheit die Schamesröte ins Gesicht. Danach betrachteten wir diesen seltsamen Menschen als amüsante Programmerweiterung.

Das Augeninnendruckprofil ergab sich, indem morgens, mittags, abends und kurz vor Mitternacht gemessen wurde. Nach einer Woche war mein Augendruck im Normalbereich.

Man tropfte mir die Medikamente Pilocarpin tagsüber und nachts Pilocarpinöl. Hinzu kamen Timolol, Xalatan und Alphagan. In Tablettenform schluckte ich Diamox.

Das war keine angenehme Lösung, aber ein Weg, der den hohen Innendruck in die Knie zwang. Warum diese Therapie, die nicht neu war, nun funktionierte, konnte wohl nur Gott erklären.

»Wir möchten mit einer Sonde den Innendruck direkt im Augeninneren messen. Das wird unter örtlicher Betäubung im OP durchgeführt«, erklärte mir der Oberarzt.

Der Operationssaal glich denen der anderen Kliniken. Die gleichen Gerüche, die gleichen grellen Lichter, die kalte Atmosphäre, die gleiche knisternde Anspannung in der Luft.

Das Auge wurde nun, wie angekündigt, mit Tropfen betäubt. Immer und immer wieder wurde nachgetropft. Die überschüssigen Tropfen liefen mir die Wange entlang und sammelten sich, da ich auf dem Rücken lag, in meiner rechten Ohrmuschel. Nach kurzer Wartezeit setzte der Chirurg etwas Spitzes auf die Oberfläche meines Auges und stach zu. Ich spürte, wie die Hornhaut eingedrückt und plötzlich durchstoßen wurde. Die Gefühle und Gedanken, die dabei aufkamen, waren kaum zu fassen. Angst, das Ausgeliefertsein und die Sorge, ich könnte mich plötzlich aufgrund von Schmerzen falsch bewegen, wirbelten in meinem Kopf herum.

Ich wurde aus diesen Gedanken gerissen, als der Chirurg seine Messergebnisse an einen Kollegen weitergab. Der Eingriff verlief insgesamt schmerzfrei.

Da der Innendruck nun stabil zu sein schien und ich gerade in der Augenklinik lag, kam das Thema des Nachstars auf den Tisch. Nach allen ›Graue-Star-Operationen‹ bildete sich ein Nachstar, der das Sehen negativ beeinflusste. Da die Entfernung meiner grauen Linse des rechten Auges nun drei Jahre zurücklag, hatte sich auch bei mir ein Nachstar gebildet.

Der Oberarzt bot mir an, diesen trüben Teil der hinteren Linsenkapsel mit einem YAG-Laser freizuschießen. Das würde kein chirurgischer Eingriff sein, sondern die Laserstrahlen würden ein kleines Loch in die ergraute, hintere Linsenkapsel brennen, damit wieder mehr Lichtstrahlen auf die Netzhaut treffen können. Jeder Hauch an gewonnener Sehkraft würde eine Bereicherung für mich sein.

Dieses war der Eingriff, an den sich mein Bonner Chirurg nach den oben beschriebenen Komplikationen verständlicherweise nicht mehr herangewagt hatte.

In dem Laserraum setzte ich mich vor den Behandlungstisch, legte mein Kinn in eine Mulde und die Stirn fest an eine Querstrebe. Der Arzt saß mir gegenüber und schaute in sein Untersuchungsgerät. Die Laser-Kanone war auf mein Auge gerichtet. Ich musste geradeaus schauen und im passenden Augenblick schoss der Arzt den Laser in mein Auge. Das geschah etliche Male. Es knisterte bei jedem Schuss, war aber gut zu ertragen.

Nach der Prozedur sah ich nur lila Farben. Am nächsten Tag war alles etwas heller und ich hatte den Eindruck, dass ich die Farben der Blumen im direkt angrenzenden Krankenhauspark besser wahrnehmen konnte. Das Farbensehen regte spürbar meine Sinne an und mich überkam ein Glücksgefühl. Mit der intraokularen Messung und dem Laserbeschuss addierten sich die Eingriffe am rechten Auge auf Zehn. Mit den drei Eingriffen des linken sogar auf dreizehn... und das ist bekanntlich keine Glückszahl!

Verirrt

Kurz bevor ich aus der Düsseldorfer Klinik entlassen wurde, kam Bela zu Besuch. Ich begleitete sie beim Heimgehen zum Krankenhausparkplatz. »Findest du auch wirklich alleine zurück?« fragte sie besorgt.

»Klar, kein Problem. Ich sehe ja wieder viel besser!«, übertrieb ich maßlos in alter, gewohnter Heldenmanier.

Ich winkte dem Auto hinterher, drehte mich herum und ging den Weg zurück, den wir gekommen waren. Es dämmerte bereits. Ich hörte nur wenige Stimmen von anderen Menschen, dann gar keine mehr. Mein Weg endete auf einer Wiese, die zu einem alleinstehenden Haus gehörte. Schattenhaft erkannte ich dicht stehende Bäume. Es war eine Sackgasse. »War ich irgendwo falsch abgebogen?«, fragte ich mich selbst. »Nein, das hätte ich bemerkt.« Also ging ich zurück zum Parkplatz. »Dort finde ich Passanten, die mir helfen können«, sprach ich mir Mut zu.

Ich tastete mich mit den Füßen unsicher an der Gehwegkante entlang und wusste ehrlich gesagt überhaupt nicht mehr, wo ich mich befand. Es war wie bei dem Spiel ›Blinde Kuh‹, bei dem man die Augen verbunden bekommt, im Kreis gedreht wird und danach völlig die Orientierung verliert. Kein Mensch war zu hören.

Zurück an dem einsamen Haus ertastete ich drei Stufen und darüber eine Holztür. Eine Klingel fand ich nicht.

»Hallo, ist jemand zu Hause?«, klopfte ich mehrmals an. Keine Reaktion. »Verdammt, wir waren doch aus dieser Richtung gekommen. Irgendwo muss doch der Zugang zur Klinik sein. Soll ich mich vielleicht bis zum Hellwerden auf die Stufen des einsamen Hauses setzen?«, führte ich zur Minderung der aufsteigenden Angst mein Selbstgespräch fort. »Wir haben Sommer und wenn es trocken bleibt, kann mir nichts geschehen.«

Noch zweimal lief ich auf dem Gehweg zum Parkplatz und zum einsamen Haus zurück. Es wurde immer dunkler. Ein Käuzchen schrie in einem der nahen Bäume und ich fragte mich, ob ich wieder mal im falschen Film wäre.

Mit den Füßen die Gehwegkante zu ertasten war eine saublöde Lösung. Die Hände stießen mal hier, mal dort an zaunähnliche Gebilde und nun wünschte ich mir den weißen Stock, den ich während meiner Ausbildung in Mainz bei der Regionalfernsehreportage ausgeliehen hatte.

»Lieber Gott, schicke mir irgendeinen Menschen vorbei«, begann ich meine Verhandlung mit dem Himmel. »Wenn du das für mich tust, beschaffe ich mir nach diesem Klinikaufenthalt umgehend einen Blindenstock und gehe ehrlich mit meiner Behinderung um!«

Schon bald darauf hörte ich von weitem Stimmen nahen und ging ihnen vorsichtig entgegen. Als sie nicht mehr weit waren, rief ich: »Hallo, können Sie mir bitte helfen? Ich bin aus der Augenklinik und habe mich verirrt.«

Der liebe Gott hatte mir zwei Krankenschwestern geschickt, die auf dem Weg zum Spätdienst waren. Sie nahmen mich sofort hilfsbereit zwischen sich und erklärten mir, dass der Weg zum Parkplatz an einer Stelle einen flachen Bogen machte und dort zur Klinik führte. Da ich auf der falschen Bürgersteigseite immer hin und her gelaufen war und den gegenüberliegenden, abknickenden Weg zur Klinik nicht gesehen hatte, endete mein Weg jedes Mal in der Sackgasse. Die beiden Rettungsengel gaben mich in meiner Station ab. Ich legte mich durchgeschwitzt auf mein Bett und dankte Gott für den erlösenden, guten Ausgang. Meinen Deal mit ihm hielt ich ein. Bei nächster Gelegenheit beschaffte ich mir endlich den ›weißen Stock‹. Fairerweise muss betont werden, dass dieser Stock ein Teleskoptaststock war. Obwohl er aufgrund des Fiberglasmaterials kaum Gewicht hatte, wog er sehr schwer in meiner Hand und ich benutzte ihn vorläufig nur im äußersten Notfall. Während der restlichen Zeit ruhte er zusammengeschoben und gut versteckt in meiner Jackentasche...

Der letzte Sonnenuntergang

Meine Augen verhielten sich endlich friedlich, und ich hatte meine Arbeit wieder aufgenommen.

An dieser Stelle möchte ich betonen, dass die Eingriffe an meinen Augen oft nur eine Krankschreibung von wenigen Tagen in Anspruch nahmen. Abgesehen von den massiven Komplikationen der letzten Wochen stand ich regelmäßig an meiner Massagebank und hatte statistisch gesehen keine überdurchschnittlichen Arbeitszeitausfälle. Selbst der sechswöchige Krankenhausaufenthalt aufgrund des rheumatischen Fiebers fiel nicht schwer ins Gewicht, da andere Arbeitskollegen sechswöchige Kuren in Anspruch nahmen, auf die ich verzichtete.

Nach dem Chaos der dichtgedrängten Augenoperationen und dem angeschlagenen Nervenkostüm war es Zeit für einen Urlaub!

Wir reisten mit unserem Sohn Benjamin und unseren Freunden Kalle, Moni und ihrer Tochter nach Mecklenburg-Vorpommern. Dort zwischen Darß, Zingst und Fischland, direkt am Bodden, war Kalles alte Heimat. Kalle und Moni hatten wir in einem Urlaub in Tirol beim ›Bergerbauer‹ kennen gelernt. Nun waren wir schon seit einigen Jahren befreundet. Kalle, der Theatermeister, begeisterte mich mit seiner Natürlichkeit und Gelassenheit. Zwischen uns stimmte die Chemie. Wir waren beide Genießer und versanken gerne bei einem guten Zigarillo und einem Bierchen in tiefsinnige Gespräche. Moni, die Krankenschwester, beschäftigte sich nebenbei mit Esoterik und dem Kartenlegen.

Wenn ich bei unseren Rundfahrten im Auto auf dem Beifahrersitz saß, dann hielt ich mein Monokular ständig vor das Auge und konnte schattenhaft die anderen Autos und die vorbeiziehenden Landschaften erkennen.

Dieser Landstrich war zu DDR-Zeiten ein bevorzugtes Urlaubsgebiet gewesen. Endlose weiße Sandstrände mit romantischen Buchten reihten sich aneinander. Malerische Dörfer mit riedgedeckten Häusern luden zu Spaziergängen ein. Die Landstraßen wurden von ›Windflüchtern‹ begleitet. Das waren Bäume, die im 45°-Winkel am Wegesrand standen und von den Kräften der Seewinde zeugten. Es sah aus, als würden diese Bäume jeden Augenblick umstürzen. Doch sie trotzten seit Jahren dem Wetter, wie es auch die Menschen taten, die hier lebten.

Die großen Binnenseen wurden von Ausflugsschiffen durchquert. Die Inseln Hiddensee und Rügen luden uns zu Tagestouren ein.

Unser Quartier bestand aus einer äußerst schlichten Ferienwohnung, deren Möbel wahllos zusammengestellt worden waren. Wir hatten bei der Anreise etwas Proviant mitgebracht, und den wollte ich in dem Kühlschrank unterbringen. Da der kleine Campingkühlschrank nicht angeschlossen war, steckte ich den Stecker in die Steckdose und wartete auf Kühlung. Als sich auch nach drei Stunden nichts tat, rief ich unseren Platzwart und forderte ihn auf, die Kühlung in Gang zu setzen. »Haben Sie den Kühlschrank vor der Benutzung nicht erst ein paar Mal auf den Kopf gestellt?«, fragte er verwundert.

»Nein«, antwortete ich ironisch, »das habe ich ganz vergessen. Ist ja klar, bei uns im Westen rollen wir die Kühlschränke ja auch täglich mindestens einmal durch die Wohnung. Da gibt es sogar Wettbewerbe!«

Der gute Mann schaute mich ungläubig an und begann tatsächlich, den Campingkühlschrank durch das Zimmer zu rollen. Erstaunlicherweise lief das Ding nach dieser Aktion einwandfrei. Gute, alte DDR-Technik!

Kalle wohnte mit seiner Frau und Tochter während der Urlaubszeit bei seinen Eltern. Wir lernten diese liebevollen, alten Herrschaften auf ihrem kleinen Bauernhof kennen.

Das Wohnhaus bestand aus einem schönen Klinkerbau, der eine schlichte Einrichtung besaß. Auch die Stallungen waren aus Klinkersteinen errichtet worden. Vor dem Wohnhaus leuchteten Rosenbeete und auf der angrenzenden Wiese spendeten Obstbäume Schatten. Vor dem Hauseingang und dem Küchenausgang schützten Glaswände des Abends vor Zugluft. Dort konnten wir bis spät in die Nacht noch draußen zusammensitzen und manches Bierchen trinken.

Auf Rügen sahen wir uns die Störtebeker-Festspiele auf einer Freilichtbühne an. Die Freilichtbühne erinnerte an die Winnetou-Festspiele im Sauerland, nur fand hier alles an einem Bodden statt. Recht mühsam versuchte ich der Inszenierung zu folgen. Ich hatte mir ein Fernglas mit 25-facher Vergrößerung mitgenommen. Damit konnte ich die Schauspieler aber nur flüchtig ins Bild bekommen, da mit dieser Vergrößerung nur unbewegte Objekte beobachtet werden können. Aber die Atmosphäre der Live-Veranstaltung machte diese Piratengeschichte auch für mich spannend.

Viele Plattenbauten zeugten noch von der DDR-Zeit. Doch nachdem der eiserne Vorhang gefallen war, drängten nun die Baumärkte und viele Konsumgüter in die neuen Bundesländer. Die Bundes- und Landstrassen sahen hier mittlerweile besser aus als im Westen.

Wir wurden zu Kalles Vetter Kuddel eingeladen, eine Hamburger Frohnatur, der mit seiner Frau hier in der alten Heimat Urlaub machte. Sie hatten uns zu einer exzellenten, kulinarischen Fischplatte eingeladen. Spätestens nach dem dritten Bier wurde über die alte DDR-Grenze gesprochen.

»Ich erinnere mich noch an einen Grenzbesuch«, lachte Kuddel. »Da schickte uns ein Grenzer mit unserem Wagen auf die äußerste Spur in der Zollabfertigung. Als ich dort anhielt, schnauzte mich ein Uniformierter an: »Wieso sind Sie auf diese Spur gefahren?« Ich antwortete, dass mich der Beamte von der ersten Fahrspur hierher geschickt habe. Da rief der Uniformierte: »In der Deutschen Demokratischen Republik gibt es keine Beamte. Es gibt nur ›Arbeiter und Bauern!‹« Kuddel grinste breit und fuhr fort: »Da gab ich ihm zur Antwort: ›Der Bauer von dahinten hat mich hierher geschickt!‹«. Kuddel wurde ernster. »Doch danach war es nicht mehr lustig. Den ganzen Wagen haben sie mir auseinandergenommen. Reine Schikane. Aber diese Leute gibt es ja heute gar nicht mehr. Die hatten sich nach 1990 scheinbar in Luft aufgelöst.«

Am nächsten Abend besuchten wir den Weststrand. Dort zogen die Schiffe vorbei, die von Warnemünde und Rostock nach Dänemark und Schweden fuhren. Um neun Uhr stand die Sonne am Horizont genau über dem Wasser. Ihre rote Farbe wurde immer kräftiger. Ich schaute mit meinem Fernglas genau hinein, so dass mir das Auge schmerzte. Als die Sonne halb versunken war, lief ein Schiff genau durch dieses Bild. So, wie meine Augen brannten, brannte sich dieses Bild in meine Erinnerung ein. Es sollte mein letzter Sonnenuntergang gewesen sein...

Gaffen und Scham oder der eigene Weg

Die Menschen unserer heutigen Gesellschaft werden darauf getrimmt, so perfekt wie möglich zu sein und auch perfekt auszusehen. Schon der kleinste Pickel an der Wange stört. Wenn jemand mit einer Erkrankung zum Arzt kommt, so wird sein Krankheitsbild diskret behandelt. Der Arbeitgeber und selbst die Krankenkasse dürfen nicht genauer über das Leiden der betroffenen Person informiert werden.

Bei dem Gelähmten, der am Stock geht, bei dem Rollstuhlfahrer und dem Menschen mit gekrümmtem Rücken sieht das ganz anders aus. Sie sind gezwungen, ihre Erkrankung zu Markte zu tragen. Und nun kommt noch der Blinde, mit weißem Stock und Binde... wenn die Zuschauer eines Eiscafés dann geboten bekommen, wie der Blinde auf dem Gehweg eine gekonnte Flugrolle über ein quergelegtes Kinderfahrrad macht, dann ist das ein Auftritt, wie auf einer Freilichtbühne. (Das mag sich makaber anhören, doch ich war der Protagonist.)

Beim Anblick eines Behinderten fällt vielen Menschen der perfekten Gesellschaft die Kinnlade herunter. Der Blinde hat den Vorteil, dass er sich diese dummen Gesichter nicht ansehen muss. Den meisten Behinderten und Angehörigen ist dieses ungenierte Gaffen peinlich. Zu Beginn einer Behinderung kostet es viel Überwindung, sich in der Öffentlichkeit zu präsentieren.

Auch mir erging das nicht anders. Viel zu lange habe ich den winzigsten Sehrest noch genutzt, meine Behinderung vor fremden Menschen zu verbergen. Warum?

Ich denke, dass das Streben nach Perfektion eine naturgegebene Sache ist. Der Stärkere behauptet sich besser und das schönere Wesen bekommt den attraktiveren Partner. Nach Angaben der Wissenschaft ist das im Tierreich so üblich. Der Mensch kann mit Hilfe seiner Intelligenz körperliche Defizite zu einem großen Teil ausgleichen. Doch das erfassen auch nur die Menschen, die sich ernsthafte Gedanken über ihre Mitmenschen machen und nicht nur Äußerlichkeiten wahrnehmen. Warum gibt es überhaupt die Gaffer? Was gibt es denn zu gaffen?

Ich erkläre mir das so:

Der Mensch ist von seiner ursprünglichen Natur aus ein Fluchttier. Er achtet also auf außergewöhnliche Ereignisse, die für ihn eine Gefahr darstellen könnten.

Würde jeder Zweite mit einem Rollstuhl oder einem weißen Stock vorbeiziehen, dann wäre das ein normales Alltagsbild und niemand würde hinschauen. Doch eine Einzelperson verändert das typische Alltagsbild. Der Behinderte wird zu einem Hingucker. Die meisten Menschen schauen auch nur dezent hin. Aber die mit dem heruntergeklappten Unterkiefer und Stielaugen gehören nun einmal auch zu unserer Gesellschaft. Sie sind meistens auch in anderen Dingen etwas langsamer und sie bedürfen unseres Mitgefühls.

Man darf auch nicht unterschätzen, dass das Wahrnehmen einer schweren Behinderung Ängste auf die eigene Person reflektiert. Bei manchen leuchtet im Hinterstübchen die besorgte Frage auf: »Wie würde ich damit umgehen?«

Und da der Nichtbehinderte gar nicht weiß, welche erstaunlichen Möglichkeiten durch technische Hilfen und Mobilitätstraining die Behinderten heute haben, so ist der erste Eindruck extrem besorgniserregend.

Jeder Behinderte muss lernen, zu seiner Behinderung zu stehen. Wer von anderen Menschen Anerkennung erwartet, muss zuerst sich selbst anerkennen. Er muss lernen, sich so zu lieben, wie er nun mal ist.

Wer sich dieser großen Aufgabe nicht stellt und sich nur versteckt, wird eines Tages einsam werden. Dann wird er verbittert. Verbitterte Menschen wirken sehr abstoßend. Sich selbst zu bedauern hilft garantiert nicht. Wenn man von einer Krankheit oder Behinderung überfallen wird, dann schreit die innere Stimme fragend auf: »Wieso ich?« Eine Stimme aus dem Universum müsste dann die Gegenfragen stellen: »Wieso nicht du? Wieso denn jemand anderes?«

Krankheiten und Behinderungen werden nicht verteilt. Sie sind auch keine Strafe oder ›Zeichnung Gottes‹, wie die frommen Christen des Mittelalters glaubten.

Wenn man sich einmal mit der Biologie, Anatomie und Physiologie des menschlichen Körpers befasst, dann wundert man sich, dass das Zusammenspiel von Milliarden von Zellen überhaupt funktioniert. Warum sollte da nicht ab und zu ein Fehler auftreten können? Wir haben uns doch daran gewöhnt, dass die vielen Produkte, die wir kaufen, oft Mängel aufweisen. Viele Artikel haben sogar so genannte ›Soll-Bruchstellen‹, damit der Konsum angetrieben wird.

In der Natur ist das nicht anders... aber leider bietet die Natur keine Garantie und kein Umtauschrecht.

Wer den Mut hat, zu seiner Behinderung ›ja‹ zu sagen, wird viel Zustimmung und teilweise Bewunderung erhalten. Diese Zustimmung kommt auch nicht von den Deppen unserer Gesellschaft. Nein, es sind die wertvollen Menschen, die sich Gedanken machen und genauer hinsehen. Ich habe dankenswerterweise diese Erfahrungen gemacht und viele wertvolle Freunde gewonnen, die auch in schwierigen Zeiten zu mir standen und stehen.

Es ist auch die Aufgabe des Behinderten, auf die Nichtbehinderten zuzugehen. Wenn man Hilfe benötigt, dann muss man sich melden. Noch nie ist mir Hilfe verwehrt worden. Der gesunde Mensch kann nicht wissen, wie man mit dem einzelnen Behinderten umgehen muss. Die Mobilität, der Umgang mit Hilfsmitteln und auch die Talente blinder Menschen sind individuell unterschiedlich. Die Spezialisierungen sind unterschiedlich. Es gibt Blinde, die aufgrund enormer Fähigkeiten fast völlig unabhängig sind, andere benötigen hier und dort eben mehr Unterstützung. Aber wer soll wissen, in welcher Situation der Behinderte lieber seine Selbstständigkeit ausleben will und in welcher Situation er unbedingt Hilfe braucht?

Der Behinderte ist auf dem Gebiet seiner Behinderung der Fachmann. Er kennt die Probleme am besten, also muss er erklären, was für ihn notwendig ist und was nicht.

Auch wenn ein Behinderter gefragt wird, ob er Hilfe braucht, obwohl das gar nicht notwendig ist, dann sollte eine freundliche Auskunft des Behinderten das oberste Gebot sein. Der Behinderte, der argwöhnisch oder ungehalten reagiert, muss sich sonst nicht wundern, wenn man künftig einen Bogen um ihn macht.

Eine griechische Phrase sagt: »Hilf dir selbst, dann hilft dir Gott!«

Diesen Satz verstand ich als den Aufruf zu meiner Eigeninitiative als Behinderter. Als Aufruf meinen eigenen Weg einzuschlagen. Welches Ziel dieser Weg haben sollte, war mir zu Anfang noch nicht ganz klar. War das Ziel Glück, Zufriedenheit oder ein innerer Zustand, den ich noch nicht kannte? Mein Etappenziel war auf jeden Fall, bei mir selbst anzukommen.

Konfuzius sagte: »Der Weg ist das Ziel.«

Da unser Lebensweg endlich ist, so könnte man auch eine Rückschau aus der Perspektive der eigenen letzten Stunde halten. In der Rückschau auf mein Leben würde ich mich kritisch fragen: »Wie bist du mit deiner Behinderung umgegangen? Hast du nur gejammert, dass es anderen besser geht? Oder hast du dich selbst, alle hilfreichen Hände und Hilfsmittel angenommen? Hast du deine Talente gesucht und ausgebaut? Hast du dabei Dinge entdeckt, die dir ohne diesen ganz eigenen Weg nie begegnet wären?«

Meine Antworten auf diese Fragen mussten durch meine künftigen Handlungen gegeben werden. Und so begann ich, mich als Blinder mit technischen Hilfsmitteln für meinen speziellen Lebensweg auszurüsten.

Hilfsmittel für Blinde

Mein erster weißer Stock bestand aus zusammenschiebbaren Fiberglasteilen und ließ sich gut in der Jackentasche verstecken. Ausgezogen erreichte er eine Länge von 1,40 Meter und hatte eine Metallspitze an seinem unteren Ende. Mit dieser Spitze konnte ich beim Hin- und Herschwenken hören, welcher Untergrund mir begegnet. Rasen, Lehmboden oder Gehwegplatten klangen im Widerhall anders. Auch Hundehaufen haben eine andere Resonanz!

Da ich selbst mit dem Hyperokular bald keine Zahlen auf meiner großen Armbanduhr mehr erkennen konnte, interessierte ich mich für Blindenuhren. Die klassischen Blindenuhren hatten einen Glasdeckel, den man öffnen konnte. Mit den Fingerspitzen waren die Zeiger und Zahlen zu ertasten. Ich entschied mich zum Kauf einer ›sprechenden Armbanduhr‹. Auf Knopfdruck gab eine deutliche Stimme Uhrzeit, Datum und Weckzeit an. Mein Modell besaß sogar vier Weckzeiten und eine Stoppuhrfunktion.

Als Nächstes erwarb ich einen sprechenden Taschenrechner. Alle Tasten und Rechenarten wurden gut verständlich angesagt.

Besonders lustig war die sprechende Körperwaage. Wenn mein Gewicht über 90 kg stieg, dann sagte die Stimme der Waage: »Bitte nur eine Person!«

Mit diesen Hilfsmitteln wuchsen meine Unabhängigkeit und die Neugier auf mehr.

Das im vorherigen Kapitel beschriebene Bildschirmlesegerät mit seiner 45-fachen Vergrößerung reichte bald nicht mehr aus. Selbst wenn ich mit der Nase direkt vor dem Monitor klebte, erkannte ich kaum noch etwas.

Wie sollte ich nun meine Post und andere Korrespondenz lesen? Sicherlich konnte ich Bela bemühen, doch es ging nichts über meine Selbstständigkeit.

Bei dem Optiker, der mir das Bildschirmlesegerät vermittelt hatte, bat ich um Rat. Ich weiß nicht, was ich erwartete. Vielleicht eine optische Hilfe in der Größe einer Kinoleinwand? Am besten auf dem Hof hinter meinem Fenster aufgestellt, damit alle Nachbarn meine Texte mitlesen konnten?

Irgendwann sind den optischen Eindrücken Grenzen gesetzt! Die Lösung lag darin, auf das nächste, wichtige Sinnesorgan zurückzugreifen.

Der Optiker stellte den Kontakt zwischen mir und einer Firma her, die elektronische Hilfsmittel für Blinde entwickelt. Der Mitarbeiter dieser Firma vereinbarte einen Hausbesuch und stellte mir ein Vorlesesystem vor. Es bestand aus einem flachen Metallgehäuse, das an seiner Front ein Bedienfeld hatte. Dort waren neun Tasten und ein Drehregler angebracht. Zusätzlich stand auf dem Gehäuse ein Flachbettscanner. Das System war kinderleicht zu bedienen und las alle maschinengeschriebenen Texte vor. Sogar der Text der Medikamentenbeipackzettel, der winzige Buchstaben enthielt, wurde tadellos vorgelesen.

Man musste nur die Abdeckung des Scanners öffnen, den Text einlegen und auf die große Taste ›vorlesen‹ drücken. Nach ca. 30 Sekunden begann das Gerät mit einer deutlich verständlichen Stimme vorzulesen. Auch Archivierungen und das Einscannen ganzer Bücher war möglich.

Eine ganz neue Welt tat sich für mich auf. Seit Jahren hatte ich nur noch das Notwendigste lesen können, und nun?

Auf der Suche nach mir und meinem neuen Weg begann ich, die Literatur aus den Bereichen der Religion, Psychologie, Philosophie und Geschichte über den Scanner zu schieben. Diese Art der Buchlektüre war oft sehr zeitaufwendig und mühselig. Da kam weitere Hilfe in Sicht.

Es gibt mittlerweile einige Firmen, die sich auf den Versand von Artikeln für Sehbehinderte und Blinde spezialisiert haben, und deren Aufzählung der erstaunlich reichhaltigen Angebote den Rahmen sprengen würde. Im Internet finden sich viele Hinweise und in den Foren geben Sehbehinderte endlose Tipps zu allen möglichen Quellen.

Seit dem letzten Krieg hatten sich aus den Reihen der Kriegsblinden so genannte Blindenhörbüchereien entwickelt. Das eröffnete all denen, die keine Blindenschrift erlernt hatten, einen außergewöhnlichen Zugang zur Literatur.

Als ich Mitglied bei der Westdeutschen Blindenhörbücherei wurde, gab es bereits 20.000 Buchtitel aus sämtlichen literarischen Bereichen, die auf Kassette gesprochen worden waren. (Inzwischen hat sich die Hörbücherei technisch umgestellt und alle Titel werden nur noch auf CDs im Mp3-Format angeboten.)

Mitglied kann jeder werden, der eine ärztliche Bescheinigung über eine Sehbehinderung vorweisen kann. So ausgerüstet wurde ich nun mehr und mehr zu einem Bücherwurm.

Hilfe durch die öffentliche Hand gab es in Verbindung mit einem Schwerbehindertenausweis, der beim Versorgungsamt beantragt werden musste. (Heutzutage müsste man bei der örtlichen Gemeindeverwaltung nachfragen, welche Behörde dafür zuständig ist. Das ist von Region zu Region unterschiedlich gelöst.)

Mit Hilfe des Schwerbehindertenausweises können verschiedene Rechte in Anspruch genommen werden. Dazu gehören Steuervergünstigungen beim Einkommen, Steuerermäßigung bei der Kfz-Steuer, die Beanspruchung eines Sonderparkausweises für Schwerbehindertenparkplätze, usw.

Beim Arbeitgeber können zusätzliche Urlaubstage beantragt werden und die Kündigung des Schwerbehinderten ist nur mit der Zustimmung der Fürsorgestelle möglich. Auch die Blindenvereine und Sozialverbände, wie der VDK, dem ich sehr früh beitrat, geben Auskunft und Hilfestellungen bei Rechtsfragen.

Hilfe auch von ganz oben?

Ich wurde von meiner Mutter im evangelischen Glauben erzogen. Das Tisch- und das Nachtgebet wurden während meiner Kindheit von ihr gepflegt. Als ich begann, selbstständig zu denken, tauchten in mir immer mehr widersprüchliche Fragen zu dem ›geschriebenen Wort‹, unserer Heiligen Schrift, auf. Ich las über andere Mythen und Religionen und fand überall den tief beseelten Wunsch der Menschen nach Geborgenheit und Harmonie.

Da ich die Religion meiner Kirche nicht mehr als die ›einzig Wahre‹, sondern als eine Religion von vielen erkannte, distanzierte ich mich von den traditionellen, gemeinsam gemurmelten Sprechformeln und Zeremonien.

Nachdem der Mensch aufgrund einer nie zuvor erreichten Intelligenzstufe als erstes Geschöpf unseres Planeten das Bewusstsein erlangt hatte, dass sein Leben endlich ist, musste er sich verloren und angesichts des Todes sehr geängstigt gefühlt haben. Um das Bewusstsein um Schicksalsschläge ertragen zu können, trainierten sich die Menschen Verdrängungstechniken an. Der Glaube an ein Leben nach dem Tod war eine Möglichkeit, mit Zuversicht und Trost in eine irdisch endliche Zukunft zu blicken. Dieser Gedanke wurde von vielen Religionen aufgegriffen und mit unterschiedlichen Erklärungsansätzen den Menschen näher gebracht oder sogar aufgezwungen.

Der Glaube an Göttinnen, Götter oder nur einen Gott brachte Segen und Fluch, Ethik und dogmatische Grausamkeiten, Mildtätigkeiten und das Schwert. Der Glaube an transzendente Macht ließ die Menschen höchste Leistungen in der Architektur, der Kunst und Musik aufbringen. Der Glaube versetzte folglich Berge!

Mir erscheinen die Göttinnen und Götter dieser Welt als Spiegelbild aller guten und schlechten menschlichen Eigenschaften. Sie lieben und hassen, sie sind nachsichtig und eifersüchtig, uneigennützig und egoistisch, sanftmütig und zornig. Sie lassen Katastrophen geschehen und greifen helfend ein. Sie ziehen in den Krieg und sie kämpfen mal auf der Seite dieses oder jenes Glaubens.

Glauben bedeutet nicht Wissen und mit dem Nichtwissen werden alle Glaubensrichtungen samt ihrer speziellen Interpretationen von ihren Institutionen erklärt.

Ich denke, wenn es eine transzendente, allumfassende Macht gibt, dann liegt sie außerhalb unseres Denkvermögens. Wenn sie allumfassend ist, dann ist sie in jedem Menschen präsent. Wenn es einen Zugang zu dieser Macht geben sollte, dann müsste dieser Zugang als Erstes einmal in uns selbst stattfinden.

Tatsächlich habe ich in schweren Lebenslagen erstaunliche Kraft schöpfen können, wenn ich in mich gegangen bin. Da die Kraft, die ich ansprechen wollte, nur mit einem Namen angesprochen werden konnte, traf ich hier wieder auf ›Gott‹.

Solange der Glaube zum Guten des Menschen dient, bringe ich ihm, seinen ernsthaft Gläubigen und ihren Religionen größten Respekt entgegen.

Schon in der vorchristlichen Zeit versuchten die Schamanen Augenkrankheiten mit Zauberformeln zu heilen. Bei der Ausgrabung der biblischen Stadt Ninive entdeckten die Archäologen eine große Bibliothek aus Tontafeln. Dort waren Beschwörungsformeln gegen Augenkrankheiten aufgezeichnet. Es fanden sich Beschreibungen, wie mit einer Lanzette der ›Star gestochen‹ wurde. Wie gut die Ergebnisse danach waren, ist nicht bekannt.

Vor 2000 Jahren hatten die Blinden laut der Bibel kurze Zeit Aussicht auf wundersame Heilung. Darüber berichteten die Evangelisten.

Der erste Evangelist Markus schrieb ca. 70 n. Chr. im Kapitel 8.22-26:

Sie kamen nach Betsaida. Da brachte man einen Blinden zu Jesus und bat ihn, er möge ihn berühren. Er nahm den Blinden an die Hand und führte ihn aus dem Dorf heraus. Er bestrich ihm die Augen mit Speichel und fragte ihn: »Siehst du etwas?«

Der Mann blickte auf und sagte: »Ich sehe Menschen, denn ich sehe etwas, das wie Bäume aussieht und umhergeht.« Da legte er ihm nochmals die Hände auf die Augen. Nun sah der Mann deutlich. Er war geheilt und konnte alles genau sehen.

Jesus schickte ihn nach Hause und sagte: »Gehe aber nicht in das Dorf hinein.«

Der zweite Evangelist Matthäus schrieb viele Jahre nach Markus im Kapitel 9.27-31:

Als Jesus weiterging, da folgten ihm zwei Blinde und riefen: »Habe Erbarmen mit uns, Sohn Davids!« Nachdem Jesus ins Haus gegangen war, kamen sie zu ihm, und er sagte: »Glaubt ihr, dass ich euch helfen kann?« Sie antworteten: »Ja, Herr.« Da berührte er ihre

Augen und sagte: »So, wie ihr geglaubt habt, so soll es geschehen.« Da wurden ihre Augen geöffnet. Jesus aber befahl ihnen: »Nehmt euch in acht. Niemand darf es erfahren.« Doch sie gingen weg und erzählten es in der ganzen Gegend.

Der dritte Evangelist Lukas schrieb noch später als Matthäus, etwa in der Zeit 09-100 n. Chr. in Kapitel 18.35-43:

Als Jesus in die Nähe von Jericho kam, saß ein Blinder an der Straße. Er hörte, dass viele Menschen vorbeigingen und fragte: »Was hat das zu bedeuten?« Man sagte ihm: »Jesus von Nazareth geht vorüber.« Da rief er: »Jesus, Sohn Davids, habe Erbarmen mit mir.« Die Leute, die vorausgingen, wurden ärgerlich und befahlen ihm zu schweigen. Aber da schrie er noch viel lauter: »Sohn Davids, habe Erbarmen mit mir.« Jesus blieb stehen und ließ ihn zu sich herführen. Als der Mann vor ihm stand, fragte ihn Jesus: »Was soll ich dir tun?« Er antwortete: »Herr, ich möchte wieder sehen können.« Da sagte Jesus zu ihm: »Du sollst wieder sehen. Dein Glaube hat dir geholfen.« Im gleichen Augenblick konnte er wieder sehen. Da pries er Gott und folgte Jesus. Und alle Leute, die das gesehen hatten, lobten Gott.

...Und alle Leute die das gesehen hatten, lebten zur Zeit der Niederschrift der Evangelien nicht mehr. (Anmerkung des Autors)

Der heilige Dietger, auch Theotgar genannt, wurde im 8. Jahrhundert n. Chr. im Bereich des heutigen Bayern geboren. Er war 795 erster Abt der berühmten Benediktinerabtei in Herrieden in Mittelfranken. Seine Reliquien befinden sich in der St. Lorenz Kirche in Nürnberg. Dort ist ihm auch ein Altar gewidmet. Dietger ist mit Stab, Heiligenschein und dem Vater eines blinden Jungen, den er geheilt haben soll, vor einem offenen Grab abgebildet. Deshalb gilt er auch als Schutzpatron der Blinden.

Mit der Möglichkeit, die Schutzheiligen anzurufen, eröffnete die katholische Kirche den Gläubigen einen brauchbaren Ersatz für ihre alten Hausgötter zu finden. Verlangte der alte Gott des Moses nicht: ›Du sollst keine anderen Götter neben mir haben?‹ Ich denke, wer hilft, hat Recht.

Es gab auch für mich ein ›wundersames‹ Erlebnis. Es geschah zu einer Zeit, als ich noch ein bisschen sehen konnte. In der Dunkelheit des frühen Morgens wollte ich auf dem Weg zum Dienst die Straße überqueren. Von links kam kein Fahrzeug, sonst hätte ich Licht gesehen. Aber von rechts. Ich lief bis zur Fahrbahnmitte und ließ den von rechts kommenden Wagen passieren. Als er vorbei war und ich seine Rückleuchten sah, wollte ich weitergehen, doch irgendetwas zog mich deutlich spürbar zurück. Es war, als hätte mich jemand von hinten kräftig an den Kragen gefasst. Das war meine Rettung, denn dem Wagen folgte ein langer Anhänger, den ich völlig übersehen hatte. Erst als die Rücklichter des Hängers vor mir aufleuchteten, war mir klar, was da ›passiert‹ war. Ich wäre zwischen Fahrzeug und Hänger gelaufen, wenn mich diese Kraft nicht zurückgehalten hätte. Dieses Zurückhalten war so real, dass mir ein Schauer über den Rücken lief. Nachdem ich mit heftig pochendem Herzen den gegenüberliegenden Bürgersteig erreicht hatte, blieb ich noch längere Zeit nachdenklich stehen. Eine Mischung aus Dankbarkeit und Verwunderung begleitete mich noch viele Jahre. Scheinbar hatte mein Schutzengel wieder mal hinter mir gestanden… und er sollte noch viel zu tun bekommen!

Ordnung hilft – Mitdenken verhindert Unfälle

Jeder sehende Mensch ist des Nachts im Dunkeln schon einmal durch seine Wohnung gelaufen. Das geht gut, da er eine geistige Landkarte von seiner Wohnung vor seinem geistigen Auge hat. An einer solchen Gedächtniskarte orientiert sich auch ein Blinder. Der Sehende hat natürlich den riesigen Vorteil, sich bei Licht mit einem einzigen Blick von einem fremden Raum eine Vorstellung zu machen, die er dann im Dunkeln abrufen könnte. Der Blinde muss sich in fremder Umgebung diese Karte Stück für Stück, Zentimeter für Zentimeter erarbeiten und sie dann im Kopf zusammensetzen.

Stehen in bekannter Umgebung Stühle, Tische, Schränke Stehlampen, Bodenvasen, Schirmständer, usw. immer ordnungsgemäß an ihrem Platz, so findet er gut seinen Weg. Stehen die Dinge im Bad, wie zum Beispiel Zahnputzbecher, Deo, Rasierer und dergleichen stets an gleicher Stelle, so werden diese Dinge beim ersten Zugreifen gefunden.

Zur besseren Orientierung sollte jeder Blinde seine eigenen Ideen mit einbringen. Ich mache mir zum Beispiel mit der Nagelfeile immer eine tastbare Kerbe in den Griff meiner Zahnbürste, da ich sie nicht an der Farbe von den anderen unterscheiden kann. An den Henkel meiner ›Dienst-Kaffeetasse‹ hatte mir mein Arbeitskollege Jürgen einen Metallring gehängt, der leicht zu ertasten war.

Die Ordnung und das Mitdenken sind hier keine lästigen Tugenden, sondern sie befreien von der Abhängigkeit, die eine Behinderung mit sich bringt.

Die Sehenden haben bei ihren Handlungen die Verantwortung, auch an sehbehinderte Mitmenschen zu denken.

Gefahren lauern an halb aufstehenden Türen. Der tastende Blinde greift dort leicht vorbei und trifft mit dem Gesicht die Kante des Türblatts. Wäre die Tür geschlossen, könnte er höchstens vor die glatte Türfläche laufen. In diesem Fall sind die Verletzungsgefahren aber deutlich geringer. Zeitungen, die auf Treppenstufen abgelegt werden, machen die Treppe zur lebensgefährlichen Rutschbahn. Darüber berichtete ich bereits in einem vorherigen Kapitel.

Weitere beliebte Klassiker sind abgestellte Taschen und quergelegte Fahrräder vor den Haustüren und auf Gehwegen.

Damit befinden wir uns nun draußen, wo viele Gefahren für Sehbehinderte lauern.

Als ich noch hochgradig sehbehindert allein zur Judo-Sporthalle ging, musste ich von unserer Haustür aus nur einem Bürgersteig folgen. Links hatte ich die Sporttasche in der Hand und plötzlich ein Flatterband in der rechten.

»Das ist die Absperrung einer Baugrube!«, dachte ich noch und schon ging es abwärts.

Mein Schutzengel sprang voraus, um meinen Aufprall zu begünstigen. Ich hatte keine Verletzungen. Nur lehmverschmierte, regennasse Kleidung. Mein Puls raste und ein Wechselbad der Gefühle aus Zorn, Resignation und Erleichterung, dass ich unverletzt war, tobten in mir.

In dieser Situation hätte ein weißer Stock die Grube sehr wahrscheinlich auch zu spät angezeigt. Also nahm ich nicht am Sport teil, sondern kehrte heim und kleidete mich um. Dann ging ich direkt zum Judo-Stammtisch. Ich erzählte, was mir passiert war. Alle Gäste regten sich auf und meinten, ich solle Anzeige erstatten. Doch dazu konnte ich mich nicht durchringen. Am nächsten Tag berichtete mir Bela, dass die Baustelle mit Holzbarrieren abgesperrt und mit vielen Lampen gesichert worden sei. Gaststätten haben große Ohren!

Die Liste dieser vermeidbaren Gefahrenquellen könnte endlos weitergeführt werden, doch ich appelliere hier an die Fantasie und den Verstand der sehenden Mitmenschen, ihre gesunden Augen für solche Gefahren aufzuhalten und für Abhilfe zu sorgen!

Mein Arbeitsweg mit dem weißen Stock

Im ersten Stock unseres Mehrfamilienhauses verließ ich gegen 6.30 Uhr die Wohnung. Es waren nur fünf Schritte leicht nach rechts, um die hinabführende Treppe zu erreichen. Mein Stock meldete die erste Stufe und mein rechter Fuß schoss den Zeitungsstapel die Treppe herunter, den ein Nachbar dort abgelegt hatte. Der Handlauf des Geländers leitete mich in das Erdgeschoss. Die Wand führte mich zur Haustür. Links vor dem Haus standen Tische und Stühle von einem Eiscafé. Wenn ich geradeaus ging, dann konnte ich unbeschadet den Rand der Straße erreichen. Wäre ich etwas zu weit nach links abgewichen, dann wäre ich an Begrenzungspfähle gestoßen, zwischen denen als Fußfallen Ketten baumelten. Ich ertastete mit dem Stock den Fahrbahnrand. Um diese Uhrzeit war die Dorfstraße noch wenig befahren. Wenn ich kein Fahrzeug hörte, überschritt ich die Straße und wartete darauf, dass mir der Stock mit einem ›Klack‹ den Bordstein des gegenüberliegenden Gehweges meldete. Auf dem Weg hörte ich schlurfende Schritte. Ich grüßte, doch es kam keine Antwort.

Im Stillen dachte ich: »Das ist sicherlich ein Kind, das sich der Haltestelle des Schulbusses entgegenträumt.«

Der Stock meldete mir als Nächstes die Hauswand, die mich zur Krankenwagenzufahrt des Krankenhauses führte, in dem meine Dienststelle war. Einige Meter nach dem Ende der Hauswand nahmen mich die Sträucher der Einfahrt in Empfang. Wenn ich Glück hatte, dann waren sie nicht regennass und meine Hosenbeine blieben trocken.

Ich wählte nicht den Haupteingang an der Pforte, da dieser Weg zum Ertasten viel zu kompliziert war. Ein langes Vordach wurde dort von Pfeilern getragen, die sich mit einem Stock schlecht finden ließen. Dann folgten elektronische Türen, die ständig in Bewegung waren.

Weitere Hindernisse waren die optisch schönen Blumenkübel, Dekorständer, herumstehende Taschen von Patienten, die sich an der Pforte anmeldeten, und vieles mehr.

Sicherer und unkomplizierter war der weniger bekannte Eingang der Krankenwagenzufahrt. Also ging ich 90 Grad nach rechts, dann nach 55 Schritten leicht links. An der rechten Seite ließ sich eine Mauer ertasten, die nach ca. 50 Metern zum Wendehammer der Krankenwagenzufahrt führte. Wenn kein Fahrzeug im Weg stand, dann ließ sich die Eingangstür leicht finden. Dort machte ich eine kleine Verschnaufpause.

Mit dem Bewusstsein, dass nun kaum noch Hindernisse kommen würden, betrat ich das Haus. Hinter der Tür bog ich nach rechts ab und erwartete nach zehn Schritten mit meinem Stock den Getränkeautomaten. Doch bereits nach vier Schritten hatte es gerumst! Mit einem kräftigen Ruck hatte ich den Putzwagen der Reinigungsfirma angestoßen, der nun Fahrt aufnahm und eilig den Flur entlangrollte. Danach machte mein Stock am Blech des Getränkeautomaten ›Ping‹ und an den folgenden Toilettentüren wieder ›Päng‹. Als Nächstes hatte ich endlich die Eingangstür zu meiner Abteilung erreicht. Als ich mich gerade loben wollte, wie meisterhaft mir der Weg gelungen war, trat ich voll vor den Eimer der Fensterputzer. Überschwappend schaukelte er nun mitten im Gang.

Da mir bis 7 Uhr noch Zeit blieb und ich immer einer der ersten vor Ort war, kochte ich schon den Kaffee für unser Team.

Die Kaffeemaschine stand immer an gleicher Stelle. Um festzustellen, ob der Wasserbehälter passend gefüllt war, hielt ich den, natürlich gewaschenen, Finger hinein. Auch die Filter und das Kaffeepulver waren am selben Ort zu finden. Da ich immer ein bisschen Pulver verschüttete, legte ich beim Einfüllen eine alte Zeitung darunter. Dass die Maschine lief, hörte ich am Blubbern und ich nahm den appetitlichen Kaffeeduft wahr.

Während meiner Arbeitszeit benutzte ich den Stock nicht. Nach so langer Dienstzeit kannte ich jede Kante, jede Bodenfliese und die meisten Dinge wichen mir schon von alleine aus.

Wenn mich die älteren Patienten ansprachen: »Junger Mann! Sie haben noch gute Augen. Nehmen Sie mich mal mit zur Massagekabine, denn ich habe meine Brille vergessen«, dann ging ich schmunzelnd darauf ein und erklärte erst während der Massage, dass ich blind sei.

Der Heimweg war nicht weniger spannend.

Ich verließ, wieder mit dem Stock bewaffnet, meine Abteilung und bog nach links ab in Richtung Getränkeautomat. Als ich diesen erreichte, stieß ich eine Person an, die wohl mit dem Rücken zu mir stand und gerade genüsslich an einem Getränk nippte. Nach dem ersten Schreck entschuldigte mich mein weißer Stock. Mit klopfendem Herzen tastete ich mich weiter zur Ausgangstür vor. Genau davor lehnte eine Leiter, auf der unser Handwerker stand und an der Dachrinne arbeitete. Er sah mich rechtzeitig kommen und flehte mich nun an, ihn nicht ›hängenzulassen‹. Kollegial, wie ich war, ließ ich die Leiter stehen und umging diese vorsichtig.

Dann passierte ich die Büsche der Zufahrt. Auf diesem Weg nahm ich die Schubkarre unseres Gärtners ein Stück mit und erreichte den Besucherparkplatz. Neben mir hielt ein Wagen und es öffnete sich ein elektrisches Fenster.

»Fahren Sie weg? Ich suche nämlich schon seit einer Viertelstunde einen Parkplatz«, fragte mich der freundliche Fahrer.

»Nein, ich bin heute ausnahmsweise zu Fuß unterwegs«, antwortete ich, hob meinen weißen Stock zum Gruß und steuerte den Fahrbahnrand der Dorfstraße an.

Als ich gerade den Bürgersteig betrat, fuhr mir ein Kind mit seinem Fahrrad über meinen vorgestreckten Fuß. Mir rutschte das Herz fast in die Hose! Das Kind blieb selbstverständlich nicht stehen! Ich fluchte ihm hinterher, doch davon ließ sich mein freigesetztes Adrenalin nicht beeindrucken.

Mein Stock meldete bald den Fahrbahnrand. Da gegenüber eine laute Baumaschine dröhnte, konnte ich den Abstand zwischen den vorbeifahrenden Fahrzeugen nicht einschätzen.

»Soll ich den Stock waagerecht auf die Straße halten und langsam losgehen?«, fragte ich mich nach fünf Minuten Wartezeit.

»Du wartest!«, befahl mein Schutzengel. »Aufgrund deiner tapferen Aktionen hast du schon zweimal auf einer Motorhaube gesessen«, und dann schickte er mir eine bekannte Stimme.

»Soll ich Sie zur anderen Straßenseite bringen?«, fragte mich ein Patient, der sich außerhalb der Klinik etwas die Beine vertreten wollte. Dankbar nahm ich seine Hilfe an und setzte meinen Weg auf der anderen Seite alleine fort.

Neben unserem Wohnhaus übten in diesem Moment die Kindergartenmuttis wieder unter größten gegenseitigen Beschimpfungen das Einparken.

»Ob die Damen mich in ihrer Erregung wahrnehmen?«, fragte ich mich. »Egal, der Gehweg gehört den Fußgängern!«, sagte ich mir und pendelte mit dem weißen Stock auf dem Bürgersteig durch die hupenden Autos.

Ich muss deutlich betonen, dass alle diese Hindernisse nicht gleichzeitig meinen Weg spannender machten. Doch jedes von ihnen begegnete mir von Mal zu Mal. Mal zu Mal bedeutete aber auch, dass ich nie wusste, wann sich mir diese Hindernisse in den Weg stellten, und die oben beschriebenen waren nur ein kleiner Teil einer endlos langen Liste.

Blind im Job

Als ich 1978 in der physikalischen Abteilung, damals Bäderabteilung, zu arbeiten begann, konnte ich noch so viel sehen, dass das Handschriftliche-Termine-machen möglich war. Aber der Absturz in die hochgradige Sehbehinderung ließ ja nicht lange auf sich warten.

Die Physiotherapie boomte und die Kurhäuser schossen wie Pilze aus dem Boden. Dieser Beruf stand nicht nur den Rehabilitierten offen, sondern auch viele Bergleute und Stahlarbeiter ließen sich umschulen und bedienten den neuen Markt. Zu dieser Zeit arbeiteten wir in unserer Abteilung mit einer Personalstärke von sechs Vollkräften. Das waren eine Ordensschwester, eine weitere Masseurin und mit mir vier Masseure. Natürlich waren wir vom Titel her alle auch ›medizinische Bademeister‹.

Permanent war jemand in der Patientenannahme, am Schreibtisch und Telefon. Von dort wurden die Patienten in eine der mehr als zwanzig Kabinen oder Behandlungsräume weitergeleitet. Ich musste mich als Sehbehinderter nicht um die Annahme oder Termine der Kunden kümmern, auch wenn das gelegentlich vorkam. Ich musste auch nicht die kritzelige Schrift der Ärzte entschlüsseln, die auf den Verordnungen standen. Ich begrüßte also meine Patienten und nahm sie mit in den entsprechenden Behandlungsraum.

Da meine Kollegen sehr ordentlich waren, standen die Ölflaschen, der erfrischende Nervgeist und die Desinfektionsmittel stets an ihrem Platz. Wichtig war die Ordnung an den Elektrotherapiegeräten. Fixierbänder, Schwämme, Elektroden, Kabel, Anschlussstücke und aufzutragende Salben mussten an ihrem Platz liegen, damit ich diese nicht verwechseln würde. Trotz der vielen Knöpfe und Drehregler konnte ich auch ohne Sehvermögen völlig sicher therapieren.

Spannend wurde es aber, wenn sich von dem Körper des Patienten eine Saugelektrode löste. Dann fiel das Schwämmchen heraus und hüpfte fröhlich auf dem Boden herum. Die Patienten konnten sich nicht danach bücken, weil sie gerade mit dem städtischen Kraftwerk verbunden waren.

Quizfrage: »Es ist weiß und kriecht auf dem Boden herum?«
Antwort: »Das ist ein blinder Schwammsucher!«

Welcher schlecht Sehende hat nicht schon erlebt, dass man ständig an dem gesuchten Gegenstand vorbeigreift? In dieser nicht seltenen Situation musste ich häufig die Kollegen um Hilfe bitten.

Eine heiße Sache war die Arbeit mit dem Moor. Wir benutzten Moorparaphin-Packungen. Die wurden mit 50°C auf die nackte, zu behandelnde Körperstelle aufgebracht. Zehn ›Kuchenbleche‹ mit Moor warteten immer anlegefertig in einem Warmhalteschrank. Auf diesem lag eine Metallplatte, auf der ein Moorofen mit einem Rührwerk stand. Der Ofen besaß oben eine Öffnung, in der das frische Moor in Form von Schokoladentafeln hineingegeben wurde. Dann erhitzte der Ofen die Masse auf 80°C. Ab 70°C ging sie bereits in den flüssigen Zustand über. Dieser Hochofen mit seinem Rührwerk ruhte auf zwei 15 cm hohen Kufen, damit man ein Blech darunter schieben konnte. Der Boden des Ofens besaß einen Abfluss, der dosiert mit einem Hebel geöffnet und geschlossen werden konnte.

Eines der Kuchenbleche mit den Maßen 80 cm, 50 cm und 3 cm wurde mit einer Kunststofffolie ausgekleidet und konnte unter den Abfluss geschoben werden. War der Abfluss ordnungsgemäß frei, dann lief die heiße Masse auf die Folie in das Blech. War der Ablass hingegen verstopft und man stach ihn mit einem Draht frei, dann schoss das Moor unkontrolliert spritzend heraus. Das machte sich gut auf der weißen Dienstkleidung.

Mit einem Spachtel wurde die Masse gleichmäßig verteilt und ausgestrichen.

Als Blinder stellte ich mir die Fragen: »Wann ist das Blech voll? Wann streichst du die Masse eventuell über den Rand?« Es gab für mich nur eine Möglichkeit, um das festzustellen. Mit dem Finger fühlen. Fühlen! Klar, bei 80°C! Nach der täglichen Sterilisation des Moors hatte der Ofen sogar 140°C. Trotz aller Raffinesse und Tricks verbrannte ich mir mehrmals im Jahr die Finger. Die sehenden Kollegen aber auch.

Ein großes Malheur richtete ich an, als ich scheele Eule beim Blechfüllen vergaß, den Abfluss des Ofens wieder zu schließen. Das flüssige Moor lief wunderbar leise seiner Freiheit entgegen. Der Aufschrei meiner Kollegin Gabi erreichte mich vier Kabinen weiter. Als ich meinem Patienten die Packung angelegt hatte, eilte ich zurück in die Moorküche. Der Ofen war nun leer, die Arbeitsplatte voll und ein Katarakt aus ›heißer Schokolade‹ hatte sich bis auf den Boden ergossen und bedeckte die Fliesen. Das Material war sehr beliebt, da es sich jedem Untergrund anpasste. Nicht nur dem menschlichen Körper, nein, auch jeder Fliesenfuge... Das beigefügte Paraffin wurde bei Zimmertemperatur hart wie eine handelsübliche Wachskerze.

Da ich auf Grund meiner Blindheit eine schlechte Reinigungskraft war, begannen meine Kollegen Gabi, Käthe und unser Abteilungsleiter Jürgen mit der ausgedehnten Sisyphusarbeit und richteten die Küche wieder her. Ich muss immer wieder betonen, dass man mir während all meiner Dienstjahre herzliches Verständnis entgegenbrachte und jegliche Unterstützung gab.

Mit der Zeit wurde Personal abgebaut. Nach zehn Jahren waren wir nur noch zu fünft, nach fünfzehn Jahren nur noch zu viert und zuletzt zu dritt. Schon bald wurde auf die Person an der Anmeldung in unserer Abteilung verzichtet.

Seit dieser Zeit stellten die ankommenden Kunden bzw. Patienten grundsätzlich zwei Standardfragen.

Wenn alle Mitarbeiter in der Behandlung waren, wurde gefragt: »Ist niemand da?«

Wenn jemand zufällig gerade am Schreibtisch telefonierte und

Termine machte, kam die Frage: »Haben Sie gerade nichts zu tun?«

Die Folge war, dass oft die Anwendungen unterbrochen werden mussten.

Als Nächstes wurde das Bewegungsbad umgebaut. Das Becken hatte danach nur noch eine Tiefe von 130 cm. Das bedeutete, dass wir keine Aufsichtsperson mehr stellen mussten. Also arbeitete auch diese Person künftig in irgendeinem der 20 Therapieräume.

Nun liefen die Besucher des Bewegungsbads ständig durch die Abteilung und suchten Personal. Neue Kunden kannten sich nicht aus, andere suchten ihre Schrankschlüssel, Brillen, Kleidungsstücke, Schirme und vieles mehr. Es war erstaunlich, was die Leute alles liegen ließen oder aus Versehen von anderen mitnahmen.

Eines Tages fanden wir sogar in einer der Umkleidekabinen ein orthopädisches Metallkorsett. Wir konnten den Besitzer nicht ausmachen und es wurde nie wieder danach gefragt. Dieses Beispiel bewies, dass unsere Heilmethoden Wunder wirkten.

Immer öfter mussten wir unsere Behandlungen unterbrechen.

Im letzten Personalstadium arbeitete unsere Physiotherapeutin Käthe nur dreimal wöchentlich. Dienstags und donnerstags war ich mit unserer Powerfrau Gabi allein. Ging diese dann noch in die Station zur Therapie ans Krankenbett, dann war ich der einzige Mitarbeiter in der gesamten physiotherapeutischen Abteilung.

Als ich noch in einem Team gearbeitet hatte, das ständig um mich herum war, hatte ich vollwertige Arbeit leisten können. Aber in der letzten Personalsituation war ich an manchen Tagen, vor allem in der Urlaubszeit, über mehrere Stunden am Tag, der einzige Ansprechpartner für unsere Kunden und damit häufig überfordert.

Wie sah das aus? Während ich mich mit einem Patienten in einer der 20 Behandlungskabinen befand, kamen neue Patienten zur Anmeldung. Also musste ich die Massage unterbrechen, die Kabine verlassen, die Hände waschen und den Patienten begrüßen. Ich hatte keine technische Möglichkeit, Termine zu machen. Meistens konnte selbst der Kunde die Verordnung des Arztes nicht lesen und so konnte ich keine Auskunft geben, ob wir die gewünschte Therapie überhaupt anbieten. Welche Optionen blieben mir? Entweder notierte ich die Telefonnummer des neuen Patienten, um zu späterer Zeit mit einer sehenden Kollegin eine telefonische Absprache treffen zu können, oder er musste warten, bis meine Kollegin von der Station zurückkehrte. War die dann nach einer halben Stunde vor Ort und erklärte dem Kunden, dass wir die Anwendung gar nicht anbieten, gab es wieder lange Gesichter oder heftige Reaktionen.

In der Zwischenzeit wartete mein Patient in der Kabine und hoffte, dass seine Therapie endlich weitergeführt wurde. Die einen zeigten Verständnis, andere beklagten sich über die mangelhafte, personelle Situation.

Ich konnte also machen, was ich wollte. Entweder war der Kunde in der Kabine oder der Kunde vor der Kabine unzufrieden. Meine Konsequenz war, dass ich die Anwendungen nur noch einmal unterbrach. Mein Ruf als Therapeut war wichtig und dazu bedurfte es einer fachlich guten Behandlung.

Wenn ich also alleine in der Abteilung war, dann brauchte ich nicht auf Hilfe hoffen, wenn das Moor spritzte, die Schwämmchen rollten und das Telefon ungeduldig auf dem Schreibtisch klingelte.

Als Blinder freute ich mich besonders, wenn Patienten kamen, die ich schon lange kannte. Wie zum Beispiel der alte Fritz. Er hatte eine Verordnung für eine Heißluftanwendung. Das waren Behandlungen mit einem großen Infrarot-Wärmestrahler.

Fritz strahlte bereits, als er mich sah. Ich wies ihm seine Kabine zu und er entkleidete sich. Der betagte Herr saß nur noch mit seiner Unterhose bekleidet auf einem Stuhl und stützte sich mit den Armen auf der Massagebank ab. Ich stellte den Heißluftstrahler hinter seinem Rücken ein.

»Fritz, ist die Temperatur so angenehm?«, fragte ich.

»Watt sächse? Ich versteh dich nich«, klopfte er auf sein Ohr. »Wo ist denn mein Hörgerät? Et war gerade noch da.«

Auch ich tastete an seinen Ohrmuscheln, aber dort klemmte tatsächlich kein Hörgerät.

»Fritz, du weißt ja, dass ich nichts sehe. Trotzdem fummele ich mal herum und suche!«, sprach ich deutlich in sein Ohr.

In seinen Bademanteltaschen fand ich es nicht. Um den Stuhl herum lag nichts. Da die neuen Hörgeräte kugelartig waren und rollen konnten, begann ich kniend Bodenfliese für Bodenfliese abzutasten. Ganz langsam und vorsichtig ging ich dabei vor, um nicht aus Versehen auf das Hightech-Teil zu treten. Dann kam endlich der Beweis, dass sich das Hörgerät in der Kabine befand. Es piepte einmal kurz.

»Fritz, hast du es gefunden?«, fragte ich erleichtert.

»Watt sächse?«, verstand der alte Knabe wieder nichts. Gleichzeitig piepte wieder das Hörgerät.

»Fritz, es muss ganz in deiner Nähe sein!«, rief ich. Hätte das verdammte Ding doch jetzt einen Dauerton gehabt.

»Fritz, steh mal auf«, zog ich ihn am Arm hoch und tastete sein Sitzkissen ab. Nach einigen Sekunden tönte wieder ein Hilferuf des Hörgeräts. Es war ganz in der Nähe. Beherzt griff ich ohne Vorwarnung dem alten Knaben in den Schritt und ertastete dort etwas, was dort nicht hingehörte.

»Watt machse da?«, fragte er überrascht.

»Ich greife jetzt mal in dein Feinripphöschen«, lachte ich und nahm die kleine Murmel aus seiner Unterhose. Nachdem ich das Gerät desinfiziert hatte, drückte ich es dem alten Fritz in die Hand.

»Ja, watt hat datt Ding denn da gemacht?«, schüttelte er sein fast kahles Haupt.

»Vielleicht wollte dein Allerwertester auch mal etwas Neues hören«, klopfte ich ihm auf die Schulter. Nun strahlte der Fritz wieder und die Behandlung konnte beginnen.

In der Anmeldung sammelten sich die nächsten verwaisten Kunden bereits zu einer Demo. Doch mit Freundlichkeit und vor allem Humor ließ sich vieles regeln.

Trotz aller Umstände erfüllte mich mein Beruf mit großer Zufriedenheit. Je länger ich in dieser Abteilung arbeitete, desto öfter traf ich die gleichen Kunden wieder. In der Ambulanz wurden viele

Patienten zu Stammkunden. So wuchsen Vertrauen und gegenseitige Sympathie.

An dieser Stelle muss ich auch auf die oft gehörte Legende eingehen, dass blinde Masseure besser massieren würden als sehende. Das ist völliger Quatsch! Schon als ich unter der Leitung unserer pedantisch genauen Ordensschwester mein Praktikum machte, wurde auf fachlich hohe Behandlungsqualität geachtet. Von meinen sehenden älteren Kollegen habe ich diese anspruchsvollen Ausführungen erlernt und übernommen.

Richtig ist, dass das Massieren eine Sache des Fingerspitzengefühls ist und sich Blinde hervorragend darauf konzentrieren und mit erfolgreicher Therapie einen guten Namen machen können.

Millennium und gute Vorsätze

Bereits als Kind hatte ich mehrfach an den Jahrtausendwechsel denken müssen: »Im Jahr 2000 wirst du 43 Jahre alt sein. Hast du dann vielleicht schon eine Familie? Vielleicht mehrere Kinder? Was werde ich beruflich erreicht haben? Wie wird sich meine Sehkraft entwickelt haben? Habe ich Dank der medizinischen Fortschritte sogar ein normales Sehvermögen?«

Nun war das Millennium da und ich konnte diese Fragen alle beantworten. Mehr noch. Meine beiden Kinder waren bereits aus dem Gröbsten heraus. Sonja hatte mittlerweile ihr Abitur bestanden, ein Jahrespraktikum absolviert und begann mit ihrem Studium als Kommunikationsdesignerin.

Auch der Scheitelpunkt der pubertären Zickenzeit war nun erreicht und die Luft zwischen Mutter und Tochter war häufig äußerst elektrisch geladen. Soni drängte nun aus dem Elternhaus und bezog in direkter Nachbarschaft eine kleine Altbauwohnung. Benjamin war während seiner Jugendfeuerwehrzeit mit vielen Handwerkskollegen zusammengekommen und hatte sich dort begeistert Schlosser-, Maler- und Schreinerarbeiten abgeguckt, die er nun bei der Renovierung umsetzen konnte. Auch mein Vater konnte trotz seines Alters noch einige nützliche Tipps geben und fasste hier und dort direkt mit an. Bela und ich waren für die niedrigen Arbeiten zuständig wie Tapeten abreißen, Müll entfernen, usw.

Bei der Wohnungswahl hatten wir voll daneben gegriffen. Während der Renovierung stießen wir auf nasse Wände, ein halb abgebrochenes Handwaschbecken, durchhängende Zimmerdecken, defekte Stromleitungen, kaputte Rollläden, usw. Der stolze Vermieter gab vor: »Hier sind ganz neue, wärmedämmende Fenster eingebaut worden!«

Wenn man eine Feuerzeugflamme von innen neben das geschlossene Fenster hielt, wurde diese umgehend vom Luftzug gelöscht.

»Das liegt aber nicht an den Fenstern!«, meinte der Vermieter kopfschüttelnd. Vielleicht hatte er sogar Recht. Meine Tochter hatte auch den Eindruck, dass es in dieser Bauruine spuken würde.

Benjamins berufliche Pläne waren noch nicht ganz ausgereift. Das Abitur winkte bereits und sein Interesse richtete sich auf ein Ingenieurstudium. Es kam die Idee auf, eventuell ein Studium bei der Bundeswehr zu machen. Um diese Zeit begann unser Militär auch an Auslandseinsätzen teilzunehmen. Bela und Ben ließen sich von einem Bundeswehrberater informieren. Als das besorgte Mütterlein hörte, dass ihr Sohn während einer Offizierslaufbahn, die unmittelbar mit dem Studium verbunden war, unweigerlich auch in Kriegsgebieten eingesetzt würde, stellte sie sich quer. Somit beschloss der Familienrat, dass Ben statt der Bundeswehr eine sechsjährige Zivildienstzeit bei der freiwilligen Feuerwehr absolvieren sollte.

Belas Nerven lagen relativ blank, da ihre Arbeitsstelle in den wirtschaftlichen Ruin rutschte. Das Personal wurde weniger, genauso wie die Freundlichkeit. Der Stress wurde größer, genauso wie die Ellenbogenkämpfe des geschundenen Personals und genauso wie das vergiftete Betriebsklima. Und so verließ sie das sinkende Schiff.

Ich hatte mich nun damit abgefunden, dass mein rechtes Auge nur noch Lichter wahrnahm. Doch ich liebte diese, da sie meiner

Orientierung sehr halfen. Mit meinem Blindenstock hatte ich nicht nur Frieden, sondern sogar Freundschaft geschlossen. Ohne ihn wagte ich mich nicht mehr vor das Haus.

Was konnte mit dem neuen Jahrtausend für mich an Veränderungen kommen? Vor allem, worauf hatte ich selbst Einfluss? Ein äußerst sinnvoller Vorsatz war: »Du hörst endlich mit dem Rauchen auf!« Das war einfacher gedacht, als getan!

Doch da kam mir das Schicksal zu Hilfe.

Mit einem Mal fühlte ich mich bedrohlich krank. Alle Alarmlampen blinkten auf: »Hallo, das sind die gleichen Symptome, die du bereits beim rheumatischen Fieber hattest!« und ich ließ mich gleich in der Intensivstation meines Krankenhauses aufnehmen.

Umgehend machten sich wieder alle Sorgen und dieses Mal ließ ich sie gewähren.

Die Überwachungsgeräte piepten neben meinem Bett, doch sie vermittelten mir dieses Mal eher ein Gefühl von Sicherheit.

»Sie haben eine Phlebitis«, diagnostizierte mein Chefarzt. »Können Sie sich nicht mit einfacheren Erkrankungen abgeben?«, scherzte er herzlich.

Also wurde diese Venenentzündung mit Kühlung und Antibiose behandelt und schon nach drei Tagen lag ich nur noch zur Kontrolle auf der externen Station.

Drei Tage hatte ich nicht geraucht. »Weiter so!«, nahm ich mir vor und passierte in völliger Verachtung die Tür des Raucherzimmers, unter der mir der appetitliche Geruch von Vanilletabak entgegenwehte.

Der nächste Urlaub auf dem Bergerhof in Tirol stand vor der Tür. Dort würde ich zwei Wochen mit guten Freunden zusammensitzen, die fast alle noch rauchten. Ich beschloss, auch dort nicht zu rauchen. Dort war der beste Platz, um den Kampf mit mir und meinem inneren Schweinehund aufzunehmen. Ich wusste, dass ich gerade in extrem schwierigen Situationen besonders willensstark reagieren konnte. Vielleicht war es auch nur eine Trotzhaltung.

»Was habe ich denn zu verlieren, wenn ich nicht mehr rauche?«, fragte ich meinen inneren Schweinehund.

»Du wirst die gute, alte Pausenzigarette, die Friedenspfeife im Freundeskreis, den appetitlichen Zigarillo, der so aromatisch nach Vanille duftet, die obligate Zigarette beim Bier, die Zigarette, die dir in stressigen Situationen den wahren Halt gibt schmerzlich vermissen!«, gab mir der innere Schweinehund frech grinsend zur Antwort. Ja, er hatte Recht. All das würde ich vermissen. Interessanterweise vergaß er den Suchtstoff Nikotin. Tatsächlich spielte das Nikotin auch nur eine geringe Rolle. Der Körper schreit nämlich nur wenige Tage danach, dann hat er den überflüssigen Stoff längst vergessen.

Was vermisst man denn als ehemaliger Raucher? Schon bald war mir klar, dass es die Zeremonien waren, die mit der Zigarette im Zusammenhang standen. Also betrachtete ich im Urlaub diese Szenen. Ich saß mit den Freunden zusammen und lehnte die angebotene Zigarette ab. Mit Suchtgefühlen im Kopf hörte ich auf meine Uhr. Nach zehn Minuten hatten die Freunde aufgeraucht. War es in der nächsten halben Stunde, in der nicht geraucht wurde, weniger gemütlich? Nein, alle saßen immer noch zusammen. Es wurde gescherzt, gelacht und getrunken. Dann wurde wieder geraucht. Also kamen nun zehn Minuten, in denen mein innerer Schweinehund mir zusetzte. Danach waren die Raucher fertig mit dem Qualmen und ich gehörte als Nichtraucher für die nächste halbe Stunde wieder dazu.

Nach diesem Urlaub war ich stolz, standhaft geblieben zu sein. Nun grinste mich mein innerer Schweinehund nur noch zur Partyzeit hämisch an und nach einigen Monaten fiel das ›Nein-Sagen‹ kaum noch schwer. Mehr noch. Ich genoss es, einen inneren Sieg errungen zu haben.

Erschütternde Nachrichten

Am 11. September 2001 schreckte die Welt auf, als die Türme des ›World Trade Centers‹ in New York in sich zusammenbrachen. Ich war gerade von der Arbeit gekommen und hatte mir das Radio und die Kaffeemaschine eingeschaltet. Nachdem die Meldung kam, dass ein zweites Flugzeug auch in den anderen Turm geflogen war, machte ich den Fernseher an. Panik auf allen Programmen. Sonja rief an und fragte, ob wir jetzt Krieg hätten? Dann telefonierte ich mit Bela in Mainz, da sie mit ihrer Mutter gerade von einer einwöchigen Reise aus Bayern zurückgekommen war. Sie hatten noch keine Nachrichten gehört und sie war total überrascht.

Doch nicht nur die Zwillingstürme waren zusammengebrochen, sondern auch mein Vater fiel nun regelmäßig um. Bei einer ärztlichen Untersuchung stellte sich heraus, dass fast alle aufsteigenden Arterien, die seinen Kopf mit Blut versorgten, mit Kalk verstopft waren. Eine Halsschlagader-Operation sollte die Lösung sein. Das Risiko, einen Schlaganfall aufgrund des Eingriffs zu bekommen, lag nach ärztlicher Auskunft bei 3%. Vater beschloss, sich in einer Essener Klinik behandeln zu lassen, da ihm der dortige Professor empfohlen worden war.

Im Dezember brach der Tag der Operation an. Ich bat meine Stiefmutter, tagsüber nicht in der Klinik anzurufen. Ich wollte das übernehmen, um auch einiges an Aufregung von ihr fernzuhalten. Und das war gut so!

Gegen Mittag rief ich in der chirurgischen Abteilung des Krankenhauses an, um mich nach dem Gesundheitszustand meines Vaters zu erkundigen.

»Es hat Komplikationen gegeben. Ihr Vater ist noch im Aufwachraum«, bekam ich als Auskunft. Gegen 15.30 Uhr machte ich Feierabend und rief von meinem Diensttelefon wieder in der Essener Klinik an. Die Schwester der Intensivstation meinte: «Ich darf Ihnen keine Auskunft geben. Ich verbinde Sie mit der diensthabenden Ärztin.«

Die Ärztin sagte in gebrochenem Deutsch: «Hier ist Frau Dr. X., ich muss Ihnen die traurige Mitteilung machen, dass Ihr Herr Vater verstorben ist. Mein aufrichtiges Beileid!«

Meine Beine wurden schlagartig weich und ein flaues Gefühl umklammerte mein Inneres. Alles in mir weigerte sich, den Tod meines Vaters als Tatsache hinzunehmen. »Das glaube ich nicht. Ich habe heute Mittag noch mit der chirurgischen Abteilung telefoniert. Überprüfen Sie bitte den Namen und die Daten.«

Ich buchstabierte den Namen meines Vaters phonetisch und gab sein Geburtsdatum an. Es folgte ein unendlich langes Schweigen. Sekunden wurden zu Minuten. Doch dann hatte die Ärztin eine ganz aufgeregte Stimme: »Ich muss mich entschuldigen! Ihr Vater lebt. Eine Verwechselung des Namens. Jetzt habe ich Ihnen bestimmt einen großen Schreck eingejagt?« Auch dieses Mal brauchte ich einige Sekunden, um diese Wende zum Guten zu verarbeiten. Ironisch antwortete ich: «Warum sollte ich schockiert sein? Ich bin nur gerade vom Stuhl gekippt und telefoniere aus der Rückenlage!« Doch die Ärztin fuhr fort: »Leider muss ich Ihnen mitteilen, dass ihr Vater einen Schlaganfall hatte.« Ich rief meine Frau an und bat sie, mich abzuholen.

Meine Knie waren immer noch weich und ich wollte nicht mit diesem Gedankenstrom im Kopf blind und unkonzentriert die belebte Hauptstraße überqueren. Konzentrationsmangel ist für Sehbehinderte im Straßenverkehr lebensgefährlich!

Als ich mich zu Hause wieder gefasst hatte, rief ich meine Stiefmutter an und vermittelte ihr mit wohlbedachten Worten, dass Vater im Augenblick einige gesundheitliche Probleme habe. Abends holten wir sie ab und fuhren gemeinsam zur Klinik. Vor der Intensivstation wurden wir bereits abgefangen und von einem Arzt auf das kommende Bild vorbereitet. Die Stiefmutter ließ ihren Gefühlen wie immer freien Lauf, was die angespannte Situation nicht verbesserte.

Ich kitzelte meinem Vater ohne Vorankündigung unter der Fußsohle des gelähmten Beins und er zuckte.

»Klasse!«, jubelte in mir der Therapeut. »Die Reflexe sind noch vorhanden. Darauf können wir aufbauen.«

Mein Vater saß mit erstaunlich guter Laune im Krankenbett. Er hatte die Tragweite noch gar nicht erfasst, und das war gut so. Am nächsten Tag redete er unter dem Einfluss der Medikamente nur wirres Zeug. Es hatten sich Komplikationen eingestellt. Nach einigen sorgenreichen Tagen kam Besserung in Sicht.

Es standen Weihnachten und unser gebuchter Winterurlaub vor der Tür. Durften wir die alten Leute in dieser Situation alleine lassen? Die Lieblingsschwiegertochter meiner Stiefmutter war immer noch berufstätig und ließ sich unter diesem Vorwand bei den Alten nie sehen. Das galt auch genauso für die Kinder ihres verstorbenen Sohnes, ihre Lieblingsenkel.

Wie passend, dass meine Bela, die bei meinem Vater und seiner Frau weniger beliebt und angesehen war, gerade ihre Arbeitsstelle verloren hatte und nun als Servicekraft für die alten Herrschaften bereitstehen konnte. Wir meldeten den Urlaub kurzfristig ab und stießen in der Pension auf Verständnis. Die kurzfristige Buchungsrücknahme wurde uns kulanterweise nicht in Rechnung gestellt.

Täglich fuhr Bela die liebe Schwiegermutter, von der sie jahrelang hinter vorgehaltener Hand im Bekanntenkreis schlecht gemacht worden war, zum lieben Schwiegervater, der zuvor auch nicht besser über sie gesprochen hatte.

Ich war Bela dankbar, dass sie trotz der alten Anfeindungen diese Aufgaben auf sich nahm. Sie tat es wohl in erster Linie für mich!

»Vielleicht wächst nun endlich aus dieser Not ein kleines Pflänzchen Familie«, hoffte ich. Und es hatte auch den Anschein, da wir nun sehr häufig den alten Herrschaften zur Verfügung standen.

Mein Vater war Privatpatient und genoss im Krankenhaus äußerst großzügige Toleranz in seinen Aktionen. Wider alle Anweisungen versuchte er regelmäßig allein aufzustehen und stürzte jedes Mal. Er riss sich beim Fallen die Infusionsnadeln heraus, so dass das Zimmer voller Blut war. Im Bad fanden die Schwestern ihn oft neben dem WC liegend. Zum Schluss hatte er Gitter an seinem Bett. Durch diese steckte er seine Beine, legte die Arme oben auf den Gitterrand und guckte schmollend wie ein trotziges Kind im Laufstall.

Ich brachte aus meiner Klinik einen Rollator mit, holte mir das Okay des zuständigen Physiotherapeuten und trainierte, da ich ja zurzeit Urlaub hatte, mit Vater täglich das Laufen. Die Therapie versprach erfolgreich zu werden. Der Krankenhausaufenthalt meines Vaters zog sich weit in das nächste Jahr hinein und es folgte eine

Rehabilitationsmaßnahme. Auch fuhr Bela die Schwiegermutter regelmäßig zur Reha-Klinik.

Mein stolzer Vater konnte sich mit seiner Behinderung nicht abfinden. Obwohl er nicht ohne Begleitung gehen durfte, versuchte er wieder alleine die Toilette zu erreichen. Dabei stieß er mit seiner Schulter regelmäßig die Wandbilder von ihren Haken oder er riss die Telefonanlage gleich ganz aus der Wand.

Als ich vor einigen Jahren nur zögernd und verschämt den weißen Stock in die Hand nahm, da meinte mein Vater: »Du musst an deinem Selbstbewusstsein arbeiten! Was interessieren dich denn die anderen Leute, die da gucken? Die können dir doch wohl gleichgültig sein!«

Wie ging er jetzt selbst mit diesem Thema um? Zum Ende der Reha konnte er allein mit dem Rollator laufen. Kaum zu Hause angekommen, war die Gehhilfe plötzlich verschwunden. Angeblich wusste er nicht, wo der Rollator geblieben war. Benjamin machte sich auf die Suche danach und fand ihn letztlich in Vaters Garage. Es war für einen Gelähmten eine akrobatische Meisterleistung gewesen, das recht schwere Metallgestell dort mit einer Hand zu verstauen.

Wieder folgten viele Stürze. Danach übernahmen meine Kollegen und ich die ambulante physiotherapeutische Betreuung des alten Herrn in meiner Abteilung. Das Gesamtergebnis seiner Behandlungen war zufriedenstellend. Sein linker, gelähmter Arm bekam wieder genug Kraft, dass er ihn zum Stützen einsetzen konnte. Die Motorik der Hand reagierte immer gezielter. Auch das linke Bein war stark genug, um kurze Wege zu laufen. Nach langem Zureden nahm er einen Gehstock an. Für weitere Strecken bekam er einen Elektrowagen, der einem kleinen vierrädrigen Motorroller glich. Nun hatte mein eitler Vater eine großartige Idee. Er kaufte sich ein gebrauchtes Mercedes-Coupé. Schön niedrig und sportlich.

»Das ist doch wohl ein echter Hingucker!«, schwärmte er. »Da drehen sich alle Leute nach um!«

Ich zuckte mit den Schultern und entgegnete: »Ich dachte, dich interessieren die Blicke der anderen Leute nicht!«

Und tatsächlich machten die Zuschauer große Augen, wenn er

sich krampfhaft an der rahmenlosen Scheibe seines Sportwagens aus dem Autositz hochzog und Stiefmutter ihm danach half, den Elektrowagen aus dem Kofferraum zu heben.

Time to say goodbye

Die Musik unserer Band war im Laufe der Jahre zu einem einträglichen Hobby geworden. Wir nannten uns ›Die Zweitakter‹. Unser Musikprogramm war so umfangreich, dass wir über sieben Stunden spielen konnten, ohne uns zu wiederholen. Wir präsentierten Oldies, Tanzmusik und Hits aus den Charts, die zu uns passten.

Da die Jugend der 90er Jahre Heavy-Metal und Techno bevorzugte, nahmen wir keine Auftritte für Polterabende an, sondern überließen dieses Feld den neuen Discjockeys.

Die 50. und 60. Geburtstage und viele Betriebsfeste füllten allein durch Mundpropaganda unseren Terminkalender. Manchmal wurde das Musikerdasein äußerst anstrengend. Wenn wir neben unserer Berufstätigkeit z.B. acht Wochen hintereinander an den Wochenenden spielen mussten, dann war das kein Spaß mehr, sondern reine Nerven- und Knochenarbeit. Der Terminstau nahm teilweise sogar untragbare Formen an:

Dienstagmorgen um 7 Uhr zur Arbeit an die Massagebank, 16 Uhr Feierabend, 18 Uhr Musikauftritt, nachts um 3 Uhr zu Hause.

Mittwochmorgen um 7 Uhr zur Arbeit an die Massagebank, 16 Uhr Feierabend, 18 Uhr Musikauftritt, nachts um 3 Uhr zu Hause.

Donnerstagmorgen um 7 Uhr zur Arbeit an die Massagebank, 16 Uhr zu Hause... Da fragte mich mein Sohn: »Papa, ich muss einen Aufsatz für den Deutschunterricht schreiben. Hörst du dir mal an, ob mein Text so in Ordnung ist?«

»Klar«, sagte ich und ließ mich völlig geschafft auf die Couch fallen, »ich lege mich dabei nur ein bisschen hin.« Um 22 Uhr rief mein Sohn: »Danke, dass du so schön zugehört hast. Ich gehe jetzt ins Bett!«

Die Familie war vor meinem Schnarchen geflüchtet und so wechselte ich ins Schlafzimmer und schlief direkt weiter.

Als Freitagmorgen um 5.30 Uhr der verdammte Wecker tobte, war ich immer noch völlig platt. Doch bereits am Samstag wartete der nächste Auftritt.

Wir bauten unsere Musikanlage meistens schon mittags auf, wenn noch keine Gäste im Saal waren Die Boxen hievten wir auf die Hochständer. Der 30 kg schwere Gitarrenverstärker wurde aufgestellt. Ihm folgten der Rollenwagen mit der Gesangsanlage, dem Mischpult und Endverstärker, dann die Monitorboxen, Mikrophonständer, Mikrophone und ein Doppelständer mit zwei Keyboards. Auf den hochstehenden Boxen installierte Wolfgang zusätzlich eine Lichtorgel. Nach dem Aufbau waren wir zum ersten Mal durchgeschwitzt. Diese körperlich schweren Arbeiten wurden von den Gästen kaum wahrgenommen. War der Soundcheck in Ordnung, dann fuhren wir wieder heim.

Die meisten Veranstaltungen begannen um 19 Uhr. Wir traten in Partnerlook auf. Manchmal war ich so nervös, dass mir die roten Wangen zitterten. Wolfgang erging es nicht besser. Doch wenn der Sound der ersten Musikstücke stimmte und die Resonanz des Publikums gut war, dann sank auch unser Lampenfieber. Obwohl wir regelmäßig zum Essen eingeladen wurden, hielt sich unter der Anspannung der Appetit in Grenzen. Wichtig war zum Wachbleiben die stündliche Cola. Ab 22 Uhr wurde das Publikum, dank des Alkohols, meistens sehr geschmeidig und gegen Mitternacht hätten wir auch auf dem Kamm blasen können, um Applaus zu bekommen.

Zwischen 2 Uhr und 4 Uhr endete unsere musikalische Aufgabe. Dann musste wieder geschleppt werden. Also alles wieder aus dem Lokal in den Kombi. Und aus dem Kombi in den Proberaum. Meine Bela lag oft auf der Couch im Wohnzimmer und schlief, da sie auf mich gewartet hatte. Wolfgang kam meistens noch auf ein paar Bier mit in meine Wohnung.

»Musik machen ist doch keine Arbeit, sondern nur Spaß!«, war die Meinung der Gäste...

Ich war froh, dass ich so nicht meinen Lebensunterhalt verdienen musste. Doch die kleinen Finanzspritzen der Musikabenteuer taten uns gut. Sonja und Ben hatten in den Jahren am Gymnasium an mehreren Klassenfahrten teilgenommen, die obligaten Jahresurlaube wurden auch ständig teurer und die Finanzierung unserer Wohnung gab ebenfalls den monatlichen Takt an.

Auch Wolfgang benötigte das Geld. Er hatte sich inzwischen scheiden lassen und musste für seine zwei Kinder aufkommen. Er gehörte zu den wenigen alleinerziehenden Vätern dieser Zeit und er war darin perfekt.

In nicht allzu großer zeitlicher Entfernung winkte mir die Fünfzig. Nach 40 Stunden pro Woche an der Massagebank schmerzte mein eigenes Kreuz und ich sehnte mich nach erholsamen Wochenenden. Die Auftritte empfand ich nur noch als Pflichtübungen und mir kam es so vor, dass sich das Publikum des neuen Jahrtausends in einem gewissen Sättigungszustand befand. Die hohen Kosten für die Ausrichtung der Feier waren für manche Gastgeber mit Sicherheit unverhältnismäßig hoch. Feierte man seinen runden Geburtstag in den achtziger Jahren noch im Pfarrheim oder einem Gartenzelt, so lud man die Gäste in den neunziger Jahren bereits in den Festsaal ein. Spielte zu Anfang noch ein Kassettenrekorder, so musste es zum Schluss die Live-Band sein. Hinzu kamen Zauberkünstler, Bauchtänzerinnen, Bauchredner und Komiker. Ein Veranstalter wollte den anderen übertreffen.

Nun ließen die aufwendigen Feste zusehends nach. Die Wirte begannen über fehlende Buchungen zu jammern. Demzufolge gingen auch die Anfragen nach Musikern zurück. Unsere Musikanlage war ebenfalls in die Jahre gekommen. Einige Teile waren weit über zehn Jahre alt. Eine neue Investition hätte einen großen finanziellen Aufwand zur Folge gehabt.

Meine Kinder befanden sich im Studium und hatten einträgliche Nebenjobs. Ich war auf die Einnahmen der Musikauftritte nicht mehr angewiesen und angesichts der o.g. Fakten beschloss ich, die Band aufzugeben. Wolfgang war zu Anfang sehr traurig, doch er zeigte Verständnis. Also standen wir zum letzten Mal vor unseren

Zuhörern und ich sagte mit einem weinenden und einem lachenden Auge: »Sie waren ein ganz besonders tolles Publikum. Wenn wir uns zwischen Ihnen und einer Weltreise entscheiden müssten, dann würden wir Sie sehr, sehr vermissen!«

Danach spielte Wolfgang die Melodie des Songs ›Time to say goodbye‹ an, mit der wir seit Jahren unser Programm beendet hatten.

Nachdem der Kombi geleert war und wir wieder im Morgengrauen auf meiner Couch saßen, tranken wir noch eine Flasche Bier und ein Schnäpschen mehr als gewohnt.

Privat spielte ich selbstverständlich weiter auf meiner akustischen Gitarre. Ich lernte sogar Gitarre und Mundharmonika gleichzeitig zu spielen. Damit wurden Freunde und Bekannte beglückt, wenn wir feierten oder im Urlaub waren.

Als Wolfgang und ich die Band gründeten, hatten wir nicht das Ziel gehabt, berühmt und reich zu werden. Es war einfach nur angenehm, in das Gefühl einer musikalischen Einheit einzutauchen. Mit unseren Zuhörern eine Atmosphäre zu schaffen, in der sich alle Beteiligten wohl fühlten und für einige Stunden ihre Alltagssorgen vergessen konnten. Selbstverständlich tat auch das Bad voller Zustimmung in der Menge gut. Aber es war ein Wechselbad. Zuerst kamen lange, disziplinierte Übungsstunden im heimischen Kämmerchen, der Mut zu hohen Investitionen und das Lampenfieber, der Respekt vor der Menge, in die man eintauchte. Nach dem Fleiß und Schweiß folgte der angenehme Teil, bestehend aus Applaus und Selbstbestätigung.

Die Musik hatte mich über die Tiefen meiner vielen gesundheitlichen Probleme hinwegsehen lassen und die vielen positiven menschlichen Begegnungen gaben mir immer wieder Halt.

Auch Wolfgang konnte seine vielen gesundheitlichen und privaten Krisen mit der Musik besser überstehen. Doch das höchste Gut dieses musikalischen Wegs war die tiefe Freundschaft mit Wolfgang, die sich daraus ergab.

Auch hier bestätigte sich der Satz des weisen Konfuzius: »Der Weg ist das Ziel.«

Opium bringt Opi um

Mein Vater war gesundheitlich wieder so hergestellt, dass er noch einmal einen Flug in die USA zu seinem Bruder wagte. Die Reise verlief ohne Komplikationen. Danach traten er und seine Frau eine Kur an.

Die liebe Stiefmutter rief mich von dort aus an und meinte begeistert: »Dein Vater hat seit kurzem keine Schmerzen mehr. Der Kurarzt hat ihm ein ganz tolles Schmerzpflaster gegeben und nun läuft ›Opa‹ viel besser und ausdauernder.«

Durogesic hieß dieses Zauberpflaster. Es beinhaltete den Wirkstoff Fentanyl, der dem Opium ähnlich ist. (Diese Stoffe unterstehen in Deutschland dem Betäubungsmittelgesetz, in Österreich dem Suchtmittelgesetz.)

›Opa‹ war einige Wochen aus der Kur zurück und die Nebenwirkungen, die ich befürchtet hatte, zeigten sich nun. Mein Vater war völlig wesensverändert. Er wirkte in Gesprächen unkonzentriert und abwesend. Meinem Eindruck nach verringerte sich auch sein Reaktionsvermögen.

Er fuhr mit dieser Droge selbstverständlich sein sportliches Coupé, worauf die liebe Stiefmutter auch noch ganz stolz war. Sie besaß zwar einen Führerschein, fuhr aber nur sehr ungern und auch nur dann, wenn Vater sie ans Steuer ließ.

Ständig wurde ich von Bekannten angesprochen, ob ich nicht dafür sorgen könne, dass Vater in diesem Zustand kein Auto fahren würde. Wie sollte ich das veranlassen? Sicherlich hatte ich ihn deutlich auf die Nebenwirkungen seines Medikaments hingewiesen und gebeten, er solle doch seine Frau fahren lassen. Er war wie immer von sich und seinen Fähigkeiten überzeugt und seine Frau übte sich scheinbar wieder in ihren Verdrängungstechniken. Dieses leidige Thema kannte ich noch aus den Diskussionen der Familie, als mein Stiefbruder vor seinem Tod alkoholisiert am Lenker saß.

So wurde Vaters noble Karosse immer runder und die Beulen

und Lackkratzer waren natürlich andere Schuld. Zu den Schuldigen gehörten Begrenzungspfähle, Zäune, Laternen, geparkte Fahrzeuge und alle anderen toten Gegenstände, die sturerweise nicht rechtzeitig auswichen.

Alle Lkw-Fahrer mussten seit einigen Jahren ab dem fünfzigsten Lebensjahr einen Reaktions- und Gesundheitstest bestehen, der danach alle fünf Jahre wiederholt wurde. Einen Test für Pkw-Fahrer ab dem 70. Lebensjahr empfanden die älteren Herrschaften als eine Diskriminierung und Frechheit. Diese betagte Generation stellte die potenziellen Käufer der Coupé-Klasse dar. Kein Politiker traute sich an dieses Thema heran, da nun die Wählerstimmenzahlen der Senioren laut Statistik ständig wuchsen.

Nachdem zu Vaters Geburtstag die Gäste aufgrund seiner völligen Wesensveränderung recht früh und irritiert gegangen waren, durfte ich dieses leidige Thema nochmals ansprechen. Vater nahm zu dieser Zeit neben dem Schmerzpflaster-Opioid-Wirkstoff noch Schmerzmittel in Form von Tabletten, die ebenfalls Opioid-Wirkstoff enthielten. In diesem Zusammenhang prägten unsere Kinder den Satz: «Opium bringt Opi um!«

Ich schlug eine Reduzierung der Opioid-Dosis unter ärztlicher Aufsicht vor. Erstaunlicherweise ließ mein Vater sich auf meinen Rat ein und reduzierte in Rücksprache mit dem Hausarzt seine Tablettendosis. Langsam ging die üble Wesensveränderung zurück und Vaters Kopf wurde zur Freude aller wieder klarer. Der Preis war ein Anstieg seiner quälenden Nervenschmerzen. Es war nicht leicht, den Mittelweg auszupendeln. Zu viele Schmerzen minderten drastisch die Lebensqualität, heftige Bewusstseinsstörungen minderten diese aber auch. Dieser Kompromiss zwischen erträglichen Schmerzen, geringeren Medikamentengaben und natürlicherem Wesen wurde für einige Monate in der Waage gehalten.

Privatpatienten sind den Kassenpatienten gegenüber nicht immer im Vorteil. Sie werden gerne für teures Geld beraten, wenn es auch gar nichts zu beraten gibt. Gepeinigte Schmerzpatienten greifen nach jedem hoffnungsvollen Strohhalm. Irgendwie geriet mein Vater an einen Professor, der angeblich Lahme wieder gehen ließ und der alte Herr war in seiner Hoffnung auf Besserung nicht mehr zu bremsen.

Der Mediziner versprach meinem Vater, dass er in Kürze keine Schmerzen mehr haben und auch wieder völlig auf die Beine kommen würde. Zur Therapie musste er selbstverständlich erst einmal die Privatstation des Herrn Professor aufsuchen. Unzählige wichtige Untersuchungen schlossen sich an.

Als Bela und ich mit der Stiefmutter sein Einzelzimmer im Krankenhaus betraten, lief der Fernseher sehr laut. Der alte Herr saß mit breitem Grinsen in seinem Bett, begrüßte uns beiläufig und guckte dann wieder fern.

»Vater, du hast Besuch. Soll ich den Fernseher ausschalten?«, fragte Bela.

Der Patient reagierte erstaunt und äußerst abwesend. Bei der Rücksprache mit dem Pflegepersonal erfuhr ich, dass der Wunderdoktor meinem Vater die Opioid-Dosis um 100% erhöht hatte.

»Mein Vater ist doch überhaupt nicht mehr in dieser Welt«, schüttelte ich gegenüber der Stationsschwester den Kopf.

»So ist aber nun mal die Nebenwirkung der Medikamente«, zuckte sie mit den Schultern.

Die erhöhte Opioid-Dosis gefiel meinem Vater in seinem zugedröhnten Zustand sehr gut. Was sollte ich als blinder Masseur den großen Worten eines Professors entgegensetzen? Zum Glück fiel meiner Stiefmutter nach wenigen Monaten auch schon auf, dass mit Vaters Bewusstseinszustand etwas nicht stimmte. Ich schlug den beiden vor, dass Vater in der psychiatrischen Abteilung meines Krankenhauses einen kontrollierten Medikamentenentzug durchführen lassen solle.

»Ich bin doch nicht bekloppt!«, erregte sich mein alter Herr umgehend. »Ich gehe doch nicht in die Psychiatrie! Den Entzug schaffe ich ganz alleine!«

Glücklicherweise machte auch der Hausarzt Druck. Vater reduzierte also daheim die Opioid-Dosis und fing natürlich schon bald aufgrund des Entzugs an zu flattern. Als er die quälenden Entzugssymptome nicht mehr aushielt, bat er mich, zur psychiatrischen

Station Kontakt aufzunehmen. Ich sprach mit unserem Chefarzt und der zuständigen Oberärztin, und der alte Herr bekam in kürzester Zeit ein Bett auf der Privatstation.

Nach wenigen Wochen war Opa ›clean‹. Er kam völlig ohne Opium aus und kam wieder nach Hause. Seine Sprache, die Mimik, das Lachen und die Motorik wirkten natürlicher. Er kehrte zu seinem alten Wesen zurück. Die Nervenschmerzen blieben angeblich in gut erträglichem Maß.

Ein Bonbon für meine Frau und mich sollte ein »Eric Clapton Konzert« in der Köln-Arena sein. ›Me and Mr. Johnson‹ hieß die Tour, ein Blues-Traum, der ins Blut und Herz ging... Die Halle war völlig ausverkauft und die Stimmung bombig. Unsere Freunde Kalle und Moni hatten uns zum Konzert in ihrem Wagen mitgenommen.

Begeistert kamen wir nach zweieinhalb Stunden rhythmischer Leckerbissen gegen 23 Uhr aus der Halle, da klingelte Belas Handy.

»Vor Opas Haus stehen zwei Rettungswagen. Mindestens acht Leute sind auf der Treppe unterwegs. Ich weiß nicht, wie kritisch Opas Zustand ist!«, informierte uns unser Sohn Ben, den die Stiefoma in ihrer Not angerufen hatte.

»Wir sind noch in Köln, aber wir beeilen uns...« pustete meine Frau ins Telefon.

Kalle jagte während der 60 km langen Heimfahrt seinen BMW mit Höchstgeschwindigkeit über die Autobahnen und Landstraßen zu unserer Wohnung. Dort stiegen wir in unser Auto um und fuhren in das Krankenhaus, in dem Opa bereits in der Intensivstation versorgt wurde. Vor der Stationstür saß die Stiefmutter völlig aufgelöst. Ben war bei ihr. Wir nahmen Oma tröstend in die Arme und warteten auf erste Informationen. Nach einer Stunde kam die erlösende Nachricht, dass mein Vater das Schlimmste überstanden hatte und augenblicklich außer Lebensgefahr sei.

Da es für uns in den frühen Morgenstunden im Krankenhaus nichts mehr zu tun gab, fuhren wir heim und setzten die Stiefmutter an ihrer Haustür ab. Es war 4 Uhr morgens und so blieben mir noch eineinhalb Stunden bis mich mein Wecker zur Arbeit rief.

Vaters Zustand stabilisierte sich und er wurde auf die externe Station verlegt. Er war noch geschwächt und bekam die Anweisung, nicht alleine aufzustehen. Da mein alter Herr Privatpatient war, glaubte er, das Recht zu haben, selbst entscheiden zu können, wann er Begleitung benötigte. Und so hingen auch in dieser Klinik bald wieder die Wandbilder schief, fiel das Telefon vom Tisch und er stürzte mal hier und mal dort. Wieder bat mich das besorgte Personal, auf meinen Vater so einzuwirken, dass er beim Aufstehen Hilfe annehmen würde.

Da der alte Herr mit seiner Schmerzmitteldosis auch nicht einverstanden war, ließ er sich heimlich Opioid-Tabletten von seiner Frau mitbringen.

»Kommen Sie sofort! Wir wissen nicht, ob wir Ihren Vater noch stabilisieren können!«, erreichte mich der dringende, telefonische Notruf der Intensivstation, in der die Mediziner um das Leben meines alten Herrn kämpften.

Vater wusste nicht, dass er bereits täglich in der externen Station Opioide in Tropfenform bekommen hatte. Umgekehrt wussten die Klinikärzte nicht, dass meine Stiefmutter ihren Mann ebenfalls fleißig mit dem gleichen Wirkstoff in Tablettenform versorgte. Die Stoffe addierten sich somit zu einer Dosis, die bei Vater einen Atemstillstand bewirkt hatten.

Nachdem unsere Nerven 24 Stunden blank lagen, war Vater außer Lebensgefahr.

Kaum war Opa aus dem Krankenhaus entlassen worden, da erlitt die Stiefmutter einen kleinen Schlaganfall. Sie wurde umgehend stationär behandelt und der schiefe Mund und die Lähmungserscheinungen bildeten sich nach wenigen Tagen wieder völlig zurück. In dieser Zeit kam Opa zu uns zum Mittagessen oder Bela brachte ihm etwas nach Haus.

Weitere Krankenhausaufenthalte meines Vaters schlossen sich an. Die Lieblingsfamilienseite der Stiefmutter interessierte das alles nicht. Zum Geburtstag der alten Leute und zu Weihnachten wurde gut gegessen, getrunken, der Mund abgeputzt und breit in die

Kamera gegrinst. Dann hielt man wieder Funkstille. Man war ja berufstätig...

Meine Frau hatte zum Glück der alten Herrschaften ihren Job verloren. Sie hielt ihren Servicebetrieb, wie z.B. das Besorgen der Getränke und anderer notwendiger Dinge, weiter aufrecht.

Was wir für die alten Herrschaften taten, hatte mit Pflichtbewusstsein zu tun. Uneigennütziges Handeln sollte nicht nur in der Kirche gepredigt werden, sondern in den eigenen Taten hindurchschimmern!

Meine Stiefmutter und mein Vater ließen sich nach einigen Jahren sogar herab, auch in ihrem Bekanntenkreis ab und zu mal ein gutes Wort über meine Frau zu verlieren.

Ja, das kleine Pflänzchen Familie schien zu wachsen.

Dann ging das Licht aus

Im Jahr 2005 meldete sich nach fast sieben Jahren mein ›Grüner Star‹ am rechten Auge wieder an. Aus unerklärlichen Gründen stieg der Innendruck weit über 30 mmHg. Die übliche Prozedur begann. Mit Tropfentherapie und Diamox-Tabletten ließ sich der Druck nicht senken. Hatte ich bis jetzt wenigstens noch ein paar Lichter gesehen, so waren auch diese nun verschwunden. Ja, selbst das stärkste Licht, unsere Sonne, zeigte sich mir nicht mehr. Nur ihre Wärmestrahlen auf meiner Haut verrieten ihre Anwesenheit. Zuvor konnte ich wenigstens unterscheiden, ob es draußen hell oder dunkel war. Das endete jetzt. Trotzdem stand ich nicht immer im Dunkeln. Mein Gehirn oder vielleicht auch meine verkümmerten Sehzellen gaukelten mir Helligkeit vor, wenn ich ohne Licht im pechschwarzen Keller stand. Bei grellem Sonnenlicht sah ich oft tiefe Dunkelheit.

Sehende Menschen wurden angesichts vieler grauer, trüber Wintertage ganz depressiv. Und ich? Scheinbar hatte ich mich schon optisch an eine immer graue Welt gewöhnt. Doch ich hätte mich riesig gefreut, wenn meine Augen mir noch einmal einen wolkenverhangenen Himmel gezeigt hätten.

War auch keine Sehkraft mehr zu retten, so musste der Augeninnendruck doch gesenkt werden. Neben den Kopfschmerzen belastete der Druck auch die Hornhaut und die Bindehaut des Auges. Meine Hornhaut war durch die vielen Operationen arg angegriffen und schlecht durchblutet. Ein weiterer Eingriff konnte helfen. Vorausgesetzt, es fand sich ein mutiger Chirurg, und dass die Operation gut ging.

Ich wurde zur Uni-Klinik Düsseldorf überwiesen. Dort schlug man mir vor, als drucksenkende Maßnahme eine CPK (Cyclosphotokoagolation), also eine teilweise Verödung des Ziliarkörpers vorzunehmen. Dadurch sollte die Produktion des Kammerwassers im Auge gedrosselt werden.

Statt eines direkten chirurgischen Eingriffs würde nur mit einem Laser von außen an 17 Stellen im Bereich des Ziliarrings auf das Auge geschossen. Das Risiko bestand darin, dass das Auge austrocknen und letztlich verloren gehen könnte. Auch Stoffwechselstörungen im vorderen Augenabschnitt konnten folgen.

Da sich auf andere Eingriffe sowieso niemand mehr einlassen wollte, viel mir die Wahl nicht schwer. Wie sagt der Volksmund: »Vogel friss oder stirb!«

Wurden andere Patienten behutsam an eine Operation herangeführt, so musste ich nun wieder mit den Ärzten diskutieren und betteln, dass ich auf den Operationstisch klettern durfte.

Im Januar 2006 brachte mich meine Frau zur Operation in die Augenklinik nach Düsseldorf. Ihrer Beschreibung nach sah der bauliche Zustand des Gebäudes noch schlimmer aus als vor sieben Jahren. Die Schleifspuren der vorbeifahrenden Betten an den Wänden der Flure waren noch tiefer geworden. Ich war dankbar, dass ich ein Zweibettzimmer in der Nähe der Flurtoilette bekam. Das angeblich trostlose Aussehen des Zimmers musste ich mir ja nicht ansehen. In meiner Fantasie verlieh ich ihm Glanz. Es dauerte eine halbe Stunde, bis ich eine Telefonkarte erhielt und diese aufgeladen war, da der Automat zum Aufladen einen Wackelkontakt hatte. Aber auch mit der gültigen Karte funktionierte das Telefon nicht.

Die zuständige Schwester informierte den technischen Dienst, den ich während meines gesamten Aufenthalts nicht mehr antraf. Technik, die begeisterte! Seit dieser Zeit telefonierte ich im Krankenhaus nur noch mit dem Handy, und es wagte auch niemand, mir das zu verbieten. Das Verbot, in Kliniken ein Handy zu benutzen, hatte nämlich nichts mit den angeblichen Störungen der Kliniktechnik zu tun, sondern die Patienten sollten die teure Telefonanlage des Hauses nutzen. Wäre die Kliniktechnik tatsächlich durch Handygespräche gefährdet gewesen, so hätten die Kliniken keine Handymasten auf ihre Häuser setzen dürfen, deren Strahlung mit Sicherheit die gesamte Klinik lahm gelegt hätte.

Viele Mitpatienten beschwerten sich darüber, dass überall Reparaturmängel zu finden waren. Auch das Essen ließ zu wünschen übrig. Egal! Ich war dankbar, dass ein Chirurg dieser Klinik bereit war, mein Auge zu operieren. Dieses Mal bekam ich eine Betäubung über eine Gasmaske, da der Laser-Beschuss nur ein bis zwei Minuten dauern sollte. Der Eingriff zeigte sich nach drei Tagen als erfolgreich. Der Augeninnendruck blieb unter Tropfentherapie unter 20 mmHg und ich wurde nach vier Tagen entlassen.

Nach einer Woche begann das Auge zu kratzen. Dann wurde es schmerzhaft. Meine Augenärztin stellte fest, dass sich auf der Oberfläche des operierten Auges Blasen gebildet hatten. Diese gingen bald auf und ich ging unter die Decke. Die verschiedensten Pflegemittel und Salben wurden nun ausprobiert. Tropfen mit Hyaluron und Salben mit Kortison. Fünf Wochen lang hatte ich das Gefühl, als würden scharfe Sandkörner unter meinem Augenlid reiben. Am schmerzhaftesten war es, wenn ich auf die offenen Hornhautwunden noch die drucksenkenden Augentropfen träufeln musste. Auf einer Schmerzskala von 0 bis 10 lagen die Schmerzen bei 11! Durch den Laser-Beschuss war nicht nur der Ziliarkörper verödet, sondern auch der Stoffwechsel des vorderen Augenabschnittes gestört worden. Mit Liebe, Geduld und guter Pflege kam das Auge langsam zur Ruhe. Im Gegensatz zu mir, denn meine Nerven lagen blank und selbstverständlich ging ich damit zur Arbeit.

Meine verlorenen Lichter kamen nicht zurück. Aber ich war nicht so tief betroffen, wie bei den Sehverlusten meiner vorherigen Aktionen. Ich hatte mich längst als Blinder komplett technisch eingerichtet und mein minimales Restsehen kaum noch genutzt. Für meine Frau änderte sich auch nichts und die restliche Welt kannte mich sowieso nur noch blind.

Wie in den vorherigen Kapiteln beschrieben, besteht für den Sehenden kein Unterschied darin, ob man noch ein bisschen Licht wahrnimmt oder ›ganz blind‹ ist. An dieser Stelle gebe ich den Sehenden einen Tipp, wie sie ›Blinde‹ und ›ganz Blinde‹ unterscheiden können:

Für Blinde gibt es die Armbinde mit den drei Punkten.

›Ganz Blinde‹ tragen eine Armbinde mit drei Gänsen.

Die Erben

Anfang der sechziger Jahre starben meine Großeltern mütterlicherseits und ihr Haus wurde an meinen Onkel Hans und meine Mutter zu gleichen Teilen vererbt. Onkel Hans zahlte meine Mutter umgehend aus und meine Eltern nutzten dieses Kapital, um selbst bauen zu können.

Mein Elternhaus wurde errichtet, indem meine Mutter das Grundkapital und Vater seine handwerklichen Fähigkeiten einbrachten. Leider konnte meine Mutter dieses neue Haus nur noch acht Jahre lang genießen, wie ich bereits geschrieben habe, starb sie dann während einer Herzoperation.

Da dieses Haus zu gleichen Teilen meinem Vater und meiner Mutter gehörte, teilte das Amtsgericht ihren Nachlass nach den gesetzlichen Regeln der Erbfolge auf. Ich war zu dieser Zeit noch minderjährig. Also machte das Vormundschaftsgericht meinen Erbanspruch geltend und veranlasste, dass ich als Teilerbe im Grundbuch des Hauses eingetragen wurde. Vater und ich bildeten auf Veranlassung des Nachlassgerichts eine Erbengemeinschaft.

»Mein Junge, ich gebe dir jetzt die Mitteilung des Amtsgerichts über den Nachlass deiner Mutter. Verwahre dieses Dokument sorgfältig, denn es kann eines Tages ganz wichtig für dich sein!«, hatte mich mein Vater nach dem Tod meiner Mutter in seine Arme geschlossen.

Als er sieben Monate nach dem Tod meiner Mutter wieder geheiratet hatte, bat er darum, mir meinen ererbten Hausanteil nicht auszahlen zu müssen. Im Gegenzug würde er mich entsprechend in seinem Testament bedenken. Selbstverständlich stimmte ich seinem Wunsch zu. Ich hätte es auch als unmoralisch empfunden, meinen Vater finanziell unter Druck zu setzen.

Das alles lag nun vierunddreißig Jahre zurück. Vater war alt, behindert und die Wendeltreppe, über die die vier Etagen seines Hauses zu erreichen waren, wurde zu einem großen Hindernis. Also beschlossen er und seine zweite Frau, das Haus zu verkaufen, um in eine behindertengerechte Wohnung zu ziehen.

»Wir müssen dich fragen, ob du mit dem Verkauf des Hauses einverstanden bist«, säuselte mir meine Stiefmutter ins Ohr. »Dir gehört schließlich ein Viertel des Hauses.«

Ich war sofort einverstanden, da ich es für sinnvoll hielt, einen solchen schwierigen Schritt rechtzeitig zu tun. Jetzt waren die beiden Herrschaften wohl noch rüstig genug, um eine solche Strapaze auf sich zu nehmen.

Vater ließ ein Wertgutachten über das Haus erstellen. Nun konnte er errechnen, wie hoch der Verkaufserlös seines Dreiviertel-Hausanteils sein würde. Die alten Leute hatten mehrere Möglichkeiten, wie sie dieses freigesetzte Kapital einsetzen könnten.

Sie konnten eine Wohnung mieten und hätten dann eine große Kapitalsumme zum Leben gehabt. Mein Vater schwärmte nämlich seit einigen Monaten von einem neuen Mercedes-Coupé. Sie konnten eine preisgünstige Wohnung kaufen, die ihnen noch Restkapital ließ. Oder sie konnten eine luxuriöse Wohnung kaufen, die sie an ihr finanzielles Limit brachte.

»Ich ziehe in keine Hucke!«, rief Vater stolz und meinte damit meine schlichte Standardwohnung.

Also fiel die Entscheidung der alten Leute auf die dritte und teuerste Lösung. Die gewählte Eigentumswohnung war gerade zwei Jahre alt und lag sehr günstig in einer ruhigen Nebenstraße, in der direkten Nähe zur Innenstadt. Zum Schoppen war das für die alte Dame ideal. Von einer Tiefgarage erreichte man mit einem Lift die angenehm geschnittene Dreizimmerwohnung, die zu einem Mehrfamilienhaus gehörte. Sie hatte als Luxus eine Gästetoilette und einen großzügigen Balkon mit Blick ins Grüne.

Der alte Herr beauftragte den Makler einer Bank mit dem Kauf der neuen Wohnung und dem gleichzeitigen Verkauf unseres Hauses. Selbstverständlich bestand meine Stiefmutter bei dieser günstigen Gelegenheit darauf, dass sie künftig zur Hälfte als Besitzerin der neuen Wohnung ins Grundbuch eingetragen wurde. Da Vaters Frau seit seiner Ehe mit ihr nicht mehr berufstätig war, musste ihr Anteil also aus seinem Kapital des Hausverkaufs beglichen werden und war damit juristisch eine Schenkung.

In großer Euphorie wälzten Vater und Stiefmutter Prospekte und Kataloge. Dann wurde bestellt und bestellt. Die alten Möbel flogen fast alle auf den Müll und wurden durch neue ersetzt.

Bela, die Kinder und ich räumten wochenlang mit den alten Leuten mein Elternhaus leer. Vier Etagen! Der Strom der Umzugkartons riss nicht ab. Gläser, Teller, Tassen, Bestecke über Bestecke, Töpfe, Pfannen, Kerzenständer, Vasen, Dekoartikel ohne Ende, Wandbilder, Bücher, Schallplatten, Radios, vier Fernseher, Hi-Fi-Boxen, Teppiche, Brücken, Gardinen und Kleidung, Kleidung, Kleidung...

Da ich hier aufgewachsen war, schleppte auch ich treppauf, treppab alles, was ich tragen konnte. Ich verschnaufte in meinem alten Kinderzimmer. Ich konnte sofort die ehemalige Zimmereinrichtung meiner Kinder- und Jugendzeit vor meinem geistigen Auge aufrufen:

Da stand mein Klappbett aus den Sechzigern, auf dem die Mainzelmännchen in einer Reihe grinsten. Vaters selbstgebaute Regalwand hatte in der Mitte eine beleuchtete Schreibtischplatte. Links und rechts mahnten die alten Schulbücher des Gymnasiums zum Lernen. Darüber lockten die Karl-May-Bände und die Perry-

Rhodan- und Micky-Maus-Hefte. An den Wänden grinsten langhaarige Musikstars, die meinem Vater immer ein paar abwertende Sprüche entlockt hatten, und daneben luden sehr leicht bekleidete, sündhaft schöne Mädels zum Träumen ein. Das alte Spulentonbandgerät sorgte für Rockmusik und auf dem Fußboden sausten die Autos der Carrera-Rennbahn. Erinnerungen folgten Erinnerungen.

Doch was ich nun in diesem Zimmer ertastete, stammte aus der augenblicklichen Gegenwart. Es war Vaters Schreibtisch und Stiefmutters Schränkchen mit Dekoartikeln.

Als Nächstes ertastete ich plötzlich einen menschlichen Kopf. Ich war die gesamte Zeit heimlich beobachtet worden. Was ich da überraschend in Händen hielt, das war Stiefmutters Perückenhalter samt Haarschopf! Ja, die Stiefmutter war in jedem Raum präsent und im Grunde genommen gefiel es ihr überhaupt nicht, dass meine Familie in alle diese Heiligtümer hineinschaute. Ihr wäre es viel lieber gewesen, wenn ihre Lieblingsverwandtschaft alles ausgeräumt hätte. Doch diese bessere Familienhälfte ließ sich wieder Mal nicht sehen und unsere Hilfe wurde nur zwangsläufig hingenommen.

Zurück aus meinen Träumen bargen wir die Schätze der Garage und des Gartenhauses. Vater hatte alles Mögliche verwahrt. Darüber mochte man schmunzeln, aber wenn bei handwerklichen Arbeiten etwas fehlte, dann konnte Vater stets aushelfen.

Der Innenraum der Garage war dem Fahrzeugtyp angepasst. Alle Wände bargen Ersatzteile und Arbeitsmittel. Selbst unter der Decke und über der Motorhaube war Lagerraum geschaffen worden. Das Einparken des Wagens war mit Sicherheit komplizierter als ein Ankoppelmanöver zweier Raumschiffe im Weltall.

Nur schweren Herzens konnte sich der alte Herr von diesem Ersatzteillager trennen und Ben fuhr Anhänger um Anhänger zum Entsorgungsunternehmen.

Soni verkaufte über ebay Lampen, Tische, Stühle, die Spülmaschine, einen Kühlschrank und die gute, alte Globusbar.

In der Zwischenzeit besprach Vater mit dem Makler den Inhalt des Vertrags für unseren Hausverkauf. Darin stand, dass die Erbengemeinschaft zwischen dem alten Herrn und mir aufgelöst würde und Vater seinen Dreiviertelanteil und ich meinen Einviertelanteil aus dem Hausverkauf erhalten würden. Vater ging auch mit mir den Vertragsinhalt nochmals durch. Bald darauf trafen wir vor dem Notar die Käufer unseres Hauses und auch der Notar verlas den Vertragstext, den Vater nun zum dritten Mal vor Augen hatte. Er war mit allen Vertragspunkten einverstanden und wir unterschrieben. Die Stiefmutter und Bela waren ebenfalls als Zuhörer vor Ort und nahmen den Vertragstext zur Kenntnis.

Ich betone die genaue Kenntnis aller Beteiligten über den Vertragsinhalt, da mein Leben an dieser Stelle plötzlich eine Wende nahm.

Das Haus hatte also die Besitzer gewechselt und wurde nun von uns leer und besenrein verlassen. Ich zog die Haustüre zu und damit schloss das Kapitel meines Elternhauses. Wir hatten die letzten Kartons für die alten Leute im Wagen und den restlichen Sperrmüll auf Bennis Anhänger. Den entleerten wir beim städtischen Entsorgungsunternehmen und dann fuhren wir zu den alten Herrschaften.

Wir nahmen sie erleichtert und freudig in die Arme: »Alles geschafft. Das Haus ist leer und verschlossen. Die Schlüssel haben wir dem neuen Besitzer übergeben.«

Diese Umarmung meines Vaters sollte sich in mein Gehirn einbrennen. Was sich in den nächsten Monaten ereignete, war eine Familientragödie, die einen Thrillerroman füllen könnte.

Obwohl mein Vater den Inhalt des Kaufvertrags unseres Hauses mit der Auflösung unserer Erbengemeinschaft und der entsprechenden Auszahlung nach Anteilen dreimal gelesen und von notarieller Stimme vernommen hatte, obwohl die liebe Stiefmutter den Vertragstext ebenfalls von notarieller Stimme vernommen hatte, waren die alten Herrschaften plötzlich der Meinung, dass mir das Erbe meiner leiblichen Mutter nicht mehr zustehen würde. Dass mir der Verkaufsanteil des Hauses somit nicht zustehen würde. Dass mein Vater also über die gesamte Verkaufssumme des Hauses frei verfügen könne!

Ich fühlte mich vor den Kopf gestoßen und fragte ihn: »Wieso sollte mir mein mütterliches Erbe jetzt nicht mehr zustehen? Der Notar und der Makler haben die Gerichtspapiere geprüft und in den Kaufvertrag übernommen. Du hast mir den Vertragsinhalt selbst vorgelesen und für gut befunden. Also, was ist los?«

Mein Vater ging auf meine Fragen nicht ein und erklärte: »Erstens muss man seinen Erbanspruch innerhalb von dreißig Jahren geltend machen, sonst verfällt er. Zweitens habe ich im bürgerlichen Gesetzbuch den §197 gefunden. Der besagt, dass es eine dreißigjährige Verjährungsfrist gibt. Deine Mutter ist seit vierunddreißig Jahren tot. Da du seit dreißig Jahre keinen Anspruch auf deinen Hausanteil erhoben hast, brauche ich an dich auch nichts mehr auszuzahlen.«

Statt aufgrund dieser Unverschämtheit zu platzen, machte ich mir nun Gedanken, ob Vater wegen einer Demenz plötzlich die Übersicht verloren hatte.

Also erklärte ich: »Zu Punkt eins: Den Anspruch auf das Erbe meiner Mutter hat vor vierunddreißig Jahren bereits das Vormundschaftsgericht für mich geltend gemacht, sonst hätte ich gar nicht im Grundbuch stehen können. Du hast mir doch damals selbst die Abschrift des Amtsgerichts gegeben und gesagt: ›Mein Junge, ich gebe dir jetzt die Mitteilung des Amtsgerichts über den Nachlass deiner Mutter. Verwahre dieses Dokument sorgfältig, denn es kann eines Tages ganz wichtig für dich sein!‹. Zu Punkt zwei: Der §197, der die dreißigjährige Verjährungsfrist behandelt, trifft in meinem Fall nicht zu. Ich stand als Eigentümer im Grundbuch. Dort bleibt man so lange Eigentümer, bis man sich wieder austragen lässt.«

Da meine liebe Stiefmutter im Hintergrund in das gleiche Horn wie Vater blies, erinnerte ich sie an ihren Satz: ›Wir müssen dich fragen, ob du mit dem Verkauf des Hauses einverstanden bist. Dir gehört schließlich ein Viertel des Hauses.‹

Doch auch sie hielt nun ebenfalls beharrlich an der neuen These fest. War die nun auch dement? Mein Vater schob meine Erklärungen mürrisch beiseite. Das Amtsgericht, der Notar und der Makler hatten sich seiner neuesten Meinung nach geirrt. Dann kam es noch dicker. Um mich über die Rechtslage noch besser zu informieren, kontaktierte ich den Makler der Bank, der unser Haus verkauft und die neue Eigentumswohnung an meinen Vater vermittelt hatte. Er hatte zu diesem Zweck ein Notar-Anderkonto eingerichtet, auf das der Hauskäufer die Kaufsumme einzahlen musste. Ich berichtete dem Makler über das Streitgespräch zwischen meinem Vater, seiner Frau und mir. Der Bankfachmann gab mir in allen Punkten recht und meinte, dass mein Verkaufsanteil nicht an meinen Vater, sondern selbstverständlich direkt an mich ausgezahlt würde. Es gäbe nur ein Problem. Vater und die Stiefmutter hatten das Notaranderkonto zur Zwischenfinanzierung genutzt und dabei Vaters Verkaufsanteil aus dem Haus deutlich überzogen. Da ich eine Bürgschaft für die alten Leute unterzeichnet hätte, würde dieser überzogene Betrag von meinem Verkaufsanteil abgezogen. Ich müsste mir mein Geld also später von meinem Vater zurückholen.

Damit war die Bank fein heraus und ich musste nun an meinen Vater herantreten und Möglichkeiten suchen, wie mein Geld gesichert würde. Ich bot den alten Leuten an, ihnen mein Bürgschaftsgeld zu überlassen, wenn der Betrag im Grundbuch ihrer Wohnung gesichert würde. Die Stiefmutter wetterte gleich los: »Dann hätten wir bei denen ja Schulden. Das will ich nicht!« und mit ›denen‹ waren natürlich meine Frau und ich gemeint.

Ich schlug vor, dass sich alle Beteiligten zu einem Beratungsgespräch bei einem Notar treffen sollten. Man hätte sich über mein fehlendes Geld problemlos einigen können. Ein entsprechendes Testament, ein Erbschaftsvertrag oder die o.g. Grundbuchsicherung boten sich an. Darauf ließen sich die Herrschaften nicht ein. Mir blieb zuletzt nichts anderes übrig, als mein Geld von den alten Leuten zurückzufordern.

Als Nächstes bat ich den Sohn meines verstorbenen Bruders, den Enkel meiner Stiefmutter, der mittlerweile Finanzierungsberater war, seiner Großmutter und meinem Vater die Sachlage zu erklären. Auch seine Vermittlungsversuche scheiterten. Über fünfzig Telefonate, an die sich später niemand mehr erinnern wollte und in denen ich versuchte, faire Lösungen anzubieten, prallten an einer Wand aus nerventötender Sturheit, Frechheit und Arroganz ab.

Doch dann überwies mein Vater mir das geschuldete Geld mit den Worten: »Du hast jetzt die Verantwortung dafür, dass dein Vater mit Schulden ins Grab steigen wird. Deine Mutter würde sich im Grab herumdrehen!« und seine Stimme war voller Hass und Verachtung.

In diesem Moment zerbrach etwas in mir. Nach den vielen Jahren meiner psychischen Belastungen im Grenzbereich hatte ich keine Kraft mehr. Das war den alten Leuten offenbar völlig gleichgültig. Vielleicht erhofften sie sich sogar, dass sie daraus ihren finanziellen Vorteil erzielen könnten. Es ging ihnen nicht um Gerechtigkeit. Man erwartete, dass ich bedingungslos auf das Erbe meiner leiblichen Mutter verzichten würde! Ich war aber davon überzeugt, dass meine verstorbene Mutter von mir erwartete, dass ich mit Rückgrad ihren Nachlass an mich und meine Rechte verteidigen würde.

In den letzten zehn Jahren hatte ich ein gefestigtes Selbstbewusstsein entwickeln können. Ich war stolz darauf, dass ich mir als Schwerbehinderter berufliche und gesellschaftliche Anerkennung erarbeitet hatte. Diese Anerkennung gab mir den Halt, um nicht an den permanenten Schicksalsschlägen zu zerbrechen.

Die Ungerechtigkeiten, die Beleidigungen, die Demütigungen, der Hass und die Verachtung, die mir mein Vater über viele Monate entgegen brachte, hätten mich seelisch fast zerstört. Ich zog mich fluchtartig zurück und schrieb unter Tränen einen Abschiedsbrief, der ein Aufschrei war. Er verhallte im Nichts.

In diesem Jahr hatte ich nicht nur meine letzten Lichter, sondern auch meinen Vater verloren...

Auch meine erwachsenen Kinder stießen bei meinem Vater nun auf Granit. Vor meinem Sohn hielt er ein Dokument hoch und meinte: »Das ist ein Testament, das ich vor vielen Jahren für deinen Papa geschrieben habe. Das ist jetzt nicht mehr gültig.« Und die liebe Stiefmutter bemerkte ergänzend: »Das ist das nächste, was ich vernichten werde!«

Konnte es sein, dass dieses Testament Dinge beinhaltete, die Vaters Frau schon immer ein Dorn im Auge waren? Nach diesen Liebenswürdigkeiten zogen sich unsere Kinder ebenfalls von den

Großeltern zurück. Bela und ich fragten uns: »In welchem schlechten Film spielen wir hier eigentlich mit?« und irgendwie hatte ich das Gefühl, dass es noch dicker kommen sollte...

Ein glänzender Abschluss

Während wir für die alten Leute das Haus leerten und mein Vater mir mit seinen permanenten Telefonanrufen das Leben zur Hölle machte, sorgten unsere Kinder für einen ganz anderen Gesprächsstoff.

Ben schrieb schon nach acht Semestern an seiner Ingenieur-Diplomarbeit. Er wohnte noch bei uns zuhause und bekam das gesamte Theater um den Hausverkauf und dessen Folgen mit. Auch ihn nervte es furchtbar, da die Diplomarbeit seinen vollen Einsatz verlangte. Der Fleiß wurde belohnt. Er schloss hervorragend ab und war mit 23 Jahren Diplomingenieur für Fahrzeugbau.

Auch Sonja stand vor der Diplomprüfung. Sie hatte ein paar Semester länger studiert, um sich so viele Nischen des Designbereichs wie möglich anzusehen. Hinzu kam, dass sie einen eigenen Haushalt unterhielt und dafür auch neben dem Universitätsbesuch arbeiten gehen musste.

Nun lud sie uns zu einer Präsentation ihrer Diplomarbeit in das Haus für Kunst und Architektur ein. Ihr Professor gratulierte uns nach der Prüfung zu ihrer ausgezeichneten Präsentation der Diplomarbeit. Dann wurde mit Sekt angestoßen. Sonja durfte sich künftig ›Diplom-Kommunikations-Designerin‹ nennen.

Wir waren nicht nur stolz auf unsere Kinder, wir waren auch aufrichtig dankbar, dass das Schicksal uns in diesem Bereich keine Steine in den Weg gelegt hatte. Für die zweite Lebenshälfte blieb mir noch die körperliche Leistungs- und Willenskraft. Wenn meine körperliche Kondition so blieb, dann würde ich die letzten dreizehn Arbeitsjahre bis zum Renteneintrittsalter wohl gut überstehen. Auch der Arbeitsplatz galt für mich mit einer anerkannten Behinderung als relativ sicher. Die Kinder würden nun ihre eigenen Wege gehen. Die Verantwortung und Sorgen würden kleiner und die arg geschundenen Nerven konnten sich endlich, endlich erholen...

Durch Mark und Bein

Im November 2006 plante ich meine nächste Geburtstagsfeier, da ich im Juni 2007 50 Jahre alt werden sollte. Ich lud Freunde und Verwandte zu diesem Termin in das Sauerland ein. Geplant war ein Wochenende in dem Landhaus ›Zum bösen Buben‹, in dem Bela und ich schon oft zu Besuch waren. Tagsüber sollte eine Planwagenfahrt stattfinden. Ich verschickte die Einladungen und war erfreut, dass alle zugesagt hatten.

Gleichzeitig fühlte ich mich kraftlos und leer. Ich hätte nicht beantworten können, ob ich mehr unter dem Sehverlust als unter dem zerrissenen Band zu meinem Vater litt. Auf jeden Fall fraß irgendetwas in oder an mir.

»Im nächsten Jahr werde ich 50 und fühle mich zur Zeit wie 80!«, dachte ich. Mehrere Leute hatten mich darauf aufmerksam gemacht, dass ich blass aussähe und dunkle Ringe unter den Augen hätte. Wenn ich nach acht Stunden massieren nach Hause kam, legte ich mich völlig entkräftet auf die Couch. Kaum hatte ich das zweite Bein ausgestreckt, schlief ich ein und wurde erst nach zwei Stunden wieder wach.

Auch meinem Hausarzt fiel meine Blässe auf. Mein Blutdruck wurde gemessen, ein EKG geschrieben und Stuhl- und Blutproben genommen. Am nächsten Tag rief der Arzt mich an: »Der Hämoglobinspiegel, der rote Blutfarbstoff, ist nur halb so hoch wie normal. Die Thrombozytenzahl, die Blutplättchen, die der Blutgerinnung dienen, sind zehnmal so hoch, wie im gesunden Zustand. Diese veränderten Werte sind bedrohlich und weisen auf einen hohen Blutverlust hin. Ich rate dringend zu einer stationären Untersuchung mit Magen- und Darmspiegelung!«

Da sich in dem Krankenhaus, in dem ich arbeitete, eine hervorragende internistische Abteilung befand, ließ ich mich dort einweisen. Umringt von lieben Kollegen der Privatstation fühlte ich mich gut versorgt. Ich bezog ein Zweibettzimmer mit Dusche und WC. Ein Telefon stand auf dem Nachttisch neben dem elektrisch verstellbaren Bett. Das Fernsehprogramm hörte ich mir nur selten an.

Zuerst wurde eine Magenspiegelung angeordnet. Die fand in einem speziellen Untersuchungsraum statt. Ich konnte in meinem Bett liegen bleiben und musste mich nur auf die linke Seite drehen. Über eine Nadel floss ein Schlafmittel in die Vene. Der Arzt führte dann sein Endoskop durch meinen Mund die Speiseröhre hinab bis in den Magen. Dieser wurde auf Magengeschwüre und andere Übeltäter untersucht. Die Sonde konnte, mit viel Geschick des Arztes, auch den Zwölffingerdarm und den Gallengang erreichen. Ich spürte von der Untersuchung nichts. Nach dem Aufwachen war bereits alles vorbei.

Als Nächstes wurde die Darmspiegelung angesetzt. Sehr unangenehm war die Vorbereitung. Abführmittel und mehrere Liter Salzwasser musste ich in kurzer Zeit trinken, damit der Darm völlig gereinigt war. Eine ›beschissene‹ Situation! Am kommenden Morgen wurde von den Schwestern beurteilt, ob mein Darm endlich ›sauber‹ war. War er aber leider nicht und so musste ich nochmals zwei Liter Salzwasser innerhalb von 30 Minuten herunterwürgen. Die anschließende Untersuchung verlief hingegen sehr human. Wieder lag ich im Untersuchungsraum auf einer Liege in seitlicher Position. Zuvor bekam ich eine Hose mit einer entsprechenden ›Aussparung‹ angezogen. Ein Schlafmittel wirkte über die Vene.

Der Arzt konnte mit der Sonde den Dickdarm untersuchen und schaute bis in den Blinddarm und das Ende des Dünndarms hinein. Bei Bedarf konnten sogar kleinere Eingriffe vorgenommen werden, die vor einigen Jahren noch chirurgisch durchgeführt werden mussten. Die Sondentechnik war also ein Segen. Danach kam noch eine Bronchoskopie. Auch davon spürte ich nichts.

Alle meine Untersuchungen ergaben keinen Befund. Also hatte mein Körper keine inneren Blutungen. Das war auf der einen Seite erfreulich, doch auf der anderen Seite fragte man sich, wo mein Blut geblieben war.

Eine Hämatologin, eine Fachärztin für Bluterkrankungen, wurde hinzugezogen. Sie ordnete eine Knochenmarkpunktion an. Auf der Bank eines Untersuchungszimmers musste ich mich auf die Seite legen. Dann wurde die Haut über meinem Beckenkamm betäubt und desinfiziert. Unweit des Kreuzbeins bohrte man in den Knochen hinein. Das war relativ gut zu ertragen. Sehr schmerzhaft wurde das Blutabsaugen aus dem Knochenmark. Das Laborergebnis der Untersuchung meiner eingeschickten Gewebeproben hieß ›essentielle Thrombozytämie‹. Das ist eine Knochenmarkerkrankung, die permanent zu viele Thrombozyten produziert. Sonja hatte auf meinen Wunsch hin aus dem Internet Informationen über diese Erkrankung eingeholt und mir diese am Telefon vorgelesen.

Während meiner Ausbildung hatte ich die Themen Blutkreislauf, Lymphsystem und Immunsystem selbstverständlich gestreift, doch mittlerweile war daraus ein eigener Fachbereich entstanden. So frischte ich mein weniges Wissen auf.

Die essentielle Thrombozytämie (eTh) ist eine Erkrankung des blutbildenden Knochenmarks. Die Thrombozytose produziert zu viele Blutplättchen, die sich zu einem Thrombus, einem Blutgerinnsel, zusammenballen können. Würde dieser Spiegel nicht in den Normalbereich gesenkt, besteht die Gefahr eines Herzinfarkts, Schlaganfalls oder die Verstopfung anderer wichtiger Blutgefäße. Die ›eTh‹ gehört zu den myeloproliferativen Erkrankungen, also zur Leukämie und damit zu den Krebserkrankungen.

Ich konnte es nicht fassen! »Hallo, ich bin mittlerweile erblindet! Reicht das nicht? Lieber Gott, bin ich vielleicht in einem Testprogramm? Wird hier ausprobiert, wieviel ein Mensch erträgt?«, richtete ich meine empörten Fragen an den Himmel.

Meine nächsten Gedanken waren: »Was ist mir hier durch ›Mark und Bein‹ gegangen? Spielt mein Immunsystem verrückt, weil ich meine psychische Belastungsgrenze in diesem Jahr deutlich überschritten habe?«

Auch meine Frau war völlig schockiert. Doch ich zwang mich

schon bald, weiter durchzuhalten. Aufgeben half mir nicht. Das Herumhängen im Krankenzimmer hatte mich noch mehr geschwächt. Auf dem Flur herumzulaufen fiel mir als Blinder schwer, da ständig Hindernisse kreuz und quer standen. Da hätte ich nur ›Flurschaden‹ angerichtet. Also lief ich jeden Tag wie ein Tiger im Käfig die fünf Meter Zimmerlänge hin und her, bis eine Laufrinne im Boden entstanden war. Viele Hörbücher halfen mir über die Langeweile hinweg. Auch die Familie und Freunde verkürzten mir mit ihren Besuchen die Zeit.

Die Ärzte verordneten mir Zytostatika in Tablettenform. Sie gehörten zur Gruppe der Krebsbehandlungsstoffe, der Chemotherapeutika. Der Thrombozytenwert sank jedoch kaum und da ich immer noch zu wenig rote Blutkörper produzierte, bekam ich meine erste Bluttransfusion. Die Ursache dieser Blutarmut, auch Anämie genannt, konnte aber zurzeit nicht erklärt werden.

Als ich kurz vor Weihnachten entlassen wurde, konnte ich kaum die Treppe hinaufsteigen. Ich kam mir vor, wie ein steinalter Mann. Doch der Gedanke war Quatsch, denn die meisten steinalten Männer unseres Dorfs waren mobiler als ich.

Den gebuchten Winterurlaub meldeten wir kurzfristig ab, da ich täglich ambulant zur Blutuntersuchung ins Krankenhaus musste. Das Weihnachtsfest war überschattet von den dunklen Ereignissen des auslaufenden Jahres.

Hatte ich den völligen Verlust meiner letzten Lichter gerade ein Stück verarbeitet, so hatte mich mein Vater mit seinen Unverschämtheiten so weit in die Enge getrieben, dass ich zu meinem eigenen Schutz nur noch Abstand von ihm nehmen konnte und nervlich völlig am Boden lag.

Ein stürmischer Jahresbeginn

Weit draußen, über dem Nordatlantik, vermischten sich die warmen und kalten Luftströmungen zu einem Sturm, der auf die europäische Küste zusteuerte. Wider Erwarten drehte er leicht nach

Süden ab, blies sich zu einem Orkan auf und traf auf Frankreich. Am 18. Januar 2007 bekam er den Namen ›Kyrill‹ und raste mit 250 km/h über Nordrhein-Westfalen hinweg. Um 15 Uhr waren bereits alle Feuerwehren, das Technische Hilfswerk und andere Organisationen im Einsatz. Auch unser Sohn Ben nahm daran teil. Die Bäume knickten um wie Streichhölzer. Die Feuerwehrleute mussten sich ihre Wege zu den Einsatzorten mit Kettensägen freischneiden.

Um 21 Uhr hatte der Orkan seine höchste Kraft und Geschwindigkeit erreicht. Er heulte und fauchte bedrohlich um unser Haus. Die Fenster ächzten und selbst im Hausflur pfiff es leicht durch die geschlossenen Türen. Ständig zerschellten und krachten Gegenstände auf unseren Garagenplatz.

»Und unser Auto?«, schoss es mir durch den Kopf.

Der Wagen stand draußen, ungeschützt vor der Garage. Mein Sohnemann hatte sich seit einigen Tagen als Schreiner betätigt und ein Doppelbett für seine erste Wohnung gebaut. Dieses Bett parkte nun fett und breit in unserer Garage.

»Bis jetzt ist keines der anderen Fahrzeuge auf dem Hof beschädigt worden. Warum sollte unser Auto so ein Pech haben?«, dachte ich noch. Dann gab es einen lauten Knall.

»Das traf bestimmt unseren Wagen!«, schrie meine Bela, öffnete die Balkontür und versuchte in dem tobenden, pechschwarzen Chaos etwas zu erkennen. Doch sie sah nichts.

»Ich gehe runter und schaue nach«, sagte sie, zog ihre Jacke eilig an und ließ sich nicht aufhalten.

»Das ist doch Wahnsinn. Das ist doch viel zu gefährlich!«, rief ich ihr hinterher, zog mir auch meine Jacke an und ging zum Kellerausgang.

Da ich nichts sehen konnte, blieb ich dort stehen. Der Sturm tobte so laut, dass man sich auch mit Zurufen nicht verständigen konnte. Die Minuten voller Sorge um meine leichtsinnige, bessere Hälfte wurden scheinbar zu Stunden.

Dann kam Bela endlich unversehrt zurück und meinte, dass sie Recht gehabt habe. Ein 3 m langes Verkleidungsteil der Hausdachumrandung war auf unseren Wagen gestürzt. Es hatte ein Loch in das hintere Autodach geschlagen und die Rückfensterscheibe zerstört. Sie nahm mich mit zu unserem Wagen, um den sich bereits einige hilfsbereite Nachbarn versammelt hatten. Mit Decken und einer Kunststoffplane dichteten wir das Fahrzeug vor dem Regen ab. Zwischenzeitig suchten wir vor den herumfliegenden Teilen Schutz in der Garage. Im Grunde genommen war diese Aktion sehr leichtsinnig.

»So ein Mist. Da steht der Wagen über Nacht ein einziges Mal im Freien und dann das!«, ärgerte ich mich.

Im Kellereingang verteilte ich ein paar Flaschen Bier an die mutigen Nachbarn. Dieser Sturm machte ein gemischtes Gefühl aus Faszination, Abenteuer, Ehrfurcht und Ärger über das kaputte Auto. Die Fernsehprogramme sendeten unentwegt Sonderbeiträge. Ich erreichte Ben über sein Mobiltelefon und berichtete ihm, was geschehen war. Über den Dachrand unseres Hauses hingen scheinbar noch mehr lose Dachteile, die auf andere, geparkte Wagen stürzen konnten. Bei diesem Orkan durfte aber niemand unangeseilt auf das Flachdach. Also kam Ben mit seinen Feuerwehrkollegen vorbei und inspizierte die Dachfläche. Große Stücke waren herausgerissen worden, die nun verteilt um das Haus herum lagen.

Erstaunlicherweise waren außer unserem Wagen keine anderen Fahrzeuge getroffen worden. In den frühen Morgenstunden ließ der Sturm nach und unser Junge kam todmüde nach Hause. Laut der Presse waren 25 Million Bäume in NRW umgestürzt.

In einem der vorherigen Kapitel schrieb ich: »Auto fängt mit ›Au‹ an und endet mit ›o‹.«

Nachdem der Opel Kadett von einem Motorradfahrer fast in einen Totalschaden verwandelt worden war, erlebte Bela, mit Sonja an ihrer Seite, im Opel Ascona einen völligen Totalschaden. Ein junger Fahranfänger hatte in einer Kurve die Kontrolle über sein Fahrzeug verloren und war frontal auf unseren Opel gestoßen. Meine Mädels erlitten ein Schleudertrauma und kamen mit blauen Flecken davon. Die Beifahrerin des Unfallverursachers brach sich leider den Fuß. Nach zwei massiven Angriffen auf meine Familie hatte ich einen Mercedes gekauft, der laut Prospekt mehr Sicherheit bot. Doch nach diesem Orkan Kyrill wechselten wir wieder die Automarke und bestellten uns nun einen VW Golf.

Die nächste niederschmetternde Diagnose

Bis Ende Januar 2007 blieben meine Blutwerte unverändert schlecht. Nun wurde ich Stammgast bei einer Hämatologin im ›Ambulanten Tumorzentrum‹. Dieser neue Komplex barg mehrere Arztpraxen. Für die Diagnostik und Behandlung von Krebs, Tumoren und Bluterkrankungen befand sich dort alles unter einem Dach. Die hämatologische Praxis hatte ein Labor, sodass die Blutwerte direkt ausgewertet wurden. Auch Infusionen wurden dort verabreicht.

Da mein Hämoglobinwert immer noch äußerst niedrig war und meine Haut gelb wurde, ließ meine Ärztin einen Coombs-Test durchführen. Dieser Test ist benannt nach dem englischen Pathologen Sir Robin Coombs und zeigte, dass mein Körper von Antiglobolinen angegriffen wurde. Normalerweise leben die roten Blutkörperchen 120 Tage lang im Kreislauf, bevor sie vom Körper abgebaut und ausgeschieden werden. Mein Organismus zerstörte sie bereits nach zehn Tagen. Das zeigte sich auch in einem so genannten stark angestiegenen Bilirubin-Wert, der meine gelbe Hautfarbe erklärte. Ab Februar bekam ich zusätzlich täglich 75 mg Kortison in Tablettenform. Der Wert des roten Blutfarbstoffs stieg danach in kürzester Zeit deutlich an.

Meine Energie kehrte langsam zurück. Ich konnte wieder größere Spaziergänge unternehmen. Neue Hoffnung machte sich breit. Doch die Zahl der Thrombozyten blieb weiterhin bedrohlich hoch, sodass die Gefahr einer Embolie, eines Herzinfarkts oder eines Schlaganfalls weiter bestand.

Dass das Kortison keine Dauerlösung sein durfte, war mir klar. Kortison nimmt für einige Zeit die Symptome, heilt aber nicht die Ursache. Unter hohen Dosen können Langzeitschäden entstehen, wie zum Beispiel Muskelschwund, Knochenerweichung, Magen-Darm-Störungen, usw.

Kaum hatten meine Frau und ich mich damit abgefunden, dass ich nun eine essentielle Thrombozytämie hatte, da änderte die Hämatologin plötzlich ihre Krankheitsdiagnose. Nach eingehenden Ergebnissen war sie zu dem Schluss gekommen, dass ich keine ›eTh‹, sondern eine andere Knochenmarkerkrankung hätte.

›Osteomyelofibrose‹ (OMF) hieß die neue Bedrohung. Bei dieser Krankheitsform verdrängen fibrogene Fasern fehlwuchsartig das blutbildende Knochenmarksgewebe.

Da mir dieses Krankheitsbild bekannt war, meinte ich: »In meinem alten klinischen Wörterbuch wird bei der ›OMF‹ eine prognostische weitere Lebenserwartung von sechs bis acht Jahren angegeben. Ich kann ja wohl davon ausgehen, dass sich Dank der medizinischen Fortschritte diese Lebenserwartung erhöht hat, oder nicht?«

»Das hat sich leider nicht geändert. Aber ich werde in zehn Jahren in den Ruhestand gehen und dann gehen Sie mal davon aus, dass Sie das noch erleben werden«, antwortete mir die Ärztin prompt. Da Bela kreideweiß aus dem Sessel gerutscht war, ergänzte sie: »Ich denke, wir müssen uns nun zuerst um Ihre Frau kümmern!«

Ich hatte das Gefühl, als hätte mir jemand in den Magen geboxt. Schweigend und zittrig fuhren wir heim. Zuhause angekommen rief ich meine Tochter an und bat sie, über die neue Diagnose im Internet zu recherchieren. Sie fand eine sehr gute Web-Seite. Soni nahm Kontakt zu einer Selbsthilfegruppe auf, deren Mitglieder hauptsächlich OMF-Patienten waren. Sie suchte nach Menschen, die diese gnadenlose Krankheit länger als acht Jahre nach der ersten Diagnose überlebt hatten. Auf Anhieb war da niemand zu finden, was auch daher rühren konnte, dass die Älteren kaum das Internet nutzten. Soni las viele Patientenberichte und fand nach langer Zeit endlich einen siebzigjährigen Mann, der mit dieser Erkrankung bereits seit zwanzig Jahren lebte. Genau wie jeder Mensch seine Lebenserwartung an den wenigen 100-jährigen festmachte, so schöpfte ich nun wieder die Hoffnung, wenigstens die 70 erreichen zu können.

Ich rief meine Arbeitskolleginnen an und sagte, dass ich im März meine Arbeit wieder aufnehmen würde.

»Den Blick nach vorne. Kein Aufgeben. Kein Rückzug!«, war immer meine Devise.

Doch unter einem solchen Dauerbeschuss durch mein Schicksal wollte ich nicht alleine weiterkämpfen und nahm umgehend Kontakt zu einem Psychotherapeuten auf. Die Gespräche taten sehr gut. Sie wirkten wie ein Ablassventil, aus dem nun der angestaute seelische Mist meines nicht ganz leichten Lebens Stück für Stück entweichen konnte. Schon bald wurde deutlich, dass ich unter der Trennung von meinem Vater mindestens so litt, wie unter der psychische Belastung der Erblindung und der Krebserkrankung zusammen...

Des Schicksals Testprogramm

Da ich mich mit meiner Willenskraft und Disziplin gegen alle dunklen Gedanken stemmte, musste das Schicksal scheinbar sein Testprogramm verschärfen.

Dank der Zytostatika, die meine Haut austrockneten und die Haare teilweise ausfallen ließen, bildeten sich nun auf der Hornhaut meines rechten Auges wunderbare Blasen, die dann aufplatzten. Das fühlte sich an, als wenn Sandkörner unter dem Lid raspelten. Wenn mehrere Blasen gleichzeitig offen waren, dann konnte ich unter diesen extremen Schmerzen keinen klaren Gedanken mehr fassen. Auch unter Tramal-Schmerzmitteln war das kaum zu ertragen. Selbst bei den unangenehmsten Augenoperationen waren die Schmerzen nicht so heftig. Hatte ich im Vorjahr noch spöttisch gesagt, dass eine offene Hornhaut auf der Schmerzskala von 0 bis 10 eine 11 verursachte, so erlebte ich nun noch eine Steigerung!

Zu den regelmäßigen Besuchen im Tumorzentrum kamen die Besuche bei meiner Augenärztin. Doch die ging leider für zwei Wochen in Urlaub. In dieser Zeit spielte mein rechtes Auge völlig verrückt. Der Innendruck stieg an und ich musste in dieses gereizte Auge mit der offenen Hornhaut noch mehr drucksenkende Tropfen einbringen. Unter diesen Höllenqualen ging ich fast in die Luft. Als es nicht mehr zum Aushalten war, ließ ich mich als Notfallpatient in der Augenklinik in Düsseldorf aufnehmen.

Die Klinik sah genauso trostlos aus wie im Vorjahr. Von den freundlichen, engagierten Ärzten, die mich kannten, war niemand mehr da. Die Kommunikation zwischen Medizinern, Pflegepersonal und Patienten war noch schlechter geworden. Fast jede Frage wurde mit ›Weiß ich nicht‹ oder ›Kann ich Ihnen nicht sagen‹ beantwortet. Über die katastrophale Ausstattung der Klinik hatte ich schon einige Seiten zuvor berichtet. Entweder war ich vielleicht empfindlicher oder die Zustände noch schlechter geworden. Da sich auch meine beiden Zimmergenossen beschwerten, lag ich mit meinen Eindrücken sicherlich ganz nicht daneben.

Nachdem ich von meinem Teller nur ein paar Bissen gegessen und das Essen wieder zugedeckt hatte, fragte eine Krankenschwester: »Hat es Ihnen nicht geschmeckt?«

Ich antwortete: »Es gibt bestimmt Menschen in sehr armen Ländern, die eine schlechtere Mahlzeit bekommen.«

Die Schwester stimmte mir zu: »Da haben Sie Recht« und nahm das Tablett auf.

Also bat ich: »Dann seien Sie doch bitte so freundlich und bringen Sie den Armen diesen kulinarischen Leckerbissen!« Die Schwester nahm mein Tablett und machte sich damit vermutlich auf den Weg in die ›dritte Welt‹, denn ich traf sie danach in der Klinik nicht mehr wieder.

Die Telefonkarten der Miettelefone funktionierten wie im letzten Jahr nicht. Dann kam der nächste Patient mit einer Karte für ein Gebühren-Fernsehgerät, welche man ihm an der Rezeption verkauft hatte. Doch auf dieser Station gab es für die Patienten keine Fernseher. Wieder gab es kopfschüttelnde Beschwerden.

Erstaunlicherweise sank mein Augeninnendruck von ganz alleine bereits am zweiten Tag auf den Normalwert. Leider quälte mich meine schmerzhafte Hornhaut nach wie vor, aber auf dieses Thema ging kaum jemand ein. Hinter den Ärzten musste ich herlaufen, damit der Augeninnendruck überhaupt gemessen wurde. Wenn ich darauf aufmerksam machte, hatte ich das Gefühl, das Personal zu stören. Bei mir sollte laut Einweisung ein Druckprofil erstellt werden. Früher sah das so aus, dass bei dem Glaukom-Patienten morgens um 8 Uhr, mittags um 12 Uhr, nachmittags um 17 Uhr und abends um 22 Uhr gemessen wurde. Gab es dieses Schema nicht mehr?

Um 10 Uhr fragte ich mal ganz vorsichtig nach, ob denn die erste Tagesmessung möglich wäre. Um 20 Uhr fragte ich wieder, ob eine zweite Messung noch zu schaffen sei? Klar, die wurde dann tatsächlich um 22 Uhr gemacht und um 23 Uhr holte man mich nochmals aus dem Bett, damit auch drei Messungen auf dem Papier standen. Selbst dem unerfahrensten Laien wäre aufgefallen, dass die Reihenfolge dieser Messungen völliger Unsinn war. In der Praxis meiner Augenärztin hätte ich ambulant ein wertvolleres Druckprofil erstellen lassen können und der Krankenkasse wären hohe Kosten erspart geblieben. Die Pflegemittel für meine Augenhornhaut und alle anderen Medikamente nahm ich eigenständig.

Hätte ich die Klinik verlassen, ohne mich abzumelden, dann wäre das niemandem aufgefallen. Am dritten Tag drängte ich auf meine Entlassung. Die einzige Ärztin, die mir bei diesem Klinikaufenthalt Interesse und Herzlichkeit entgegengebracht hatte, war eine junge Muslimin.

Gott sei Dank kam meine Augenärztin schon bald aus dem Urlaub zurück und ich hätte ihr vor Freude um den Hals fallen können. Mit viel Geduld probierte sie Tag für Tag sämtliche Mittel aus, die für meine offene Augenhornhaut auf dem Markt verfügbar waren, und endlich, endlich gab mein Auge Ruhe. So nahm ich meine Arbeit in der Physiotherapie wieder auf.

Ein Blick in die Hölle

Im April beschloss meine Hämatologin, einen neuen Weg zu gehen, denn meine Blutwerte besserten sich kaum. Immer noch starben die roten Blutkörperchen bereits nach wenigen Tagen ab und die hohen Thrombozyten-Zahlen ließen sich mit Hilfe der Chemotabletten nicht oder kaum senken. Die Gabe von Kortison war keine Dauerlösung. Die höchste Dosis der Zytostatika ebenfalls nicht.

Nun sollte eine stärkere Chemotherapie die Wende einleiten. Cyclophosphamid hieß das Zaubermittel. Ich besprach den neuen Weg mit meiner Frau. Trotz eines miserablen Gefühls ließ ich mich auf diese Therapie ein. In dem ambulanten Tumor-Zentrum saß ich mit mehreren anderen Patienten, die ebenfalls Infusionen bekamen, in einem Raum zusammen. Man bot mir einen bequemen Sessel an. Eine Nadel wurde in die Unterarmvene gesetzt und die Infusionsflasche mit dem Chemotherapiemittel angeschlossen. Das Medikament floss ca. 2 Stunden lang in meinen Körper. Ein gutes Hörbuch auf meinen Ohren lenkte mich ab und vertrieb die zähe Wartezeit. Danach bekam ich Tabletten gegen Blasenentzündungen und Übelkeit. Wider alle Skepsis spürte ich kaum Nebenwirkungen.

Jedoch nach zwei Tagen flippte mein rechtes Auge wieder völlig aus. Mehrere Blasen hatten sich auf der Hornhaut gebildet und platzten nun auf. Aufgrund des letzten Eingriffs wurde der vordere Augenabschnitt nur mager durchblutet, doch das hätte unter normalen Umständen ausgereicht. Nun war nichts mehr normal! Unter den relativ leichten Chemotherapietabletten hatte ich vor einigen Wochen bereits ein warnendes ›Vorbeben‹ erleben dürfen, doch diese deutlich höher dosierte Chemotherapie trocknete mein Auge völlig aus. Keine Salbe, keine Tropfen halfen. Hatte ich vor einigen Wochen noch geglaubt, dass ich schon die absoluten Schmerzspitzen kennen gelernt hatte, so wurde ich nun nochmals eines Besseren belehrt. Scheinbar gab es für Schmerzen eine nach oben offene Richterskala. An dieser Stelle verlor ich jeden schwarzen Humor oder Sarkasmus. Was ich nun erleben durfte, war ein Blick in die Hölle!

Die Schmerzen im Auge waren oft so stark, das mir die Tränen in Bächen über das Gesicht liefen, die Ohren sausten, der Kopf schien zu bersten und mein ganzer Körper zitterte. Der eiskalte Schweiß rann mir den Rücken entlang. In dieser Zeit verstand ich Menschen, die suizidal wurden. Ich saß mitten in der Nacht wie ein Häufchen Elend zusammengekauert auf dem Fußboden des Badezimmers und flehte den lieben Gott um Gnade: »Lieber Gott, bereite dem endlich ein Ende. Was willst du noch von mir? Willst du, dass ich völlig wahnsinnig werde? Das hier ist kein Testprogramm, sondern die reine Hölle!«

Meine Augenärztin war so mitfühlend, dass sie mir sogar Betäubungstropfen mitgab, die normalerweise nicht in Patientenhände gehörten. Wurde der Betäubungstropfen in das Auge geträufelt, dann brannte das zwei bis drei Sekunden und das Martyrium war von jetzt auf gleich vorbei. Ja, es war jedes Mal wie eine Erlösung. Dankbar und erleichtert sank ich danach auf mein Bett und die Erschöpfung sog mich für wenige Stunden in einen gnädigen Schlaf...

Eine Dauerlösung konnte das Betäubungsmittel nicht sein, da der Wirkstoff ebenfalls auf längere Zeit die Hornhaut geschädigt hätte. Bei diesen Wahnsinnsschmerzen war die Versuchung aber übergroß, das Mittel zu missbrauchen. Deshalb war ich meiner Ärztin für ihr Vertrauen sehr dankbar.

Vierzehn Tage dauerte dieser Blick in die Hölle, doch dann hatte Gott scheinbar ein Einsehen. Die Schmerzen ließen langsam nach und die Blasen auf dem Auge heilten endlich zu. Meine Augenärztin machte für mich einen Untersuchungstermin in der Augenklinik Essen-Werden. Dort wurde ich sehr nett empfangen und hier stimmte die Kommunikation. Man unterbreitete mir zu meinem Hornhautproblem einen Therapievorschlag. Ein Eingriff sollte im Juni, nach meinem runden Geburtstag, stattfinden.

Blind ein Buch schreiben?

Nach der Chemotherapie befand ich mich in einem Zustand, in dem mein Immunsystem fast auf Null gesunken war. Auch alle anderen Zellteilungen standen vorübergehend auf Null. Voller Sorge und Hoffnung warteten die Hämatologin, Bela und ich darauf, dass meine Blutbildung wieder einsetzen würde. Wir erwarteten einen Neustart des Körpers, der danach seinen Dienst wieder ›normal‹ aufnehmen würde. Während mein Immunsystem keine Abwehrkraft hatte, durfte ich mich nicht unter Menschen trauen. Also war ich auch wieder krankgeschrieben.

Viele Freunde regten mich an, meine außergewöhnliche Geschichte zu Papier zu bringen.

Als ich das Bildschirmlesegerät noch benutzen konnte, schrieb ich unter erschwerten Umständen handschriftlich. Als das Licht ausging, musste ich mir etwas Neues einfallen lassen. Die Lösung konnte nur heißen, ›blind zu schreiben‹. Aber wie?

Vor vielen Jahren hatte ich eine Schreibmaschine benutzt und die Schreibtechnik des Adler-Such-Systems angewandt, also mit der Hand kreisen und mit einem Finger zustoßen. Doch dieses System gelang nur den Sehenden. Wer als Blinder eine Schreibmaschine benutzen will, muss das Zehn-Finger-System beherrschen, so wie es jede Sekretärin erlernt.

Alleine der Gedanke, dass dort für mich eine Möglichkeit zum Schreiben wartete, brachte Licht in meine trüben Tage. Tochter Sonja ersteigerte mir aus dem Internet eine elektrische Schreibmaschine und dann schlug ich einen völlig neuen Weg ein.

Viele Jahre hatte ich keine Tastatur mehr angerührt. In welcher Reihenfolge waren eigentlich die Zahlen und Buchstaben auf der Maschine angeordnet? Wo lagen die Zeichen? Wie sollte ich an diese Informationen herankommen? Mir kam eine Idee. Ich spannte ein Blatt ein und tippte in der obersten Reihe von links nach rechts alle Zeichen nacheinander ein. Es folgte die nächste Reihe und so weiter. Das fertig Getippte legte ich in den Scanner meines Vorlesesystems (das ich bereits auf den vorherigen Seiten beschrieben habe) und ließ mir jedes Zeichen und jeden Buchstaben einzeln vorlesen. Dann lernte ich die Positionen der Tasten auswendig.

Der nächste Schritt war das Erlernen des Zehn-Finger-Systems. Auf der Tastatur sind auf den Buchstaben ›f‹ und ›j‹ tastbare Erhöhungen, auf die jeweils ein Zeigefinger gesetzt wird. So fand ich leicht die Grundposition der Hände. Die Schreibproben kontrollierte ich wieder mit meinem Vorlesesystem. Wenn ich nun beim Vorlesen Fehler hörte, konnte ich diese nicht mehr korrigieren, da sich das Dokument nicht mehr in der Maschine befand. Was nutzte mir dort die tolle Korrekturtaste, die den Sehenden weiterhalf?

Zu Anfang machte ich so viele Fehler, dass mein vorgelesener

Text wie eine Fremdsprache klang. Bald erinnerte mein Schreiben an deutsche Ur-Dialekte. Zum Schluss machte ich auf einer DIN A4-Seite nur noch maximal 20 Fehler. Oft waren es die typischen Buchstabendreher. Trotzdem störte es mich meine Korrespondenz so fehlerhaft vorzuzeigen. Mein Wunsch, eine Technik zu bekommen, mit der ich Texte korrigieren könnte, erfüllte sich. Die Lösung hieß Computertechnik!

Andere Altersgenossen liefen immer noch vor der Nutzung des Computers fort. Ich hatte zum Erreichen meines neuen Zieles gar keine andere Wahl, als diese hilfreiche Technik anzunehmen.

Durch meine Kinder erfuhr ich, dass die Firma Tieman (heute Optelec) ein Computerprogramm entwickelt hatte, das einem Blinden ermöglichte, nur nach Gehör den PC zu bedienen. Nach mehreren Rücksprachen mit dem Hersteller kaufte ich ein ›Screenreader-Programm‹, das den Bildschirmtext des Rechners in Sprache umsetzten konnte. Mein Sohn installierte das Programm auf seinem alten PC, aber dieser tat sich schwer. Die aufwendige Software nahm ihm fast seine ganze Kapazität.

Die Kinder gaben mir einen Schnellkurs und mein Kopf schien vor lauter neuen Eindrücken überzulaufen. Doch die Neugier und die greifbare Möglichkeit, ganz neue Welten zu erobern, zogen mich täglich mindestens acht Stunden vor den Rechner. Zeit zum Üben hatte ich ja genug. Jetzt hieß es nur noch »learning by doing« und ich konnte meine Krankheitstage sinnvoll füllen.

Nachdem ich mich in das Word-Programm eingearbeitet hatte, kaufte ich mir einen neuen Computer, der das Sprachprogramm wesentlich besser ausführen konnte.

»So, dann kannst du ja nun deine Biographie niederschreiben«, kam wieder die Aufforderung aus meinem Freundeskreis.

Ich war gefühlsmäßig hin- und hergerissen. Sollte meine Geschichte fremde Menschen tatsächlich interessieren? War es mir selbst recht, vor anderen meine Leiden auszubreiten? Womit sollte ich anfangen? Hatte ich denn überhaupt das Talent, ein Buch zu schreiben?

Auch an dieser Stelle stimmte der Satz des Konfuzius: ›Der Weg ist das Ziel!‹ Das Ziel musste schließlich nicht die Veröffentlichung sein. Sicherlich könnten meine Erfahrungen anderen Menschen Einblicke, Hoffnung und eventuell auch etwas Hilfe geben, doch allein das Schreiben erfüllte bereits seinen Sinn. Ich war gezwungen, mein Zehn-Finger-System zu trainieren, und ich konnte mich mit den prägenden Erlebnissen noch einmal auseinandersetzen.

Nach einigen Tagen hatte ich bereits einen großen Teil meiner ›Horrorgeschichten‹ zusammengetragen und war von dem Ergebnis entsetzt! War mein Leben tatsächlich nur ein Horrorroman gewesen? Alles in mir schrie ganz klar ›nein‹! Ganz im Gegenteil. Ich habe viel gelacht, viele wunderbare Erfahrungen gemacht und habe viele glückliche Stunden genießen dürfen. Wenn ich anderen Menschen das Leben eines Behinderten näherbringen wollte, dann musste ich auch von den guten Zeiten berichten. Dann musste ich zu den allerersten Erinnerungen zurückkehren.

Und ich sprach zu Gott: »Siehe, um mich herum ist nur Chaos!«
Und Gott antwortete: »Lächle und sei froh. Es hätte viel schlimmer kommen können!«
Und es kam schlimmer...

Das Pfingsterlebnis

Sechs Wochen stand ich nun unter den Nachwirkungen der Chemotherapie. Mein beleidigtes Auge wurde drei bis viermal in der Woche untersucht. Zweimal wöchentlich musste ich mich bei der Hämatologin vorstellen.

Wenn meine Frau jetzt noch berufstätig gewesen wäre, hätte ich diese Termine nichts alle einhalten können.

An jedem Tag wartete auf mich ein volles Wartezimmer mit meckernden Patienten, die sich beim Husten nicht die Hand vor den Mund halten konnten und ihre Bazillen kräftig in den Raum hineinbliesen. Mit dem Gedanken an mein heruntergefahrenes Immunsystem wurde mir ganz anders. Meine Abwehrkräfte waren auf Null. Die roten Blutkörperchen bildeten sich seit einer Woche zur Beruhigung meiner Hämatologin gerade neu.

Bela und ich freuten uns auf das Pfingstwochenende, da wir bei Freunden eingeladen waren. Tagsüber hatte ich Schmerzen im linken Bein. Im Beipackzettel meiner Zytostatika stand, dass als Nebenwirkung Beinschmerzen und sogar Geschwüre auftreten konnten, die nach Absetzen des Medikaments wieder verschwinden würden. Also, was sollte dieses Symptom schon besonderes bedeuten?

Wir saßen in der Kellerbar unserer Freunde und genossen das Essen. Unser Thema hieß ›Oldieabend‹. Ein bis zwei Bierchen durfte ich mir erlauben. Ätzender als die Chemo wirkten die auch nicht! Um 22 Uhr stieg die Partystimmung schon auf den Höhepunkt.

Mein Bein schmerzte immer noch. Plötzlich bekam ich Schüttelfrost. Vor sieben Jahren hatte ich, wie erwähnt, eine Venenentzündung und besuchte damit kurzfristig die Intensivstation. Die Symptome waren jetzt wieder ähnlich. So rutschte ich nervös auf meinem Stuhl herum und haderte mit mir, ob ich meiner Frau und den anderen Gästen etwas davon mitteilen sollte. Würde die Partystimmung wegen mir dann dahin sein? Musste ich aus gesundheitlichen Gründen wieder die Spaßbremse spielen? Konnte ich mir bei diesem kaputten Immunsystem ein Zögern erlauben?

Schweren Herzens informierte ich meine Frau und unsere Gastgeber über meinen Gesundheitszustand. Eine Bekannte fuhr uns umgehend heim.

Zuhause schaute sich Bela mein Bein an. Es war knallrot und heiß. Sie gab mir ein Fieberthermometer. Die Temperatur betrug 38,5°C. Bei der Venenentzündung vor sieben Jahren wurde das Bein hauptsächlich gekühlt und ein fiebersenkendes Medikament gegeben. Alle diese Möglichkeiten standen mir augenblicklich zur Verfügung.

Ich nahm Paracetamol-Tabletten und packte um das Bein Kühlelemente. Am nächsten Tag war die Temperatur im Normalbereich, doch ich fühlte mich schwach wie bei einer Grippe und blieb im Bett. Abends stieg die Temperatur an. Wieder nahm ich Paracetamol. In der Nacht bekam ich Magenschmerzen. Am nächsten Morgen war ich völlig entkräftet und die Temperatur war auf 40°C gestiegen. Ich nahm weiter Paracetamol und meine Frau versuchte an diesem Pfingstmontag meinen Hausarzt und die Hämatologin über Notrufnummern zu erreichen. Niemand meldete sich. Wie hätte mir ein fremder Notarzt helfen können? Bei meinen bunten Krankheitsbildern wäre doch jeder fremde Mediziner ins Schleudern geraten.

Am späten Nachmittag meldete sich endlich die Hämatologin. Sie riet mir, ins Krankenhaus zu gehen, falls es schlimmer würde. Und es kam schlimmer!

Um Mitternacht wusste ich nicht mehr wie ich in meinem Bett liegen sollte. Ich bekam kaum noch Luft. Ich weckte meine Frau und meinen Sohn. Dann riefen sie die Intensivstation des Krankenhauses an und baten um meine Aufnahme. Gott sei Dank war dort noch ein Bett frei.

Bela und Ben halfen mir beim Anziehen und schleppten mich zur Krankenwageneinfahrt des gegenüberliegenden Krankenhauses. Im Rollstuhl schob man mich dann in die Intensivstation. Dort wurde ich schon erwartet. Ich musste mich ganz entkleiden und wurde sofort an die Überwachungsgeräte angeschlossen.

Die Ärzte diagnostizierten eine Sepsis, eine Blutvergiftung, und kreisten nervös wie Satelliten um mein Bett herum. Es bestand für mich akute Lebensgefahr. Trotz hochmoderner Medizin betrug bei einer Sepsis die Überlebenschance nur 50%. Der Oberarzt klärte meine Frau über diese drohende Gefahr auf. Nach den Geschehnissen der letzten zwei Jahre stand auch Bela in dieser Situation fast vor einem Nervenzusammenbruch.

Vieles erschien mir nun zwischen Realität und Traum zu verschwimmen. An meiner linken Halsvene wurde ein zentraler Venenkatheder angeschlossen und eingenäht. Dieser ZVK bot die Möglichkeit, viele Infusionen gleichzeitig anzuschließen. Antibiotika und wichtige Vitalstoffe flossen rund um die Uhr durch das unangenehme Ding an meinem Hals in den geschundenen Körper. Früher störten mich schon ein zugeknöpfter Hemdkragen und eine Krawatte. Aber das hier?

Mit der Urinflasche konnte ich mich noch gut anfreunden, doch das große Geschäft auf der Bettpfanne blieb wieder mal eine peinliche Sache.

Am nächsten Tag wurde ich mit dem Krankenwagen zu der anderen Betriebsstelle des Krankenhauses gebracht, um eine Computertomographie machen zu lassen. Bei der Computertomographie krabbelte man auf eine schmale Liege. Ich musste auf dem Rücken liegen und die Arme über dem Kopf halten. Mein Rücken schmerzte und mir blieb fast die Luft weg, weil meine Lunge nach Angabe der Ärzte voller Wasser war. Dann fuhr die Liege langsam in die Röhre hinein.

»Als wenn man in einen Ofen geschoben wird«, dachte ich, »fehlt nur noch, dass jemand die Klappe hinter mir zumacht!«

Eine technische Stimme klang aus einem Lautsprecher: «Tief einatmen«, und bald darauf, »Weiter atmen!«

Meine Lunge saß zu. Von tief einatmen konnte keine Rede sein. Dann fuhr die Liege wieder aus der Röhre heraus und schon bald lag ich wieder im Krankenwagen.

Mein Organismus spielte völlig verrückt. Der Blutdruck stieg über 200 mmHg. Der Puls raste bedrohlich. Das verrückte Herz pochte mit über 180 Schlägen pro Minute und versetzte mich in Panik. Die Intensivärztin versuchte mit einer Infusion den Herzschlag zu regulieren. Ich spürte, wie er langsamer und langsamer wurde.

Die Abstände zwischen den piependen Pulssignalen des Überwachungsgerätes wurden größer und größer. Die Angst in mir ließ mit sinkendem Puls Stück für Stück nach.

Doch was geschah nun? Der Puls sank deutlich unter seinen Normalbereich. Immer weiter und weiter. Riesige Pausen mussten zwischen den letzten Herzschlägen gelegen haben. Die Panik stieg erneut in mir auf.

Meine Gedanken überschlugen sich: »Gleich bleibt das Herz stehen. Gleich hört man nur noch den Dauerton.«

Statt meines Herzschlags blieb die Zeit stehen. Ich dachte an meine Lieben, und dass mir nicht einmal der Abschied von ihnen bleiben würde. Was erwartete mich auf der anderen Seite? Gab es die überhaupt? Würde ich meine verstorbene Mutter treffen?

Plötzlich wurde ich von meinem deutlich ansteigenden Herzrhythmus aus den Gedanken gerissen. Die Situation vermittelte den Eindruck, als drehte jemand an einer Einstellschraube meines Motors. Mein Zustand stabilisierte sich und meine Todesangst ging langsam zurück. Dann bekam ich so starke Schmerzen, dass ich um ein Medikament bettelte. Ich vermute, dass man mir Morphium gegeben hatte. Alles was ich als Nächstes wahrnahm, lag zwischen Traum und Wirklichkeit. Auf jeden Fall wusste ich, dass meine Familie an meinem Bett stand und ich meinen Lieben immer wieder etwas sagen wollte, doch aus meinem Mund kamen Worte, die mit meinen Gedanken absolut nicht übereinstimmten.

»Die müssen mich für völlig verrückt halten«, dachte ich, winkte ab und schüttelte nur mit dem Kopf.

Der Chefarzt sagte mir am nächsten Morgen, dass er mich zur Uniklinik nach Essen in die Hämatologie überweisen wolle, da dort bessere Behandlungsmöglichkeiten für mich beständen. Wieder wurde für mich ein Krankenwagen bestellt. Meine Frau sollte mit ihrem Wagen hinterherfahren, doch ich wusste, dass sie so aufgeregt war, dass man das nicht verantworten konnte. Hinzu kam, dass sie einen Tag zuvor unseren neuen Golf vom Autohändler abgeholt hatte und mit dem Fahrzeug noch nicht vertraut war.

Ja, die feierliche Übergabe dieses Wagens hatte ich auch verpasst und ich hatte mich von unserem treuen Benz, der durch ›Kyrill‹ was aufs Dach bekommen hatte, noch nicht einmal verabschieden können. Ich bestand darauf, dass meine Frau im Krankenwagen mitfahren durfte. Mein Gesundheitszustand verschlechterte sich während der Fahrt so sehr, dass wir unter Blaulicht und Martinshorn durch die Stadt rasten. Das hatte ich als Patient auch noch nicht erlebt.

Zwischen Himmel und Hölle

Kaum lag ich in der Universitätsklinik Essen im Krankenbett, da versammelten sich um mich sämtliche Ärzte der hämatologischen Station. Wieder wurde ich an viele Überwachungsgeräte angeschlossen und wieder war die Situation todernst.

Der Oberarzt erklärte Bela meine äußerst lebensbedrohliche Situation. Man gab ihr ein starkes Beruhigungsmittel. Dann kamen auch irgendwann meine Kinder hinzu.

Ich war hin- und hergerissen zwischen Angst und Aufgeben. Ich war es so verdammt leid, ständig solche schwierigen Grenzsituationen ertragen zu müssen. Was erwartete mich hier? Wollte ich das alles überhaupt noch? Wieder war alles fremd. Wieder sah ich aufgrund meiner verfluchten Blindheit nicht, wie die Räumlichkeiten beschaffen waren. Wieder unzählige, fremde Stimmen ohne Gesichter, die ich nicht zuordnen konnte. Ich konnte aufgrund der

Lungenentzündung nicht einmal tief Luft holen und seufzen. Mir tat alles weh und meine Innereien steckten scheinbar alle an verkehrten Stellen.

Angst und das Gefühl, völlig ausgeliefert zu sein, ließen mich tiefer unter meine Bettdecke kriechen. Ich kam mir so winzig vor, ich hätte unter dem Teppich Schlittschuh laufen können. Lag denn hier überhaupt ein Teppich?

Aus den unzähligen Infusionsflaschen, die über mir baumelten, liefen die wichtigen Medikamente gebündelt in den zentralen Venenkatheder, der an meinem Hals immer noch eingenäht war. Im rechten Nasenloch verschwand die Magensonde. Im linken Nasenloch steckte der Sauerstoffschlauch, da mein Sauerstoffgehalt im Blut unter 90% gesunken war. Auf meiner Brust klebten etliche Elektroden zur EKG-Überwachung und zum Wasserlassen schob man mir einen Katheder. An einem Arm hing das Blutdruckmessgerät, das sich regelmäßig aufpumpte. Auf einem Finger der Hand des anderen Arms klemmte ein Fühler, der den Blutsauerstoff messen konnte. Also, war ich komplett mit der Klinik verbunden und musste nur für das große Geschäft nach der Pfanne klingeln. Der Kortisondiffuser klackerte ständig und drückte das Medikament in meinen Körper. Dahinter stand das Sauerstoffgerät und sprudelte geräuschvoll wie ein Aquarium. Und wofür dieser ganze Mist?

Noch nie war ich so bereit gewesen aufzugeben, wie in dieser hoffnungslosen Lage.

Der Sensemann stand neben mir und meinte: »Komm, es wird Zeit. Du bist mir schon so oft von der Schippe gesprungen. Willst du dich noch mehr quälen lassen? Für wen denn?«

Konnte der Tod nicht tatsächlich eine Erlösung sein? Die christliche Kirche behauptete seit 2000 Jahren, dass nach dem Tod das Paradies auf uns Menschen warten würde. Andererseits war noch niemand zurückgekommen und hatte das bestätigt! Und was würde aus meiner Frau und meinen Kindern, die da draußen auf dem Flur vor Sorge um mich bangten? Der Gedanke, nicht miterleben zu dürfen, wie es mit den Kindern weitergeht, füllten meine Augen mit Tränen. Ja, die Kinder...

Alles bäumte sich in mir auf: »Nein, jetzt gehe ich noch nicht! Gerade, weil mich das Schicksal scheinbar zum Aufgeben zwingen will, werde ich nicht aufgeben!«

Ich rief also wieder den lieben Gott an, von dem ich zeitweise überzeugt war, dass es ihm scheißegal war, wie es mir geht. Ich fragte ihn sogar wütend, ob ich schon wieder in seinem Testprogramm stecken würde und ob er auch besonders viel Spaß an meinem Schicksal habe? Sollte er doch vor Lachen von seinem himmlischen Thron fallen, dann würde er wenigstens noch lange an mich denken! Gott lachte nicht, er schwieg.

Neue Gedanken stiegen in mir auf: ›Aber was für ein Gott sollte das sein, der es dem Menschen heute gut und morgen schlecht gehen lässt? Ist unser Leben nicht schlicht und ergreifend Schicksal, für das auch Gott nicht verantwortlich ist? Würde er alles vorausbestimmen, so wären wir Menschen nur Marionetten und völlig handlungsunfähig. Im Gegensatz zum Tier können wir Menschen Entscheidungen treffen. Wir können unser Leben in die Hand nehmen. Ich habe oft den Eindruck gehabt, dass Gott eine universelle Kraft ist, die man sich zu Eigen machen kann. Und wenn Gott doch alles ist, dann ist er auch logischerweise in jedem Menschen. Dann müsste er auch in mir sein!‹

Bei diesen Gedanken erfüllte mich eine neue Willenskraft und ich flüsterte vor mich hin: »Der Tod kommt irgendwann von ganz allein! Ich will meine Lieben nicht verlieren! Kampflos werde ich nicht gehen! Kein Aufgeben. Kein Rückzug!«, und ich sprang dem Sensemann wieder mal von der Schippe!

Mein Bettnachbar war ein unfreundlicher, mürrischer Mensch. Er stank nach Zigaretten. Ohne große Worte ließ er mich spüren, dass es ihn störte, dass ein schwerer Pflegefall in seinem Zimmer lag. Ich versuchte mit ihm ins Gespräch zu kommen, doch er knurrte sich nur etwas in den Bart. Trug er denn überhaupt einen Bart?

Aufgrund der vielen Anschlüsse um mich herum wollte ich mir mein Hörbuchabspielgerät noch nicht mitbringen lassen. Ich war froh, dass ich auf meinem vollgestellten Nachtschrank unfallfrei meine Schnabeltasse und meine Augentropfen erreichen konnte. So wuchsen die untätigen Minuten zu Stunden und die Stunden zu Tagen...

Gott sei Dank sprach wenigstens meine Blindenuhr mit mir und meine Bela kam jeden Tag zum Händchenhalten. Jede Minute ihrer Anwesenheit war in dieser Zeit sehr, sehr wichtig für mich.

Das Pflegepersonal behandelte mich herzlich, regelrecht liebevoll. Das machte meine Lage wesentlich erträglicher.

Meine Lunge war immer noch voller Wasser und verursachte extreme Kurzatmigkeit. Es gibt meiner Erfahrung nach nichts Schlimmeres, als das Gefühl zu ersticken.

In dieser Situation fielen mir wieder die Worte meiner verstorbenen Mutter ein: »Du kannst dir nicht vorstellen, wie gut das tut, wenn man mal richtig durchatmen kann!«

Wie schon beschrieben, verursachte ihr Herzleiden häufige Atemnot.

»Mutter, jetzt weiß ich, wie sehr du gelitten hast!«, schickte ich meine Gedanken zu ihr in den Himmel.

Der Oberarzt punktierte meine linke Lunge. Das passierte so nebenbei im Bett. Die Haut des Rückenbereichs wurde betäubt. Dann tastete er die Stelle ab, in die nun eine lange Hohlnadel bis in die Lunge hineingestoßen wurde. Natürlich stieg Angst in mir auf, da ich keine Erfahrung damit hatte und mit starken Schmerzen rechnete. Er sog 200 ml Flüssigkeit aus meinem Atemorgan, doch die Prozedur war erstaunlich erträglich.

Bald darauf wurde ich von den ›Transportern‹, einem speziellen Hol- und Bringdienst, mehrmals in andere Gebäude zu weiteren Untersuchungen gefahren. Ich durfte währenddessen in meinem Bett liegen bleiben. Es wurde aus dem Haus eine Rampe hoch in den Transportwagen geschoben. Ich kam mir vor, wie bei einem Möbeltransport. Aber es vermittelte das Gefühl, dass es mit mir weiter ging.

Nachdem mein Zustand stabilisiert war, schob man mich mit einem Rollstuhl durch unterirdische Tunnelgänge durch das gesamte

Klinikgelände auf und ab. Röntgenuntersuchungen und eine weitere Computertomographie folgten.

Als plötzlich, von heute auf morgen, die hohe Kortisondosis abgesetzt wurde, sog mein Körper große Mengen Wasser in sich auf. Man konnte dabei zusehen, wie ich aufschwemmte. Nach wenigen Stunden hatte ich über acht Kilogramm zugenommen und sah aus wie eine Buddhafigur. Mein Schlafanzug passte nicht mehr. Ein Pfleger reichte mir Kleidung in der Konfektionsgröße 60. Bela brachte mir umgenähte Wäsche.

Da hohe Kortisondosen wie eine Droge wirken, bekam ich Entzugserscheinungen. Ich wusste nicht, wie mir geschah. Panikartige Angstattacken ließen mich mitten in der Nacht so zittern, dass mein ganzes Bett vibrierte. Ich klingelte nach der Nachtschwester und ließ mir ein starkes Beruhigungsmittel geben. Obwohl das ein Gnadenhammer war, zitterte ich noch einige Stunden und zog mir die schützende Decke über den Kopf.

Die Ärzte verordneten mir Entwässerungstabletten. Die waren spitze. Mit dem Wirkstoff schaffte ich es, die 1l-Urinflasche mit einem Mal vollaufen zu lassen. Mein Körpergewicht schmolz von Tag zu Tag. Schon bald hatte ich 14 kg weniger als vor meiner Erkrankung.

Von dem Haufen Elend war nur noch ein Häuflein Elend übrig geblieben.

Zurück aus der Hölle

Nach vier Tagen der Not, der Angst, der Verzweiflung und des Martyriums bekam ich ein Einzelzimmer. Ich war den Ärzten so unendlich dankbar! Hier konnte ich mit meiner Bettpfanne soviel herumstinken, wie ich wollte. Ich musste mir keine Gedanken machen, ob das einen verständnislosen Mitpatienten stören würde.

Mit steigender Hoffnung auf Besserung begann ich, mir ein gymnastisches Übungsprogramm zusammenzustellen: Füße auf und ab bewegen, Knie auf die Matratze drücken, Pobacken anspannen, Kopf auf die Brust und die Bauchmuskeln anspannen, Arme über den Kopf, Hände auf die Matratze drücken, usw.

Nach wenigen Tagen kam regelmäßig eine Physiotherapeutin in mein Zimmer. Sie half mir, mich auf die Bettkante zu setzen.

»Jetzt geht‹s aber richtig los!«, freute ich mich und schaffte es kaum einige Sekunden mit durchgedrücktem Rücken aufrecht zu sitzen.

Mein Körper war völlig entkräftet und ausgelaugt, wie zehn Jahre zuvor während des rheumatischen Fiebers. Die ersten Atemübungen waren noch katastrophal. Mir gelang es kaum den federleichten Kunststoffball in dem Atemtrainer für 2 Sekunden zu bewegen. Doch es war ein Anfang und mit zunehmendem Lungenvolumen füllte sich mein Körper scheinbar wieder mit Energie. Meine Bela kam weiterhin treu jeden Tag vorbei und das gab mir viel Kraft.

Meine Erkenntnis war: ›Es kommt nicht darauf an, dass man lebt, sondern für wen man lebt. Das Leben selbst hat kein direkt erkennbares Ziel und keinen direkt erkennbaren Sinn. Es ist der Lebensinhalt, der zum Sinn führt. Für einen anderen Menschen da zu sein, ergibt einen Sinn. Für eine Aufgabe da zu sein, ergibt einen Sinn. Es muss also einen Grund geben, leben zu wollen. Das ist der Motor und die Basis der Willenskraft, um weiter zu kämpfen!‹

Dank der Atemübungen und dem Wasserentzug aus der Lunge nahm mein Atemvolumen zu. Mit jedem tieferen Luftzug kehrten meine Vitalkräfte zurück. Nach zehn Tagen hatten sich die Fäden des ZVK am Hals gelöst. Da die Ärzte beobachteten, dass ich nun auf natürliche Weise genug Nahrung zu mir nahm, mussten keine Vitalstoffe mehr über die Halsvene in den Körper transportiert werden. Also wurde endlich der lästige ZVK von meinem Hals entfernt. Endlich konnte ich mich auch dort wieder rasieren. Ebenso wurde ich die Magensonde los und auch der Sauerstoffschlauch war nicht mehr nötig. Welch eine Erlösung! Welch ein befreiendes Gefühl!

An meinen Unterarmen wurden nun Nadeln gesetzt, um die weiteren, immer noch notwendigen Infusionen, wie zum Beispiel Antibiose gegen Entzündungen, zeitweise anschließen zu können. Diese Nadeln wurden regelmäßig alle zwei bis drei Tage erneuert.

»Na, wo haben wir denn noch eine gute Vene?«, klopften die Ärzte auf meine Unterarme, um erneut zuzustechen.

Täglich wurde auch aus den Venen Blut entnommen, um die Blutwerte zu überprüfen. Diese Aufgabe wurde den Medizinstudenten überlassen. Zu ihnen gehörten sehr talentierte und, na ja, weniger talentierte!

Mir blieb eine kleine Asiatin in Erinnerung, deren Namen ich nicht verstanden hatte und die ich für mich ›Susi Wong‹ nannte.

»Ich nehmen Blut ab. Wo ist gute Vene?«, sprach sie mich mit hoher, liebenswürdiger Stimme an und hielt ihre Nadel bereit.

»Mein linker Unterarm wird immer wieder gern genommen. Da sollen die besten Venen liegen«, gab ich meine Empfehlung ab.

Sie klatschte mit der flachen Hand auf meinem nackten Unterarm herum und ihre liebe Stimme klang immer verzweifelter: »Oh, oh, oh, oh, ich nicht finden. Ich nehmen anderen Arm!«, dann wechselte sie die Bettseite und klatschte minutenlang auf dem rechten Unterarm, »Oh, oh, oh, oh, auch nicht gut!«

Sie bemühte sich, ihrer Stimme einen heiteren Klang zu geben, doch als Blinder hörte ich ihre Verzweiflung heraus. Plötzlich fasste sie Mut und stieß hervor: »Ich versuch. Ich kann!«, und dann prockelte sie mit der Nadel in meinem Arm herum.

Nach der dritten quälenden Probebohrung sagte ich: »So, jetzt wurde am rechten Arm genug gesucht! Probieren Sie es noch einmal am linken.« Also folgten links wieder mehrere Klatscher und etliche ›oh, oh, oh, oh‹.

Endlich war sie scheinbar auf eine blutige Quelle gestoßen: »Ich hab, ich kann, ich kann«, drückte der Klang ihrer Stimme große Erleichterung aus. ›Susi Wong‹ atmete hörbar auf, verabschiedete sich sehr freundlich und verließ eilig mein Zimmer. Im Gegensatz zu den anderen angehenden Medizinern kam sie nie wieder zu mir zum Blutabnehmen. Ich musste noch oft an diese herzliche, junge Medizinstudentin denken, die ihre ehrlichen Gefühle so deutlich auf den Lippen trug.

Bald darauf entfernten die Schwestern die Elektroden der Überwachungsgeräte von meiner Brust. Stück für Stück wurde ich wieder Mensch. Ich hatte bis jetzt 15 kg Gewicht verloren. Auch meine einst ansehnliche Muskulatur wirkte jämmerlich. Die Physiotherapeutin übte mit mir die ersten Schritte. So erreichte ich nach einiger Übungszeit die 1 m von meinem Bett entfernte Badezimmertür völlig selbstständig! Das war ein großer Meilenstein auf dem Weg meiner erneuten Menschwerdung.

Auch im Bad hangelte ich mich alleine vom Waschbecken zum WC und zurück. Man stellte mir einen Hocker vor das Waschbecken und ich versuchte, mich ohne Hilfe zu waschen. Trotz der verständnisvollen Pflege war ich froh, dass mein Hintern nun wieder mir gehörte. Ich rasierte mich elektrisch und wusch mir die verschwitzten Haare. Alles ganz langsam, aber vollendet. Nach dieser erfrischenden Morgentoilette war ich völlig geschafft und musste mich eine Zeit lang ins Bett legen. Aber jeder Handgriff, jede Bewegung stärkte den Körper und brachte Tag für Tag neue Erfolgserlebnisse, die für einen Schwerkranken äußerst wichtig sind!

Ich trainierte für ein großes Ziel. Von meinem Krankenzimmerfenster aus sah meine Frau unser neues Auto im Parkhaus stehen. Es wartete in der gigantischen Entfernung von 5 Minuten Fußweg. Diese gewaltige Strecke wollte ich bald wieder alleine per pedes überwinden, damit ich endlich diesen Ort meiner Wiedergeburt verlassen konnte.

Die neue Diagnose

Der Oberarzt ordnete an, dass bei mir eine erneute Knochenmarkuntersuchung durchgeführt werden sollte. Zwei Stationsärzte standen an meinem Bett. Ich musste mich auf den Bauch legen. Man betäubte die Haut und eine dicke Hohlnadel wurde in den Beckenkamm gebohrt. Es fühlte sich an, wie das Einschrauben eines Korkenziehers. Der Arzt nahm reichlich Gewebe und sog Blut aus dem Knochenmark, was äußerst schmerzhaft war. Doch da ich auf dem Bauch lag, konnte ich nur in die Matratze beißen. 25 Minuten dauerte die Prozedur. Die Wunde wurde mit einem Pflaster abgedeckt und dann musste ich mit dieser Stelle eine Stunde lang auf einem Sandsack liegen.

Das Laborergebnis kam erst einige Tage später. Die Diagnose lautete ›essentielle Thrombozytämie‹. Ich hatte also keine ›Osteomyelofibrose‹? Ich konnte es kaum fassen. Die dunkle Prognose des Frühjahres war vom Tisch!

Umgehend rief ich Bela an und gab die frohe Botschaft weiter. Auch sie konnte es kaum glauben. Hatte der Liebe Gott mich diesen harten Weg gehen lassen, um nun wieder berechtigte Hoffnung auf ein längeres Leben zu haben? Für einige Tage wurde ich aufrichtig fromm.

Dann kam der Tag meines fünfzigsten Geburtstags. Ich gratulierte mir selbst direkt nach dem Wachwerden. Hatte ich nicht sogar gerade meine Wiedergeburt erlebt? Nun war ich gespannt, ob jemand vom Pflegepersonal dieses Datum in meiner Krankenakte gesehen hatte. Niemand äußerte sich... etwas enttäuscht erwähnte auch ich beim Personal nichts von meinem Ehrentag.

Mit dem gebesserten Gesundheitszustand musste ich mein Einzelzimmer an einen anderen Schwerkranken abgeben und zog in ein Zweibettzimmer um. Mein neuer Bettnachbar war ein 30jähriger liebenswerter, junger Mann, der wegen seiner Leukämie schon viele Chemotherapien hinter sich gebracht hatte. Er wartete auf eine Knochenmarktransplantation und war seit sieben Wochen hier in der Klinik. Er sagte mir ganz traurig, dass er heute den 90. Geburtstag seiner geliebten Oma verpasse und doch gehofft hatte, dass er daran hätte teilnehmen können. Als ich ihn einweihte, dass ich an diesem Tag 50 Jahre alt geworden war und meine eigene Party auch verpassen würde, ging es ihm gleich besser. Geteiltes Leid ist halbes Leid!

Meine Frau hatte schon einige Tage zuvor im Sauerland angerufen und die lang geplante Feier abgesagt. Auch unsere Gäste waren rechtzeitig ausgeladen worden, so wie ich vom Schicksal verladen worden war.

Tagsüber riefen viele Freunde an und gratulierten. Gegen Abend besuchten mich Bela und Ben. Auch meine Tochter meldete sich zu später Stunde telefonisch. So ging der runde Geburtstag völlig unspektakulär vorbei.

Mein größtes Geschenk war, dass ich lebte und dass die OMF-Diagnose vom Tisch war.

Ich wollte dem Schicksal gerade vergeben und dankbar sein, da ließ es sich etwas Neues einfallen. Bei den weiteren computertomographischen Untersuchungen fand man einige Gebilde in meinem Bauchraum, die dort nicht hingehörten. Die Ärzte äußerten den Verdacht, dass es sich um Lymphome, krankhaft vergrößerte Lymphknoten, handeln könnte. Entsprechend wurde eine Biopsie dieser Gebilde angeordnet. Wieder musste ich zur Computertomographie, da mit diesem System der Eingriff kontrolliert durchgeführt werden konnte.

Die Transporter schoben mich dieses Mal überirdisch zu dem Gebäude, was jetzt für mich mehr als eine willkommene Abwechselung war. Endlich raus aus dem Krankenzimmer und kurz mal frische Luft einatmen. Die Pflanzen dufteten und eine Amsel pfiff mir fröhlich hinterher. Ich roch und hörte das Leben. Die Sonne verwöhnte wärmend meine bleiche Gesichtshaut und der Sommerwind spielte mit meinen schütter gewordenen Haaren.

Diese selbstverständlichen Dinge empfand ich nun als ein persönliches Geschenk.

Liebevoll und freundlich wurde ich wieder beim CT empfangen. Der Oberarzt erklärte mir den Untersuchungsvorgang. Die Liege der riesigen Röhre war einladend herausgefahren und ich legte mich dort auf den Rücken. Wieder musste ich die Arme über dem Kopf halten, doch dieses Mal klappte das viel besser. Ich war gelenkiger und meine Lunge freier geworden. Die Liege fuhr mit mir in die Röhre und es folgten die Atemkommandos der technischen Stimme. Dann schob sich die Liege wieder wie von Geisterhand heraus und der Hautbereich des Eingriffs wurde betäubt. Nach kurzer Wartezeit arbeitete sich der Arzt mit seiner Hohlnadel in meinem Bauchraum zu der Stelle vor, an der die Gewebeprobe entnommen werden sollte. Während des Eingriffs wurde ich wieder mehrere Male in die Röhre gefahren und der Arzt konnte am Monitor sehen, ob die Nadel richtig saß. Die punktierte Stelle wurde zum Schluss mit einem Pflaster abgedeckt.

Erleichtert, dass die Prozedur relativ schmerzfrei verlaufen war, stieg ich von der Liege, kleidete mich an und die Transporter brachten mich zu meiner Station zurück.

Am Abend des gleichen Tages kam ein mir unbekannter Arzt, um Blut abzunehmen. Das war ›Doktor-Prockel‹. An drei verschiedenen Stellen meiner Unterarme versuchte er mit seiner Nadel äußerst ungeschickt meine Venen zu treffen und stocherte in meinem Gewebe herum. Selbst ›Susi Wong‹ war im Vergleich zu ihm beim Blutabnehmen eine begnadete Spritzenakrobatin gewesen! Meine Frau war zu dieser Zeit gerade zu Besuch und musste sich die Augen zuhalten.

Um 22 Uhr kam die Nachtschwester zu mir. Sie war aufgeregt und sagte: «Ihr Hb-Wert ist auf 5,5 mmol/l. Heute Mittag war der Wert noch auf 9,5 mmol/l!«

Wenn der Hb-Wert, also der Blutspiegel des roten Farbstoffes, unter 8,0 mmol/l sank, bekam man notwendigerweise eine Blutkonserve!

Vor der Biopsie war ich aufgeklärt worden, dass es nach diesem Eingriff auch zu inneren Blutungen kommen könnte. Dieses Blutuntersuchungsergebnis konnte nun ein Hinweis auf eine solche innere Blutung sein. Angst breitete sich in mir aus. Ich legte die Hand auf die punktierte Stelle und glaubte zu fühlen, wie das Blut in Bächen in meinen Bauchraum floss! Ja, nach diesen grausamen Wochen entwickelte ich mich nun zeitweise zu einem Hypochonder.

»Ich ziehe doch immer solche Missgeschicke an«, wuchsen meine pessimistischen Gedanken. Die erfahrene Nachtschwester beruhigte mich und sagte: »Der Arzt hat zu wenig Blut abgenommen. Das Ergebnis kann deshalb völlig falsch sein. Es findet gleich eine weitere Blutuntersuchung statt.«

»Und dann kommt der super Prockeldoktor wieder?«, bäumte ich mich abwehrend auf. »Nein, gleich ist Dienstwechsel«, tröstete mich die Schwester.

Wieder kam ein mir unbekannter Arzt. Misstrauisch hielt ich ihm meinen nackten Unterarm zum Stechen entgegen.

»Das Blut läuft wunderbar. Ich bin gleich fertig«, sprach er beruhigend auf mich ein.

»Wie?«, machte ich ein fragendes Gesicht, »Ist die Nadel denn schon in der Vene?«

Der gute Mann war so perfekt, dass ich nicht einmal den Einstich wahrgenommen hatte.

(An dieser Stelle muss ich betonen, dass die meisten Schwestern und Ärzte hervorragend ihr Handwerk beherrschten und die Wenigertalentierten auch eher selten in Erscheinung traten. Und das traf für alle Praxen und Kliniken zu, in denen ich meine Erfahrungen sammeln durfte!)

Ich bat die Schwester, mir die neuen Laborergebnisse mitzuteilen, und sei es auch mitten in der Nacht. Ich betete bis 0.30 Uhr und dann kam die erlösende Nachricht. Der Hb-Wert stand auf 9,4 mmol/l. Das bedeutete, dass nach der Biopsie keine innere Blutung eingetreten war und der relativ niedrige Hb-Wert gehörte schließlich zu meinem Krankheitsbild.

Mit einem Dankgebet sank ich endlich in einen tiefen Schlaf...

Ein anderer Nervenkitzel war die Großbaustelle neben meinem Fenster. Dort wurde ein neues Gebäude errichtet. Die Betondecken waren fertig gegossen und nun wurden die Verschalungen entfernt. Die Eisenstützstangen stürzten nach vielen schallenden Hammerschlägen klirrend auf den Boden und die Schalbretter knallten ohrenbetäubend hinterher. Ein riesiger Baukran stimmte mit ständigem Quietschen in das Trommeln der Schalbretter ein. Die Betonmischer murmelten dazu. Die Arbeiter verständigten sich durch Schreien. Der Maschinenlärm war nicht so nervend wie das ständige Piepen der Rückfahrsignale der Baufahrzeuge.

Von morgens 6 Uhr bis abends um 18 Uhr: ›Piep, piep, piep, piep, piep, piep, piep.‹

Es war so laut, dass während der Arztvisite zur besseren Verständigung unbedingt das Fenster geschlossen werden musste. Mein

Bettnachbar und ich hatten nun die Wahl zwischen dem Baustellenlärm oder verbrauchter Zimmerluft.

Doch wenn so etwas heftig nervt, dann befindet man sich bereits auf dem Weg der Genesung. Als ich todkrank war, störte mich der gleiche Lärm nämlich absolut nicht.

Auch auf die letzte Infusionsnadel wurde endlich verzichtet. Das bedeutete, dass ich nun nach fast vier Wochen zum ersten Mal duschen durfte. Unsicher und vorsichtig wagte ich mich unter das angenehm fließende Element. Mir wurde zwar schwindelig, aber es tat unglaublich gut. Und wer hat schon eine Duschkabine, die sich dreht?

Ja, ich fühlte mich immer noch schwach, aber wie ein freier Mensch. Mein Gesäß gehörte mir, die Urinflasche war fort und die Infusionsflaschen brauchte ich nicht mehr. Nur die tägliche Blutabnahme blieb mir erhalten.

Jeder Handgriff stärkte mich. Das tägliche Rasieren, das Duschen und das Anziehen waren kleine Leibesübungen. Immer öfter lief ich im Zimmer hin und her. Regelmäßig machte ich morgens, mittags und abends gezielte Bewegungsübungen. Auch den Atemtrainer benutzte ich weiterhin. Mein Lungenvolumen wuchs von Tag zu Tag. Nur das Rippenfell schmerzte noch lange.

Die Bewegungstherapeutin lief nun mit mir durch den Stationsflur. Als Steigerung kamen die Treppe und bald auch das Trampeln auf dem Trimmrad.

Endlich lag auch das Ergebnis der Biopsie vor. Die Diagnose lautete: ›Lymphdrüsenkrebs‹!!!

Der Verdacht eines Lymphoms hatte sich bestätigt. Damit hatte ich eine weitere Krebserkrankung, die nur strahlentherapeutisch oder mit einer Chemotherapie behandelt werden konnte.

Wie nahm ich diese Nachricht auf? Das lässt sich nur schwer beschreiben. Vielleicht erging es mir wie den Menschen, die im Krieg einer Dauerbombardierung ausgesetzt waren. Man gewöhnt sich an schlechte Nachrichten und fällt nicht bei jedem neuen Angriff gleich um.

Waren 14 Augenoperationen, rheumatisches Fieber, Thrombophlebitis, Knochenmarkkrebs und Lymphdrüsenkrebs nicht auch als Dauerangriffe zu werten?

Das harte Testprogramm meines Schicksals schien sich fortzusetzen. Mir blieb nichts anderes übrig, als durchzuhalten und auf medizinische Hilfe zu hoffen. Die Hoffnung stirbt bekanntlich zuletzt!

Andererseits hatte man mit diesem Ergebnis nun eine medizinische Erklärung dafür gefunden, warum meine roten Blutkörperchen ständig zerstört wurden. Die Lymphome waren dafür verantwortlich. Ich bekam noch zwei Blutkonserven, um den Hb-Wert zu steigern. Nach genau einem Monat Krankenhausaufenthalt winkte die Entlassung.

Die Strahlentherapeuten lehnten eine Behandlung der Lymphome ab, da diese zu nah an meiner Niere lagen.

Die Lymphome hätten mit mehreren Chemotherapiesitzungen behandelt werden können, doch da die letzte Chemo mich fast das Leben gekostet hatte, wurde vorläufig keine neue geplant. Die weiteren, engmaschigen Kontrolluntersuchungen sollten im Anschluss hier in der Klinik ambulant durchgeführt werden.

Endlich packte ich meine Tasche und bekam die Entlassungspapiere. Ich bedankte mich aufrichtig für die hervorragende ärztliche und pflegerische Betreuung. Hier hatte man mir nicht nur das Leben gerettet, sondern auch gezeigt, dass es eine Pflege mit viel Nächstenliebe gibt. Wer behauptete, dass man in dieser Uni-Klinik nur wie eine Nummer behandelt würde, sollte künftig von mir eines Besseren belehrt werden.

Entlassen in ein neues Leben?

Bela hakte mich unter und führte mich aus dem Gebäude der Hämatologie. Frische Luft wehte mir um die Nase und auf dem Weg zum Parkhaus dufteten die Blumen. Auch die Klinikamsel trillerte mir zum Abschied ein Liedchen hinterher.

Für diese gewaltige Strecke von 250 m hatte ich tagelang trainiert. Notfalls wäre ich auch auf allen Vieren fortgekrochen. Nur weg!

Im Parkhaus wartete unser neuer Golf auf mich. Da meine Frau täglich bei mir zu Besuch war, hatte der Wagen jetzt schon ca. 1000 km auf dem Tachometer.

Ich strich mit meinen Händen über die Karosserie, um einen intensiveren Eindruck von der Form zu bekommen. Im Autohaus hatte ich das nur ganz dezent getan. Dann öffnete ich die Beifahrertür und setzte mich hinein. Das Auto roch angenehm neu. Die wohlgeformten Sportsitze taten meiner gequälten Lendenwirbelsäule richtig gut. Bela rollte den Wagen aus dem Parkhaus auf die belebte Straße. Der Lärm der lebendigen Stadt klang angenehm. Das elektrische Glasschiebedach fuhr zurück und der Fahrtwind strich durch die Haare. Aus den Lautsprecherboxen erklang ein runder, satter Musiksound. Ich betätigte den elektrischen Fensterheber und die Scheibe fuhr hinab. Ich hielt meine Hand hinaus und ließ den sommerlichen Fahrtwind durch meine Finger gleiten. Es fühlte sich an, als könnte man die lebendige Welt ertasten und in der Hand halten. Der Stadtgeruch, der Geruch der anderen Fahrzeuge, die Geräusche der singenden Räder auf dem Kopfsteinpflaster, das Vorbeiziehen knatternder Baumaschinen, vereinzeltes Hupen hektischer Menschen und grölende Kinderstimmen signalisierten, dass ich wieder teilnahm am ganz normalen Leben und ich genoss die Heimfahrt. Es war ein Gefühl des ›Fortbewegens‹, fort von einem Ort des Elends, fort von Angst und Qual, fort aus der Einsamkeit.

Um keine Klinik-Entzugserscheinungen zu bekommen, musste ich jede Woche ins Krankenhaus zur ambulanten Untersuchung und zur Einstellung der Medikamente. Zuhause stellte ich mir ein gymnastisches Übungsprogramm zusammen, um die verlorengegangene Muskulatur wieder aufzubauen. Das funktionierte nur mit kaum sichtbarem Erfolg.

Aufgrund der Anämie, auch Blutarmut genannt, und der Anagrelide, der Thrombozyten senkenden Medikamente, die zu Anfang starkes Herzklopfen verursachten, konnte ich nur fünf Minuten pro Stunde Muskelaufbauübungen machen. Andernfalls wäre der Puls über 120 Schläge pro Minute angestiegen.

Anfangs war ich sehr zuversichtlich. Doch dann wurde selbst dieser Eifer wieder gebremst. Ja, er wurde sogar völlig gestoppt. Die behandelnden Ärzte hatten kontinuierlich die Kortisondosis herabgesetzt. Ich sah kreideweiß aus und hätte in einem Vampirfilm mitspielen können. Diese Wesen leben ja bekanntlich vom Blut und da mein Hb-Wert unter die bedrohliche Grenze von 8 mmol/l gesunken war, wurde auch mir erneut eine Blutkonserve verordnet.

Gelenk- und Muskelschmerzen quälten mich. Das steigerte sich ins Unerträgliche. Hinzu kamen nervöse Störungen und ab abends 20 Uhr konnte ich kaum noch die Augen aufhalten. Als Schmerzmittel verordnete man mir Valeron, einen Opioid-Wirkstoff. Das nebelte mir nur den Kopf zu und die Schmerzen blieben fast gleich stark.

Also wurde meine tägliche Kortisondosis von 5 mg wieder auf 7,5 mg erhöht und ich durfte zusätzlich Diclofenac-Schmerztabletten einnehmen. Nach einiger Zeit konnte ich mich endlich mal ohne Qualen im Bett herumdrehen. Doch das Gefühl der Erschöpfung und Müdigkeit blieb.

Da keine gesundheitlichen Fortschritte zu erkennen waren, sackte meine Stimmung und Willenskraft langsam in den Keller.

Um meine Seele zu unterstützen, suchte ich meinen zuständigen Psychotherapeuten erneut auf. Er konnte mir natürlich nicht die organischen Erkrankungen nehmen, aber er nahm Einfluss auf meine Einstellung und den Umgang mit der Situation. Allein das Sprechen über die Probleme erleichterte. Es wirkte wie ein Ablassventil für meine angestauten Übel.

Trotz der Analgetika schmerzten die Glieder nach einigen Wochen immer mehr und bald konnte ich mich kaum noch durch das Zimmer bewegen. Die Treppe wurde zum Hindernis. In den Unterarmmuskeln hatte ich so heftige Krämpfe, dass die Tastatur des Computers kaum zu bedienen war. Schüttelfrost, Unruhe und Schlafstörungen schlossen sich an. Dann wurden meine Gesichtshaut und die Augen ganz gelb. Entsprechend sank meine Psyche weiter ins Unterirdische. Auch meine Frau litt beim Anblick dieses Elends.

Ich rief den zuständigen Arzt in der Uni-Klinik an und schilderte die Symptome. Am nächsten Tag suchte ich die hämatologische

Ambulanz auf. Die Blutuntersuchung ergab, dass mein Hb-Wert unter 8 mmol/l gesunken war und wieder eine neue Blutkonserve nötig war. Der Bilirubin-Wert hingegen hatte sich deutlich erhöht. Das hieß, die Hämolyse war wieder aktiv. Mein rotes Blut wurde zerstört. Daher erklärte sich auch meine gelbe Hautfarbe.

Selbstverständlich explodierten dazu noch zahlenmäßig die Thrombozyten und die großen Scharen an Leukozyten, die weißen Blutkörperchen, signalisierten eine Entzündung.

Hatten die Ärzte und ich vor einer Woche noch um 2 Milligramm Kortison gefeilscht, so verordnete man mir jetzt 100 mg pro Tag. Dann hieß es wieder abwarten, abwarten, abwarten!

Die Einnahme von Kortison war, wie bekannt, ein Pakt mit dem Teufel, den ich in dieser Situation gerne einging. Der Zauber dieses Wirkstoffs beeindruckte immer wieder sogar die Ärzte. Nach einer Woche ging es mir für meine Verhältnisse prächtig. Keine Gelenksschmerzen mehr, keine Atemnot beim Treppesteigen und kaum noch Schlafbedürfnis. Der Hb-Wert stieg sogar über 10 mmol/l. Ich lebte richtig auf und hatte sichtlich Spaß in den Wangen. War das ein Hochgenuss! Mit meiner gesundheitlichen Besserung lebte meine Bela auch wieder auf.

Leider stiegen die Thrombozyten vor Begeisterung ebenfalls in bedrohliche Höhen. Aufgrund dessen wurde das Kortison dann um ein Viertel in seiner Dosierung gesenkt.

Wider Erwarten ging es mir damit weiterhin gut. Wir machten mit einigen Bekannten ein paar Tage Urlaub im Sauerland. Unser Freund Peter war frisch am Knie operiert worden und so zogen wir beide als das ›Behinderten-Duo‹ etliche Kilometer über einen für Fußgänger und Radfahrer präparierten alten Bahndamm. Die restliche Gruppe krabbelte währenddessen über die sieben Berge.

Kroch ich zwei Wochen zuvor gerade mal durch meine Wohnung, so gab mir diese Laufleistung ungeheuren Auftrieb und machte mich mächtig stolz. Zwei Tage danach fühlten sich meine Waden unter extremem Muskelkater so an, als würden dort 10 cm Sehnen fehlen.

Meine Stimmung war so großartig, dass ich endlich wieder in

die Saiten meiner Klampfe griff. Mit Singen und Gesellschaftsspielen flogen diese schönen Tage vorbei...

Die Kortisondosis wurde weiter gesenkt und immer noch hielt sich der Hb-Wert sogar auf 11 mmol/l.

Als die Kortisondosis nur noch 30 mg betrug, kamen meine Rückenschmerzen zurück und ich ahnte Übles. Doch da nahte Hilfe. Man verordnete mir zusätzlich Imurek-Tabletten. Das ist ein Medikament, ein Immunsubpressivum, welches kortisonsparend wirken sollte und auch nach Organtransplantationen eingesetzt wurde. Nach der ersten Einnahme hatte ich keine Rückenschmerzen mehr.

Der Hb-Wert stieg sogar auf 12 mmol/l und erreichte damit den unteren Normalwert für Frauen!

Endlich blühte unser Leben wieder richtig auf. Wir trafen Freunde, gingen zum Essen aus und besuchten Musikveranstaltungen.

Ein strahlender Tag – Röntgen und Computertomographie

Die essentielle Thrombozythämie meines erkrankten Knochenmarks wurde mit Tabletten einigermaßen in Schach gehalten und bereitete mir nicht so viele Sorgen wie der Gedanke an meine Lymphome. Waren sie gewachsen?

Fachlich hatten die Hämatologen meine Lymphome dem ›Non Hodgkin Syndrom‹ zugeordnet. Sogenannte B-Zellen hatten sich bösartig in einigen Lymphknoten massenhaft vermehrt und diese Knoten anschwellen lassen. Solange sie keine raumfordernden Prozesse bewirkten, also Platz genug zum Wachsen hatten, stellten diese Veränderungen kein besonderes Problem dar. Aber in meinem Körper bewirkten sie scheinbar auch das Phänomen einer Anämie, eines niedrigen Hämoglobinspiegels, einen Mangel an roten Blutkörperchen.

»Ihre Lymphome gehören zu den langsam wachsenden Lymphomen«, erklärte mir die Ärztin. »Auch wenn diese Erkrankung nicht heilbar ist, so können Ihre malignen Lymphome gut beobachtet werden. Sollten sie größere Probleme bereiten, dann werden wir entsprechend reagieren.«

Sieben Monate nach der Entdeckung meiner Lymphome wurde eine weitere Kontrolluntersuchung angeordnet. Bereits im Herbst hatten die Ärzte der Hämatologie per Ultraschall nach meinen malignen Lymphomen, meinen bösartig vergrößerten Lymphknoten, gesucht, aber mit dieser Ultraschalldiagnosetechnik nichts erkennen können. Dieses Mal sollte eine Computertomographie tiefere und genauere Einblicke in meinen Bauchraum geben. Auch eine Röntgenaufnahme des Brustkorbs stand auf dem Untersuchungsprogramm, da Lymphome sich mit fortschreitender Erkrankung auch dort gerne vermehren.

Die Dame der Terminvergabe meinte: »Kommen Sie bitte um 10 Uhr nüchtern!« Ich antwortete: »Um diese Uhrzeit bin ich normalerweise noch nicht alkoholisiert!«, obwohl sich meine Situation unter Alkoholeinfluss manchmal besser ertragen ließe.

Da meine Leberwerte auch nicht die besten waren, hatte ich mich in der letzten Zeit nur mit Mineralwasser vergnügt. Das machte keinen besonderen Spaß.

Sogar auf den Etiketten der Wasserflaschen wurde gewarnt: ›Übermäßiger Genuss von Tafelwasser tötet jede Partystimmung.‹ Aber als ›Halb-Glas-Voll-Typ‹ konnte ich auch nüchtern lustig sein.

Pünktlich führte meine Frau mich in die Ambulanz und da ich nüchtern war, bekam ich sofort einen Liter Kontrastmittel zu trinken. Das war eine milchige Brühe, die an den herrlichen Geschmack meines Tafelwassers nicht im Entferntesten herankam. Dann nahm ich in einem Raum Platz, in dem bereits andere Patienten an ihren Infusionen hingen.

Zwei Damen mit Kurzhaarschnitten unterhielten sich über den Haarausfall nach ihrer Bestrahlungs- und Chemotherapie.

Die eine scherzte: »Ich hatte meine Haare im Winter verloren. Da wirkte die Perücke prima als wärmende Mütze und störte mich überhaupt nicht.« Darauf antwortete die andere Dame voller Humor: »Meine Chemo und etliche Bestrahlungen bekam ich leider im Sommer. Unter meiner Perücke wurde es so heiß, dass ich sie nach zwei Tagen an den Nagel gehängt habe.«

Ein Herr im mittleren Alter mit Glatze warf schmunzelnd ein:

»Zuerst war ich enttäuscht, als meine Haare nach der Chemo ausfielen. Jetzt bin ich froh, dass ich morgens auf dem Kopf nur noch Staub putzen muss. Das geht erheblich schneller als Waschen und Föhnen.«

Der Humor dieser vom Schicksal hart getroffenen Menschen faszinierte mich. Wer sein Leiden auf diese Art kompensieren konnte, stieß in seinem Umfeld sofort auf Sympathie.

Zwei andere Herren tauschten Erfahrungen über ihre Knochenmarktransplantationen aus. Die heftigen Nebenwirkungen hörten sich an wie Szenen aus einem Horrorroman. Und dort zeigte sich, dass beim Überschreiten einer Leidensgrenze auch kein Humor mehr helfen konnte.

Mein Stuhlnachbar war gerade mit seiner Infusion fertig. Kaum hatte er seine Ärmel heruntergekrempelt, da schoss ihm das Blut aus der Manschette heraus und floss auf den Boden. Die Schwestern versorgten ihn eilig mit Tupfern und Pflastern.

Endlich war ich an der Reihe. Neben dem Kontrastmittel, das ich getrunken hatte, sollte ein weiteres Kontrastmittel in meine Venen eingebracht werden, und so legte mir eine Ärztin nach mehreren Einstichversuchen am Unterarm einen Zugang. Nach einem Jahr mit teilweise täglichen, teilweise wöchentlichen Blutuntersuchungen kam ich mir inzwischen wie eine Dartscheibe vor.

Meine Frau führte mich zum Operationszentrum, in dem die Röntgenanlage und der Computertomograph auf mich warteten. Die Röntgenassistentin leitete mich vor die Fotoplatte. Ich musste aufrecht stehend meine freie Brust dagegen legen und die Arme hoch über dem Kopf halten. Dann kamen die Kommandos: ›Einatmen‹, ›Luft anhalten‹ und ›Weiteratmen‹.

Das Gleiche wiederholte sich seitwärts. Die Strahlenkanone schoss durch meinen Brustkorb und die Röntgenstrahlen prallten auf die Röntgenplatte. Dort zeichnete sich das Bild meines Inneren mit hellen und dunklen Konturen ab.

Auf zur nächsten Diagnostik. Der Computertomograph bestand aus einer riesigen Röhre, in die eine Liege hinein- und hinausgefahren werden konnte. Im Gegensatz zu einer herkömmlichen Röntgenanlage erzeugte der Computertomograph ein dreidimensionales Bild, das von einem Rechner bearbeitet und auf dem Monitor für den Arzt sichtbar gemacht wurde. Auch diese Technik arbeitete mit Röntgenstrahlen.

Bekleidet legte ich mich mit dem Rücken auf die Liege. An meiner Infusionsnadel wurde der Infusionsschlauch für das zusätzliche Kontrastmittel angeschlossen und dann fuhr die Liege in die Röhre. Eine Computerstimme gab die Befehle: ›Einatmen‹, ›Luft anhalten‹ und ›Weiteratmen‹. Die Stimme sprach bald weiter: »Das Kontrastmittel läuft jetzt ein. Sie werden ein Wärmegefühl verspüren.«

Ich spürte deutlich, wie das Kontrastmittel im Bereich der Achsel Richtung Brustkorb floss. Mein Körper fühlte sich bald sehr warm an. Mehrere Atembefehle folgten. Nach fünf Minuten fuhr die Liege wieder in voller Länge aus der Röhre heraus.

Wer nicht unter Platzangst litt, konnte dieses Unternehmen als Abenteuer ansehen. Die Erlebnisparks waren teuer und für diesen Nervenkitzel zahlte dankenswerterweise zurzeit immer noch die Krankenkasse...

Als wir das Arztzimmer der Hämatologie betraten, waren die Ergebnisse der Röntgen- und Computertomographie bereits auf elektronischem Wege eingetroffen. Scheinbar hatten sich die Lymphome seit dem letzten Sommer nicht wesentlich vergrößert. War das die berühmte Ruhe vor dem Sturm?

Die Ärztin war auch mit den Ergebnissen meiner Blutuntersuchung zufrieden. Zufrieden bedeutete, dass ich ohne regelmäßige Blutkonserven auskam.

Wenn man dem Tod von der Schippe gesprungen war, dann durfte man mit diesem Ergebnis sicherlich zufrieden sein. Doch mit 51 Jahren war das berufliche Leben allgemein noch nicht vorbei. Liebend gern hätte ich wieder an der Massagebank gestanden, doch mit einem Blutgehalt, der gerade mal auf der Hälfte des Normalwerts lag, ließ sich keine Kraft und Kondition für körperliche Arbeit aufbringen. Aussicht auf Besserung kam nicht in Sicht, da die essentielle Thrombozythämie und mein Lymphom-Syndrom nicht heilbar waren. Andere berufliche Aufgaben konnte ich aufgrund meiner Erblindung ohne eine Umschulung auch nicht leisten.

Hätte eine Umschulung Sinn gemacht? Egal, welche Umschulung ich angestrebt hätte und welcher bravouröse Abschluss danach vorgelegen hätte, ich wäre nicht um eine erneute Bewerbung herumgekommen.

Wie hätte sich diese Bewerbung angehört, vorausgesetzt, ich hätte meine neue Ausbildung in ca. drei Jahren erfolgreich abgeschlossen?

»Guten Tag, ich bin Mitte Fünfzig, blind und habe zwei Krebserkrankungen. Beruflich würde ich gerne...«, und augenblicklich würde ich wieder vor der geschlossenen Tür des Personalbüros stehen.

Blätterwald der Formulare

Gerade sprach ich noch beim Frühstück mit meiner Frau darüber, dass sich wohl bald meine Krankenkasse melden müsste, da bekam ich auch schon Post.

Darin stand, dass das Krankengeld innerhalb von drei Arbeitsjahren maximal nur für 78 Krankheitswochen gezahlt würde, und dass diese Zeit im Sommer herum sei. Die Ausfallzeiten wegen meiner Augenoperation, der weitere Augenklinikaufenthalt und meine internistischen Krankenhaustage hatten sich summiert. In der Anlage waren Formulare für das Arbeitsamt, da ich das Recht hatte, bei einer weiteren Arbeitsunfähigkeit, die über die 78 Wochen der Krankengeldzahlungen hinausging, Arbeitslosengeld zu beantragen.

Nach gründlicher Überlegung und Beratung durch meine Ärzte, dem Psychotherapeuten und dem Berater des psychosozialen Dienstes des Krebszentrums kamen meine Frau und ich zu dem Schluss, dass mir bei dem augenblicklichen Krankheitszustand nur der Weg in die Erwerbsunfähigkeitsrente blieb. Diese Rente war zwar niedriger als das Krankengeld, aber deutlich höher als das Arbeitslosengeld.

Jetzt gab es für mich nur noch den Weg, die Krankengeldzahlung so lange wie möglich zu erhalten, um danach direkt die Erwerbsunfähigkeitsrente anzuschließen.

Unser nächstes Ziel war das Gebäude der Deutschen Rentenversicherung. Ich hatte mir telefonisch einen Termin geben lassen. Wir brauchten auch nicht lange warten und wurden sehr freundlich von dem Sachbearbeiter empfangen. Da ich mich gründlich informiert hatte, konnte ich alle Unterlagen vorweisen. Eine Rentenkontoklärung hatten wir schon einige Jahre zuvor durchführen lassen.

Unglaublich, was da alles gespeichert wurde. Alle Schulzeugnisse, Praktikumsbescheinigungen, Berufsausbildungsunterlagen, Arbeitsverträge, Heiratsurkunden, Geburtsurkunden unserer Kinder, usw.

Ich strahlte, da ich glaubte, dass ich lückenlos 34 Jahre meiner beruflichen Laufbahn nachgewiesen hätte.

Da fragte mich dieser nette Mensch auf der anderen Seite des Schreibtischs doch: »Zwischen Ihrer Schulentlassung und dem Beginn Ihres ersten Berufspraktikums fehlt der Nachweis über 14 Tage. Was haben Sie in dieser Zeit gemacht?«

Ich grinste und antwortete: «Ferien! Das heißt, im Gegensatz zu meinen Kommilitonen machte ich nur zwei Wochen Ferien und nahm dann meine Arbeit in der Klinik auf.«

Der Herr der Formulare gab sich damit nicht zufrieden: »Ja, diese Fehlzeiten sind hier aber nirgendwo dokumentiert.«

Ich erklärte weiter: »Ich dachte, dass sich auch bis zur Rentenversicherung herumgesprochen hat, dass es in NRW seit mehr als 40 Jahren nach den Sommerzeugnissen die großen 6-wöchigen Ferien gibt. Vielleicht finde ich als Aufenthaltsbeleg noch eine alte Urlaubskarte von 1974 mit Datum und meiner Unterschrift.«

Als Nächstes wurde meine zu erwartende monatliche Rentenzahlung berechnet. Ich war von der beeindruckenden Summe überwältigt. 34 Jahre hatte ich Rentenbeiträge eingezahlt. Was ich nun von der Deutschen Rentenversicherung erhalten sollte, entsprach der sozialen Grundsicherung inklusive einer gewissen Übernahme der Mietkosten. Mit anderen Worten: Hätte ich nichts eingezahlt, wären die Leistungen des Sozialamts an mich und meine Frau genauso hoch gewesen wie die Leistungen der Deutschen Rentenversicherung. So ein Ergebnis machte sprachlos... Ich hatte nicht nur 34 Berufsjahre, sondern 34 Berufsjahre mit einer Schwerbehinderung auf dem Buckel!

Die umfangreichen Antragsformulare wurden pedantisch genau ausgefüllt. Der Rentenberater machte mir Hoffnung, dass ich mit meiner Blindheit und zwei Krebserkrankungen wahrscheinlich einen positiven Bescheid über die Erwerbsunfähigkeitsrente erhalten würde. Nach 30 Minuten waren wir entlassen. Jetzt hieß es warten und hoffen.

Gute Resonanz – MRT

Die computertomographischen Untersuchungsergebnisse hatten gezeigt, dass meine Lymphome im Bauchraum seit ihrer Entdeckung nicht gewachsen waren. Hatte die Chemotherapie im letzten Jahr ausgereicht, um mein so genanntes ›B-Zellen-Non-Hodgkin-Syndrom‹ zum Stillstand zu bringen?

Der Osterhase hoppelte gerade umher, um die Eier für die Feiertage zu färben, da begann an meinem rechten Unterschenkel ein Gebilde zu wachsen, das ebenfalls an ein Ei erinnerte. Ich hatte an dieser Körperstelle schon vor einem Jahr eine seltsame Verdickung ertastet und untersuchen lassen. Es wurde damals eine Gewebeprobe genommen, die ein unklares Ergebnis brachte. Doch nun war das Ei, passend zu Ostern, deutlich zu sehen. Die behandelnde Hämatologin ordnete eine Magnetresonanztomographie (MRT) an. Auch ein Hautarzt sollte seine Expertise zu meinem Osterei abgeben.

Zusätzlich erinnerte ich mich daran, dass bei meiner Magenspiegelung vor einem Jahr ein Helicobakterbakterium gefunden wurde. Das ist ein Bakterium, das heute jeder Zweite in seinem Magen mit sich herum schleppt und das wunderbare Schmerzen verursachen kann. Es kann mit Antibiotika leicht zerstört werden, doch in den Wirren meiner hundert Wehwehchen war dieses Thema ganz untergegangen. Also sollte eine erneute Untersuchung feststellen, ob der Helicobakter noch immer meinen Körper bewohnte.

Bela und ich sollten um 7 Uhr in der Klinik erscheinen. Das gähnende Personal der Hämatologie gab mir die Verordnung zum MRT und wir liefen zu dem entsprechenden Gebäude.

Der Magnetresonanztomograph bestand, ähnlich wie der Computertomograph, aus einer riesigen Röhre, in die der Patient mit einer Liege hineingefahren werden konnte. Doch die Technik war eine ganz andere. Wie oben erwähnt wurden beim CT Röntgenstrahlen verwendet. Das ist beim MRT nicht der Fall. Dort wird in der Röhre ein Magnetfeld aufgebaut, in dem der darin befindliche Körper in Schwingungen versetzt wird. Festere Substanzen, wie z.B. Knochen, geben andere Schwingungen ab als flexiblere Stoffe wie Muskeln, Gefäße oder Flüssigkeiten.

Man kann dieses Phänomen auch mit den Schwingungen der Gitarrensaiten vergleichen. Dicke Saiten schwingen und klingen bei gleichem Anschlag anders als dünne Saiten. So, wie unser Gehör diese Unterschiede wahrnehmen kann, so registrierte der Rechner die unterschiedlichen Schwingungen in der MRT-Röhre.

Der Computer des MRT konstruiert aus den unterschiedlichen Frequenzen dreidimensionale Darstellungen. Der radiologische Facharzt kann mit dieser Diagnosetechnik Schicht für Schicht in den Körper hineinsehen und spürt die kleinsten krankhaften Veränderungen im Körper auf. Für den Patienten entsteht keine Strahlenbelastung.

Der Radiologe erklärte mir kurz, was in den nächsten Minuten auf mich zukommen würde, half mir auf die Liege des MRT und schloss an meiner Unterarmvene eine Nadel für das Kontrastmittel an. Dann setzte man mir einen Kopfhörer auf, da der Computertomograph während der Untersuchung recht laut werden sollte.

Nachdem das Personal den Raum verlassen hatte und die Liege mit mir automatisch in die Röhre hineingefahren war, ging ein Heavy-Metal-Konzert los. Klackernde und stampfende Geräusche wechselten sich ab.

Dann meldete sich im Kopfhörer eine Stimme: »Das Kontrastmittel fließt jetzt ein«, und augenblicklich spürte ich, wie etwas Kribbeliges in meinem Arm aufstieg, Richtung Schlüsselbein abbog und meinen Brustkorb erfüllte.

Die Maschine stöhnte, ächzte, stampfte und vibrierte. Seltsame Gedanken begleiteten mich. Wie so oft in meinem Leben kam das

Gefühl auf, völlig ausgeliefert zu sein. Sekunden wuchsen zu Minuten und Minuten zu Stunden. Ohne eine Zeitansage verlor man hier jedes Zeitgefühl.

»Ist die Untersuchung noch ganz am Anfang oder sind bereits viele Minuten vergangen?«, fragte ich mich und versuchte mit tiefen, gleichmäßigen Atemzügen meine Unruhe zu beherrschen. Ich versuchte, mit Zählen das Zeitgefühl nicht zu verlieren.

Nach unendlichen 20 Minuten war die Untersuchung abgeschlossen und die Liege gab mich wieder frei. Die Infusionsnadel wurde entfernt und bald darauf nahm meine Frau mich wieder in Empfang.

Die weitere Schnitzeljagd führte uns zum Gebäude der Hautklinik. Der Warteraum war prallvoll. Die Dame an der Anmeldung meinte, dass wir mit einer Wartezeit von drei Stunden rechnen müssten.

Gut, das passte, denn ich hatte um 10 Uhr den Termin zum Helicobakter-Test. Den konnte ich bequem in der Zwischenzeit wahrnehmen.

Ohne zu frühstücken waren wir morgens angereist. Bela, weil sie aufgeregt war, und ich wegen des Kontrastmittels und der Untersuchungen. Uns blieb bis zum Helicobakter-Test noch eine Stunde Zeit. Vor der Klinik gab es ein Café, das uns wie ein Magnet anzog und in dem es appetitlich nach Kaffee duftete. Schinken- und Käsebrötchen lockten in der Auslage. Bela trank nur Kaffee, da sie als Begleitperson ja nüchtern bleiben musste! Scherz!

Und ich? Als ich gerade den letzten Bissen Brötchen verschlungen hatte, traf mich ein Gedanke wie ein Schlag.

»Der Helicobakter-Test, verdammt, ich hätte immer noch nüchtern bleiben müssen!«, rief ich. »Das wird Ärger geben. Wegen dieses Versehens oder Vergehens müssen wir bestimmt noch einmal an einem anderen Tag in die Klinik kommen.«

Also suchten wir in dem riesigen Klinikgelände das Gebäude, in dem dieser Test auf mich wartete. Die Laborantin, eine dunkelhäutige Dame, zeigte sich nicht nur verständnisvoll, sondern bot mir großzügig an, in zwei Stunden wiederzukommen. Dann wäre der Magen leer genug, um den Test an diesem Tag noch durchführen zu können.

So ging die Schnitzeljagd zurück zum Gebäude der Hautklinik. Der Wartesaal war immer noch prallvoll.

»Sie sind in ca. 90 Minuten an der Reihe«, meinte die Dame an der Anmeldung. Nach mindestens zwei Stunden Wartezeit wurde ich in den Untersuchungsraum gerufen. Eine osteuropäische Ärztin bewunderte mein Osterei am rechten Unterschenkel. Es hatte einen Durchmesser von 5,5 cm und schien bösartig zu sein. Eine klare Diagnose konnte die Ärztin jedoch nicht stellen. Sie ordnete eine Gewebeuntersuchung an, die erst im April stattfinden sollte. Da ich kein Privatpatient war, durfte ich nun mindestens vier Wochen mit dieser verdammten Ungewissheit leben.

Während der Wartezeit in der Hautklinik hatte mein Magen die leckeren Brötchen verzehrt und war wieder geleert. So spazierten wir zu dem Gebäude, in dem der Helicobakter-Test nun stattfinden konnte.

Die freundliche Laborantin gab mir vor ihrer Tür einen Plastikbeutel, in den ich hineinblasen musste. Dann verschwand sie wieder im Labor. Die Szene erinnerte an einen Alkoholtest bei einer Verkehrskontrolle. Als Nächstes bekam ich eine seltsame Flüssigkeit zu trinken, die nicht so übel schmeckte, wie das Kontrastmittel vor der CT-Untersuchung.

Innerhalb einer halben Stunde musste ich dreimal den Plastikbeutel aufblasen, dann lag das Testergebnis vor. Ohne Befund! Der Helicobakter war nicht mehr nachzuweisen.

Wahrscheinlich war er im letzten Jahr, während ich aufgrund der Blutvergiftung rund um die Uhr Antibiose bekommen hatte, zusammen mit den anderen Bakterien vernichtet worden.

Der Rückmarsch führte zum Krebszentrum in das Zimmer meiner zuständigen Hämatologin. Sie war erstaunt, dass wir an einem Tag alle drei Untersuchungen terminlich geschafft hatten.

Die MRT-Auswertung lag noch nicht vor. Also hieß es wieder warten und hoffen.

Nachgebohrt

Nach einigen Tagen lag dann auch die MRT-Auswertung vor und besagte, dass an meinem Unterschenkel zwei Gebilde gewachsen waren, die auf bösartige Lymphome hinwiesen. Diese hatten bereits die Haut infiltriert. Doch nur Gewebeproben sollten genauere Ergebnisse bringen. Die Lymphome in meinem Bauchraum, deren Biopsie-Befund im Vorjahr positiv war, hatten sich nicht wesentlich vergrößert, doch auch sie stellten eine Bedrohung dar.

An dem Wochenende vor dem Gewebeeingriff wollte ich mich noch mal mit Freunden treffen, doch mein Schicksal hatte etwas anderes mit mir vor. Ich erwachte in der Frühe mit Beinschmerzen, Übelkeit und musste mich bald darauf übergeben. Kopfschmerzen, Gliederschmerzen, Schwäche und Schüttelfrost standen auf dem weiteren Tagesplan. Zwischen Bett und Couch lagen kaum überbrückbare Entfernungen.

»Klar, ein schlichter, grippaler Infekt«, hätte ich vor wenigen Jahren noch gedacht und relativ beruhigt die Decke über den Kopf gezogen.

Meine Gedanken überschlugen sich voller Sorge: »War das nun die richtige Diagnose? Hatte ich im letzten Jahr zu Pfingsten vor der Notaufnahme in der Intensivstation nicht die gleichen Symptome beobachten können? Zuerst Schmerzen im linken Bein, wie jetzt? Schüttelfrost und Gliederschmerzen, wie jetzt? Übelkeit und Magenprobleme, wie jetzt? Und bin ich damals nicht einen Tag zu spät ins Krankenhaus gegangen? Und hatten wir damals nicht genauso Samstag, an dem kein Arzt erreichbar war, wie jetzt?«

Und genauso wie damals stellte ich mir an diesem Tag die Frage: » Sollst du alle rebellisch machen und dann stellt sich heraus, dass du nur eine Erkältung hast?«

Der Oberarzt der Hämatologie hatte mir geraten, dass ich im Notfall sofort zur Klinik kommen solle. War das jetzt ein Notfall?

Die gleichen Fragen quälten meine Frau.

Ich beschloss, bis zum nächsten Morgen zu warten. Ich hatte nach einer sorgenreichen Nacht zwar noch Schweißausbrüche, aber keinen Schüttelfrost mehr.

Am Vortag fehlte mir jedes Hungergefühl und ich nahm nur Wasser zu mir. Nun kam auch der Appetit zurück.

»Der Appetit ist immer ein Zeichen der Besserung«, stieg meine Zuversicht.

Bela schaute mich hingegen skeptisch an und wurde den Eindruck nicht los, dass meine Haut gelb aussähe. Bekam ich schon wieder vom Schicksal die gelbe Karte?

Am nächsten Tag würde Aufklärung kommen, da ich im Klinikum zu meiner lang ersehnten Gewebeprobeentnahme bestellt worden war. Die routinemäßige Blutuntersuchung gehörte schließlich dazu.

Wir starteten in aller Frühe unter dunklen Wolken und der Regen goss in Strömen. Der Berufsverkehr staute sich bereits und die Eiligen hupten wild gestikulierend um die Wette. Im Parkhaus war sogar ein Behindertenparkplatz für uns frei. Mit wehenden Jacken stürmten wir in letzter Minute durch den sintflutartigen Regen und betraten pünktlich die Anmeldung. Mein von der Erkrankung geschwächtes Herz klopfte fast oben aus dem Hals. Damit ich Zeit zur Beruhigung hatte, durften wir dann eineinhalb Stunden auf den Arzt warten.

Endlich war es so weit. Mit mulmigem Gefühl ließ ich mich in einen Operationsraum führen und setzte mich auf eine Liege. Hier wartete ich nun 20 Minuten lang allein und in meinen besorgten Gedanken verloren. Jeder andere Patient hätte seine Zeit damit verbracht, sich alles genau anzusehen. Doch ich saß wie immer in der völligen Dunkelheit, im Nichts. Das machte die Sache noch unheimlicher. Mit gezielten Atemübungen legte sich meine innere Unruhe.

Die Ärztin der Chirurgie riss mich mit ihrer freundlichen Stimme aus meinen Gedanken. Sie erklärte kurz, was auf mich in den nächsten Minuten zukommen würde.

Die Hautbereiche meines Unterschenkels, aus denen die Proben entnommen werden sollten, wurden mit Spritzen betäubt. Die weiteren Nadeln stießen unangenehm tiefer ins Fleisch. Dann wurde Gewebe entnommen. Das war zwar deutlich zu spüren, aber gut zu ertragen. Die Wunden wurden vernäht und verpflastert. Nach ca. 15 Minuten waren die Eingriffe beendet.

Nachdem ich mich vorsichtig angekleidet hatte, humpelte ich an Belas Arm zur Hämatologie, um mein Blut untersuchen zu lassen. Der Regen goss immer noch in Strömen.

Dieses Mal saß die Nadel bereits beim ersten Einstich richtig in der Armvene. Leider ließen die Laborwerte lange auf sich warten.

Die Hämatologin hörte meine Lunge ab und stellte besorgt fest, dass die Haut meines Oberkörpers gelb war. Sie ordnete eine Röntgenaufnahme an.

Wieder erfrischte uns der Regen auf dem Weg zum Strahlenzentrum. Da ich pünktlich vor der Röntgenplatte stand, blieb uns anschließend noch genügend Zeit für ein Frühstück im Café.

Wieder zurück durch den Regen zur Hämatologin. Die Ergebnisse der Blutuntersuchung lagen immer noch nicht vor. Trotzdem wurde ich entlassen und die Ärztin versprach mir, mich daheim anzurufen, mir die Ergebnisse mitzuteilen und dem entsprechend auch die Medikation anzuweisen.

Der Parkscheinautomat freute sich wieder über die Einnahme von 8 Euro, doch andere Parkmöglichkeiten hatte Bela bisher nicht entdeckt.

Gegen Abend rief die Ärztin an und erklärte, dass meine Leber rebellierte. Das Immunsubpressivum Imurek musste reduziert werden. Antibiotika sollten zusätzlich meine grippalen Symptome lindern und engmaschigere Untersuchungen wurden angesetzt.

Chemische Reinigung

Bevor ich meine endgültigen Ergebnisse der ›Probebohrungen‹ bekommen sollte, gönnten Bela und ich uns ein Schlemmerwochenende im Landhaus ›Zum Bösen Buben‹ im Sauerland.

Mein augenblicklicher Gesundheitszustand war stabil und ich genoss die herrlichen Speisen und Getränke. Gerade in schweren Zeiten mussten wir versuchen, uns immer wieder einige sonnige Stunden zu verschaffen. Die nächsten dunklen Wolken warteten garantiert bereits auf mich.

Und da kamen sie auch schon. Wie im tiefsten Inneren erwartet, waren die Gewebeproben, die von den Lymphomen am Unterschenkel entnommen worden waren, beide positiv. Ihr schnelles tastbares Wachstum konnte ich bei größtem Bemühen gedanklich auch nicht mehr verdrängen. Ob die Lymphome im Bauchraum sich auch vergrößert hatten, spielte nun kaum noch eine Rolle. Der Chefarzt der Hämatologie, die Oberärzte und meine zuständige Ärztin hielten Kriegsrat und informierten mich telefonisch über ihren Therapievorschlag. Der Expertenrat hieß: ›Chemo, Chemo und nochmals Chemo!‹ Parallel sollte eine Therapie mit monoklonalen Antikörpern hinzukommen.

Im vergangenen Jahr hatte ich nur eine einzige Infusion mit dem Chemotherapiestoff Cyclophosphamid erhalten. Nun empfahlen mir die Ärzte 6 Zyklen mit jeweils 3 Infusionen.

Wenn eine Infusion ausgereicht hatte, mich mit meinem geschundenen Auge durch die Hölle zu jagen, was erwartete mich nach dieser Potenzierung an chemischen Stoffen? Alles in mir stand alarmiert auf Abwehr. Am liebsten hätte ich die Chemotherapie abgelehnt.

Per Zufall entdeckte ich an meinem Brustkorb eine neue Gewebeverdickung, die da nicht hingehörte. Das gab für mich das Startsignal. Ich wollte nicht, dass in meinem Körper unaufgefordert, heimtückisch und versteckt auch an anderen Stellen noch irgendetwas Bösartiges heranwachsen sollte. So schnell wie möglich wollte ich chemisch gereinigt werden und bat die Ärzte des Krebszentrums um eine zeitnahe Festlegung des Therapieplans.

Um die Ausgangsgröße meiner Krebsbeulen festzulegen, wurde ich mal wieder in den Computertomographen hineingeschoben, der mich wiedererkannte und augenblicklich vor Freude strahlte. Wieder hatte ich einen Liter Kontrastmittel schlucken müssen, der mir nach der Untersuchung mächtig auf die Blase drückte. Ich ließ mir die Infusionsnadel ziehen und eilte zur Toilette. Als ich heraustrat, bekam Bela fast einen Schock. Ich war von oben bis unten mit Blut verschmiert. Aus der Wunde an meinem Handrücken, wo zuvor die Infusionsnadel gesessen hatte, quoll das Blut immer noch heraus. Das war meinen blinden Augen natürlich entgangen. Ich hatte mir mit der blutenden Hand die Hose hochgezogen, ordentlich das Hemd hineingestopft und war in meine Jacke gekrabbelt. Entsprechend waren alle diese Kleidungsstücke blutverschmiert. Ich gab mir immer die größte Mühe, mit allem so reinlich wie möglich umzugehen. Und nun das! Das war einer dieser Augenblicke, in dem mir meine Behinderung und Unselbstständigkeit trotz aller Übung und Geschicklichkeit schmerzhaft und voller Frust ins Bewusstsein trat.

Die Hämatologin besprach mit mir den Zeitplan der Therapiezyklen und klärte mich über die Infusionsstoffe und deren Wirkungen auf. Mit zwei verschiedenen Therapieansätzen sollte der Krebs bekämpft werden. Erstens mit monoklonalen Antikörpern und zweitens mit Chemotherapiestoffen.

Der erste Wirkstoff hieß Rituximab und war ein ›Anti-CD 20 Antikörper‹. Dieser Wirkstoff hatte die Fähigkeit, das ›CD 20 Molekül‹ einer Krebszelle zu erkennen und die böse Zelle zu eliminieren. Dieses hochmoderne Krebsbekämpfungsmittel war seit 1997 erfolgreich eingesetzt worden. Es versprach Patienten mit niedrig malignen Lymphomen, also langsam wachsenden, bösartigen Lymphknotenzellen, einen Rückgang der Knotenschwellungen und einen Stillstand der Erkrankung.

Der zweite Wirkstoff hieß Bendamustin und war ein Zytostatikum. Er gehörte zur Gruppe der Alkylantien, der Chemotherapieprodukte. Dieser Stoff griff extrem schnell wachsende Zellen an, zu denen in erster Linie die Krebszellen gehören. Da sich auch die Zellen der Haare schnell teilen, werden als Nebenwirkung auch diese für einige Zeit in Mitleidenschaft gezogen. Es kommt zu vorübergehendem Haarausfall.

Ein einzelner Therapiezyklus setzte sich aus drei Therapietagen zusammen, an denen eine Infusion monoklonaler Antikörper und zwei Infusionen Bendamustin verabreicht werden sollten. Diese Zyklen würden sich im Abstand von drei bis vier Wochen noch fünfmal wiederholen.

Der Tag der ersten Chemotherapie kam rasch. Um 9 Uhr wurde Blut abgenommen und die Werte gaben dem Therapiebeginn grünes Licht. Die Hämatologin sprach beruhigend auf mich ein und Bela suchte mir einen bequemen Sessel aus, der während der vielen Aufenthaltsstunden auch in eine Liegeposition gebracht werden konnte.

Eine junge Ärztin versuchte die Infusionsnadel anzulegen. Die erste Probebohrung begann auf meinem rechten Handrücken, da sie keine ergiebige Vene am Unterarm fand. Doch die Handvene sprudelte nicht. Nun bohrte sie am linken Handrücken. Auch dort hatte sie keinen Erfolg. Dann versuchte sich die nächste Ärztin. Sie fand mitten auf dem rechten Unterarm eine verschüchterte Vene, die endlich die Nadel in sich aufnahm.

Um 10 Uhr baumelte die erste Infusionsflasche über meinem Kopf. Da der Wirkstoff der Antikörpertherapie als Nebenwirkungen Allergien, Schmerzen und Schüttelfrost verursachen konnte, gab man mir vorbeugend als erste Infusion Tavegil, ein Analgetikum und Antihistaminikum. Danach kam das Hauptmenü mit den monoklonalen Antikörpern. Als Dessert schloss sich eine Kochsalzlösung an, deren letzte Tropfen um 15 Uhr meine Blutbahn passierten.

Die Schwester war von dem guten Sitz meiner Nadel begeistert und so wurde diese nicht gezogen. Das sollte mir die quälende Stecherei am nächsten Therapietag ersparen.

Aufgrund des Tavegils war ich etwas benommen. Vor allem zeigte sich eine starke Konzentrationsschwäche. Zuhause angekommen wollte ich meine Kinder anrufen und war erstaunt, dass permanent ein Besetztzeichen zu hören war. Endlich stellte ich fest, dass ich bei jedem Versuch meine eigene Telefonnummer gewählt hatte.

Die typischen Nebenwirkungen des Rituximab wie Schmerzen und Schüttelfrost blieben aber Dank des Tavegils völlig aus.

Am kommenden Tag mussten wir erst um 10 Uhr in der Klinik erscheinen. Da der Venenanschluss des Vortags immer noch gut funktionierte, floss nach wenigen Minuten die erste Infusion. Als Vorspeise lief ein Mittel gegen Übelkeit in meinen Körper. Ein spannendes Hörbuch trug mich fort und vertrieb die Langeweile.

Das Hauptmenü bot heute Bendamustin, das Chemotherapeutikum. Dieser moderne Stoff bekämpfte meine bösen Zellen und sollte laut Verpackung keinen extremen Haarausfall bewirken. Die befürchtete Übelkeit stellte sich nicht ein. Ganz im Gegenteil. Ich war erstaunlich fit und aufgrund der sedierenden Medikamente allerbester Laune! Meine besorgte Bela taute langsam auf.

Auch am dritten Tag lief alles komplikationslos nach Plan. Die Nadel war immer noch funktionstüchtig. Die gleichen Infusionen wie am Vortag füllten problemlos meine Venen. Die Augen fühlten sich trocken an, doch unter der intensiven Gabe von Pflegemitteln blieben sie scheinbar friedlich. Auch die Haut wurde trockener. An den Fingernägeln rissen die Nagelhäute ein.

Nach einem furchtbar verregneten Frühjahrsanfang brachte der Mai sonnige und schon sehr heiße Tage. Auch jetzt war es extrem schwül. Lag es am Wetter, dass ich mich so schlapp fühlte? Doch auch die Gesunden jammerten über Abgespanntheit und Müdigkeit.

Gespannt warteten Bela und ich auf das Ergebnis der nächsten Blutuntersuchung.

Die erlösende Nachricht lautete, dass alle Werte kaum abgesackt waren.

Da der erste Zyklus ohne Komplikationen verlaufen war, bestellten mich die Ärzte nach drei Wochen zum zweiten Zyklus.

Dieses Mal konnten innerhalb eines Tages die Infusionen der Antikörper und der Chemotherapie hintereinander verabreicht werden.

Am nächsten Tag jagte die zweite Infusion mit Bendamustin meine Krebszellen und schon hatte ich den zweiten Zyklus hinter mich gebracht.

Eine Woche später wurde meine Haut noch trockener. Die Füße juckten so stark, dass ich schon den Verdacht auf Fußpilz hatte. Mit intensiver Pflege durch regelmäßiges Eincremen ließ das nach.

Da meine Augen der Meinung waren, dass sie zu wenig Beachtung fanden, ging dort das Theater wieder los. Mitten in der Nacht stach der Schmerz meiner Augenhornhaut so stark, dass ich Ohrensausen bekam und mir stundenlang die Soße aus der Nase lief. Gedanklich war ich wieder in der Vorjahreshölle angekommen. Hatte ich damals diesen Mist wirklich einige Wochen lang ausgehalten? In diesem Moment der Qual konnte ich das kaum glauben. War ich jetzt mittlerweile verweichlicht?

»Lieber Gott, vier Zyklen stehen mir noch bevor! Habe Erbarmen!«, richtete ich nach langer Zeit mein Flehen wieder mal zum Himmel.

Meine Augenärztin erklärte: »Das Kratzen im Auge wird nicht von einer erneuten Blasenbildung verursacht. Das von der Chemotherapie ausgetrocknete Auge bildet kleine Körnchen, die unter dem Lid scheuern.«

Eines dieser Körner hatte unter dem Lid fleißig geraspelt und erfolgreich die Hornhaut verletzt. Mit huldvollen Salbungen konnte ich das beleidigte Auge nach drei Tagen endlich wieder besänftigen.

Ein entwürdigender Weg

Wie schon erwähnt, ließ ich mich vier Monate vor der zu erwartenden Beendigung der Krankengeldzahlungen bei der Deutschen Rentenversicherung beraten. Ich wollte meinen Antrag auf

Erwerbsunfähigkeitsrente so rechtzeitig stellen, dass ich nicht noch andere Ämter bemühen musste.

»Wenn Sie einen Monat vor dem Ende der Krankengeldzahlung zu uns kommen, dann reicht das völlig. Ihr monatliches Krankengeld wird höher sein als die Rente, und wenn Sie zu früh den Antrag stellen, dann verlieren Sie Geld. Bei der Anzahl Ihrer Erkrankungen kann ich mir nicht vorstellen, dass die Bewilligung der Rente lange dauern wird«, hatte der Rentenberater erklärt.

Ich stellte diesem Rat entsprechend meinen Antrag zum vereinbarten Termin an gleicher Stelle.

Da ich mir sicher war, dass meine Erwerbsunfähigkeitsrente in Kürze bewilligt werden würde, wollte ich im Fall des Falles die fehlenden Wochen bis zur Rentenzahlung mit unserem Ersparten überbrücken.

Per Zufall lenkte mich mein Schicksal auf einen Fernsehbeitrag, in dem über Menschen berichtet wurde, die ihre kurzfristige Arbeitslosigkeit ebenfalls mit ihrem Ersparten überbrückt hatten. Sie erlebten danach eine böse Überraschung. Sie mussten nämlich die Sozialabgaben für diese Zeit komplett nachzahlen und da kam bei einigen eine Summe von mehreren tausend Euro zusammen.

Aus meiner Zeit als Schwerbehindertenvertrauensmann wusste ich, dass man das Recht hatte, nach der Beendigung der maximalen Krankengeldzahlungszeit Arbeitslosengeld zu beantragen. Ich hatte über 30 Jahre Beiträge bezahlt und meiner Meinung nach den vollen Anspruch. Andererseits würde die Arbeitsagentur das gezahlte Geld nach meiner Rentenbewilligung von der Rentenversicherung zurückerhalten.

So versuchte ich einen Gesprächstermin bei der Agentur für Arbeit zu bekommen.

Die Internetseite meiner Stadt gab zu diesem Thema drei Adressen an. Ich suchte bei der Zentrale der Stadtverwaltung Rat. Die Zentralistin war sehr hilfsbereit und telefonierte eine geraume Zeit herum. Doch da sie keine passenden Hinweise erhielt, stellte sie eine Verbindung zum Sozialamt her. Der Herr, der sich meiner freundlich annahm, konnte mit dem Thema nichts anfangen und telefonierte ebenfalls für mich herum. Schließlich wurde ich mit dem Jobcenter verbunden.

Die Dame am anderen Ende der Leitung zeigte sich völlig erstaunt, dass man nach Ablauf der maximalen Krankengeldzahlungszeit ein Arbeitslosengeld erhalten könne.

»Ist das wirklich so?«, ging die Frage an mich zurück.

»Haben wir jetzt die Rollen getauscht? Bin ich der Sachbearbeiter?«, fragte ich mit freundlicher Stimme.

Auch diese Dame telefonierte planlos herum und fand eine Sachbearbeiterin, die scheinbar für meinen Fall zuständig sein könnte.

Ich gab meine Anschrift und die Telefonnummer an, und dann durfte ich auf eine schriftliche Einladung hoffen.

Nach wenigen Tagen erhielt ich einen Termin. Bela schob mich ins zweite Obergeschoss des Jobcenters. Neben einer verschlossenen Glastür hing ein abgegriffenes, schmuddeliges Wandtelefon, von dem aus ich die Sachbearbeiterin anrufen und um Einlass bitten durfte. Die Sachbearbeiter mussten sich scheinbar vor gewissen Personen schützen und diese Örtlichkeit wirkte wie ein Hochsicherheitstrakt. Bela wählte die verabredete Telefonnummer und nach einer Viertelstunde holte uns meine zuständige Sachbearbeiterin persönlich an der Flurtür ab.

Ich dachte, dass ich gut vorbereitet wäre und alle wichtigen Dokumente bei mir hätte. Da wurde ich eines Besseren belehrt. Stück für Stück wurden meine Frau und ich zum gläsernen Menschen.

»Ich liste Ihnen nun auf, welche Unterlagen und Dokumente dem Amt vorgelegt werden müssen«, bemühte sich die Dame des Jobcenters. »Das wären der Personalausweis, die Krankenkassenkarte, die Eurochequekarte, der Schwerbehindertenausweis, die Kontoauszüge des Girokontos der letzten drei Monate, alle Sparbücher und Sparverträge, eventuelle Bausparverträge, alle Versicherungen, den geschätzten Wert Ihres Autos, die Fahrzeugpapiere, den Wert der Wohnung, alle Nebenkosten und Grundsteuerabgaben, alle in diesem Zusammenhang stehenden Schreiben der Krankenkasse und Rentenversicherung, Alle Zeugnisse und Ihren Arbeitsvertrag«, dann ergänzte sie: »ach ja, zusätzlich müssen Sie mir angeben, wie viel Bargeld Sie bei sich tragen.«

Ich spürte wie mein Hals vor Zorn dicker wurde und Bela vor Scham langsam unter den Schreibtisch rutschte.

»Ich könnte Ihnen auch noch die Anzahl meiner Unterhosen im Kleiderschrank nennen, aber hier liegt ja wohl ein Irrtum vor. Hier geht es nicht um Arbeitslosengeld, sondern um Sozialhilfe!«, versuchte ich ein offensichtliches Missverständnis zu klären.

Leider interessierte diese Dame mein Einwand nicht. Sie bestand darauf, dass mein Fall zur Gruppe der Sozialhilfeempfänger gehöre, und setzte nach: »Zusätzlich benötige ich von Ihren zuständigen Ärzten eine Arbeitsunfähigkeitsbescheinigung.«

Ich wies darauf hin, dass ich in zwei Tagen zu der amtsärztlichen Untersuchung müsse, die von meiner Rentenversicherung angesetzt worden war.

»Sie können davon ausgehen, dass auch von unserem Amt eine amtsärztliche Untersuchung verlangt wird«, stellte die Verwaltungsangestellte sachlich fest.

Mein Hals wurde noch dicker: »Mit anderen Worten heißt das, der medizinische Dienst der Rentenversicherung begutachtet den Klinikbericht des Krebszentrums und der Gutachter des Jobcenters begutachtet dann das Gutachten des medizinischen Dienstes der Rentenversicherung?«

Unnachgiebig kam die amtliche Antwort: »Genauso ist es!«

Zum Schluss der Vorstellung gab es noch eine demütigende Steigerung.

Ich fragte: »In drei Wochen wollen meine Frau und ich zwischen meinen Chemotherapieterminen für ein paar Tage in den Urlaub fahren, falls meine Gesundheit das überhaupt zulässt. Es reicht doch wohl, wenn ich mich telefonisch bei Ihnen abmelde?«

Die Dame schüttelte den Kopf: »Selbstverständlich reicht das nicht. Sie müssen einen Tag vor der Abreise persönlich hier in der Agentur bei Vorlage Ihres Personalausweises erscheinen! Das Gleiche gilt für den Tag nach Ihrer Rückkehr!«

Empört schoss es aus mir heraus: »Ich wollte nur Arbeitslosengeld beantragen. Ich suche keinen Bewährungshelfer!« und mein Gesicht wurde heiß.

»Dass war noch nicht alles«, fuhr die Sachbearbeiterin nüchtern fort. »Ihre Frau bekommt übrigens einen Beratungstermin zur Jobvermittlung« und sie überreichte Bela ein Merkblatt mit dem Slogan ›Fördern durch fordern‹.

»Meine Frau sucht zurzeit aber keine Arbeit. Wir sind froh, wenn wir meine Chemotherapie- und anderen Arzttermine auf die Reihe bekommen. Ich bin als Behinderter auf die Hilfe meiner Frau angewiesen«, rauschte mir das Blut in den Ohren.

»Gut, dann lassen Sie sich das von Ihrem Arzt schriftlich geben. Aber zur Beratung muss Ihre Frau trotzdem kommen«, zuckte die Sachbearbeiterin mit den Schultern.

Sie zeigte sich nun selbst peinlich berührt. Sie war hier an der Front und musste ihren Kunden die Vorschriften vermitteln, die die Damen und Herren der Chefetage ersonnen hatten.

Langsam wuchs ein gegenseitiges Verständnis und mir war klar, dass diese Frau keinen leichten Job hatte.

Bela fragte: »Rasten hier nicht manche Kunden aus?«

Die Sachbearbeiterin zeigte mit der Hand auf einen roten Knopf unter ihrem Schreibtisch: »Ab und zu muss ich den betätigen, um die Sicherheitskräfte zu alarmieren.« Und die waren nicht weit, da sich im gleichen Gebäude die Hauptwache der Polizei befand.

Mit Magenschmerzen und Übelkeit verließen wir den Aktenpalast. Wir hatten einen bitteren Einblick in das bekommen, was den Menschen, die von der Sozialhilfe leben mussten, auferlegt wurde.

Jetzt sollte ich selbst Sozialhilfeempfänger werden. Hätte ich den Rentenantrag, wie von mir ursprünglich geplant, vier Monate eher gestellt, wäre uns dieser entwürdigende Weg erspart geblieben. Der Rentenberater der Deutschen Rentenversicherung hatte mir einen ›Bärendienst‹ erwiesen und wollte seiner Versicherung scheinbar zwei bis drei Monatszahlungen ersparen.

Zu spät hatte ich erfahren, dass mir gar kein finanzieller Verlust hätte entstehen können. Richtig war, dass mein Krankengeld höher war, als die zu erwartende Rente. Doch das war nur die halbe Information. Das zuviel gezahlte Geld der Krankenkasse, also den Differenzbetrag zur niedrigeren Rente, hätte ich nämlich nicht zurückzahlen müssen.

Frustriert schrieb ich mein Erlebnis mit dem Jobcenter auf und sendete den Bericht per E-Mail an meinen Berater des psychosozialen Dienstes des Krebszentrums, um ihm mitzuteilen, dass ich am nächsten Morgen in der Uniklinik einen erneuten Chemotherapietermin hätte.

Morgens um halb neun hing ich in der Ambulanz der Hämatologie an der ersten Infusion. Die Antikörper krabbelten durch meine Venen und machten sich auf die Suche nach bösen Krebszellen.

Plötzlich stand der Berater des psychosozialen Dienstes vor mir. Er hatte meine E-Mail gelesen und sich umgehend mit der Dame vom Jobcenter in Verbindung gesetzt.

Wie wir vermutet hatten, war ich beim Jobcenter an die verkehrte Adresse geraten. Die ganze Aufregung vom Vortag war umsonst gewesen.

Am nächsten Tag floss die zweite Chemotherapie. Spät nachmittags bekam ich von der Sachbearbeiterin des Jobcenters die Mitteilung, dass ich mich umgehend beim Arbeitsamt melden solle.

In der Mail stand: »Da Sie bereits einen Rentenantrag gestellt haben, gilt die ›Nahtlosregelung‹ nach §125 SGB III. Das bedeutet, dass Sie Arbeitslosengeld I beim Arbeitsamt beantragen dürfen.«

Selbstverständlich gab die gute Dame mir nur den Namen der Kontaktperson an. Keine Anschrift, keine Rufnummer. Als ich telefonisch bei ihr nachfragen wollte, lief nur noch die automatische Ansage des Jobcenters: »Sie rufen außerhalb unserer Sprechzeiten an.«

Gutachten und weitere Formulare

Mitten in die Chemotherapie und die Verwaltungsmühle platzte die Aufforderung der Rentenversicherung zur medizinischen Begutachtung.

Für morgens 8 Uhr war ich in eine internistische Arztpraxis bestellt worden. Ich ging mit dem Gefühl dort hin, als stände eine Examensprüfung an. Bela ging es nicht besser.

Die Praxis war erstaunlich leer und das Personal sehr freundlich. Da ich einen Tag zuvor aufgrund der Chemotherapie zur Blutuntersuchung gewesen war und diese Ergebnisse mitgebracht hatte, blieb mir wenigstens an diesem Tag das Stechen erspart.

Im Vorfeld hatte ich dafür gesorgt, dass die Krankenhausberichte über meine internistischen und ophthalmologischen Erkrankungen rechtzeitig bei der Rentenversicherung und bei diesem Gutachter eingegangen waren.

Der Arzt, der mich hereinbat, machte auf mich einen sympathischen Eindruck. Er hörte sich in aller Ruhe meine gesamte Krankheitsgeschichte an, fragte mal nach diesem, mal nach jenem und machte sich permanent Notizen.

Ich musste mich bis zur Unterhose entkleiden und wurde von oben bis unten abgetastet. Die Reflexe wurden geprüft, Herz und Lunge abgehört. Der Blutdruck wurde gemessen und ein EKG geschrieben.

Für den Arzt war diese Untersuchung nur eine Momentaufnahme, denn zum Verlauf meiner Krebstherapie konnte er nichts sagen. Hier hätte die heilige Inquisition des Rententrägers längst nach Aktenlage entscheiden können, doch dann wäre ich ja nicht so lange auf die Folter gespannt worden.

Das Wesentliche ergab sich schließlich aus den Klinikberichten. Zwischen den Zeilen hörte ich heraus, dass dieser Gutachter mich vorläufig für erwerbsunfähig hielt.

»Sie befinden sich noch in der Chemotherapie und da kann ich keine endgültige Prognose stellen«, zuckte er mit den Schultern.

»Das ist mir völlig klar«, antwortete ich, »doch es ist gleichgültig, wie das Ergebnis der Chemotherapie aussehen wird. Es wird sich an meinen Grunderkrankungen nichts ändern. Ich bleibe blind und die Lymphome können bereits kurz nach der Therapie wieder wachsen. Selbst mein krankes Knochenmark bleibt eine tickende Zeitbombe. Ich kann der Rentenversicherung auch nicht voraussagen, ob mir morgen eine Dachpfanne auf den Kopf fällt oder nicht. Aber sicher ist, dass meine Nerven blank liegen und diese Verwaltungsmenschen im Augenblick dazu beitragen, dass sich dieses Krankheitsbild angesichts der Haarspaltereien der Ämter nicht bessern wird!«

Hoffnung auf eine unbefristete Erwerbsunfähigkeitsrente konnte mir der Gutachter nicht machen. Das hieß, ich musste mit einer auf zwei Jahre befristeten Rente rechnen.

»Und wenn in zwei Jahren meine Dienststelle nicht mehr existiert, wo bewerbe ich mich dann im Fall des Falles?«, fragte ich den Arzt. »Wer stellt einen Blinden mit Knochenmarkkrebs und Lymphdrüsenkrebs ein? Von meinem Alter ›50 plus‹ mal ganz abgesehen?«

Der Mediziner konnte nur mit den Schultern zucken. Persönliche Anteilnahme änderte nichts an der Sachlage, nach der er seine Untersuchungsergebnisse emotionslos und ohne eine persönliche Meinung über den Patienten an die Inquisition weiterzugeben hatte.

Das Urteil über meine Person fiel nicht bei ihm, sondern anonym an irgendeinem Schreibtisch des Rententrägers. Harte Urteile fällte man besser, wenn man dem betroffenen Menschen nicht in die Augen schauen musste. Angesichts der leeren Rentenkassen waren harte Entscheidungen sicherlich an der Tagesordnung.

Kaum hatten wir die Praxis verlassen, setzten Bela und ich die abenteuerliche Odyssee zur Arbeitsagentur fort. Wie vermutet wartete mein nächster Ansprechpartner nicht in dem Jobcenter, sondern in einem anderen Teil der Stadt.

Es war Freitag und kurz vor Mittag. Schon bald hatten wir die richtige Etage der Arbeitsagentur gefunden und stellten uns bei der Warteschlange vor einem der vier Schreibtische an.

»Heute muss ich schon wieder bis 17 Uhr arbeiten«, klagte die Mitarbeiterin hinter dem Schreibtisch der Kollegin ihr Leid.

Irgendetwas stimmte hier doch nicht. Da standen mindestens zehn Menschen in der Schlange, die gerne Arbeit gefunden hätten und die Dame der Arbeitsagentur jammerte, dass sie Arbeit hatte?

Wir hatten Glück und wurden zu einem anderen Schreibtisch mit einer sehr freundlichen Mitarbeiterin gerufen.

Ich nahm Platz und sagte: »Alle Daten wurden Dienstag schon im Jobcenter aufgenommen. Die Daten können Sie also alle direkt dort abrufen.«

Völlig falsch gedacht! Die Arbeitsagentur und das Jobcenter arbeiteten nicht zusammen.

Die Beantragung des ›Arbeitslosengeldes I‹ war trotzdem deutlich unkomplizierter, als die Sozialhilfe bei dem Jobcenter zu beantragen. Es wurden auch bei weitem nicht so viele persönliche Daten verlangt und die finanzielle Situation musste nur zu einem kleinen Teil offen gelegt werden. Die Sachbearbeiterin half Bela beim Ausfüllen der Formulare und die Prozedur endete erstaunlich schnell.

Jetzt, nachdem wir alle wichtigen Termine der Ämter, des Medizinischen Dienstes und der Chemotherapie innerhalb von fünf Tagen prima bewältigt hatten, stieg unsere nervliche Anspannung Stück für Stück auf den Siedepunkt. Das Gewitter entlud sich bei uns zuhause. Wir schnauzten uns völlig grundlos an.

Gott sei Dank kam zufällig unser Sohn Ben für einige Minuten vorbei. Also bemühte sich jeder wieder auf den Teppich zu kommen.

Bald darauf füllten wir die restlichen, noch leeren Formulare der Arbeitsagentur aus, die wir als Hausaufgabe bekommen hatten.

Zeichen und Wunder

In schweren Zeiten muss es unbedingt eine Erholungsphase geben, eine Auszeit, eine Flucht in eine andere Welt. Es sollte eine Flucht sein in eine heile Welt mit anderen Gesichtern, anderen Tapeten, anderen Klängen, anderen Gerüchen und anderem Geschmack.

Diese Welt lag hinter den sieben Bergen, über siebenhundert Kilometer weit von unserer sorgenreichen Heimat entfernt, in Tirol. Ich hatte schon an mehreren Stellen den Bergerbauer erwähnt, der seit meiner Kindheit ein Zufluchtsort für mich war, an dem ich auftanken konnte und Erholung fand.

Meine Blutwerte waren so stabil, dass meine Hämatologin mir grünes Licht zu einer 14-tägigen Reise gab. Also packten wir unsere sieben Sachen und versuchten, alle Sorgen hinter uns zu lassen.

Selbstverständlich waren meine amtlichen Schriftwechsel noch nicht abgeschlossen. Ein Teil der angeforderten Bescheinigungen war von der Krankenkasse und meinem Arbeitgeber erst am Morgen der Abreise in meinem Briefkasten angekommen. Diese sollte ich mit den restlichen gesammelten Unterlagen persönlich bei der Arbeitsagentur unserer Nachbarstadt vorlegen. Am Abend zuvor hatte ich schon einen entsprechenden Brief vorbereitet und auch meine Abwesenheit darin mitgeteilt. Also schnell noch alles eingetütet, in den nächsten Postkasten geworfen und fort, fort auf die Autobahn.

»Da werden wir wohl vorläufig kein Geld vom Amt bekommen und müssen unser Sparkonto plündern«, prognostizierte ich während der Fahrt, »doch das kann uns im Moment scheißegal sein. Wir sind weg und für niemanden erreichbar!«

Auf halber Strecke klingelte das Handy. Mein Freund Reiner, der lustige Rheinländer, mit dessen Familie wir zu Weihnachten seit Jahren Urlaub beim Bergerbauer machten, war in der Leitung.

Er hatte den ersten Entwurf dieser Biographie, in dem nur noch die letzten Abschnitte fehlten, gelesen. Seine Meinung und Kritik waren mir sehr wichtig. Die Resonanz war sehr gut. Das munterte mich auf. Ich brauchte unbedingt wieder mal ein Erfolgserlebnis!

Die Berge nahmen uns umarmend auf und stellten sich zwischen meine trübe Alltags- und die farbenfrohe Urlaubswelt. Das Läuten der Kuhglocken, der Duft des frischen Heus und die Gerüche von verbranntem Holz und Geräuchertem signalisierten mir, dass ich in meiner zweiten Heimat angekommen war. Die herzliche Begrüßung altbekannter Gesichter, die deftige Hausmannskost und der Begrüßungstrunk ließen in unseren Köpfen alle grauen Wolken verschwinden. Das Wetter versuchte uns ebenfalls viel Abwechselung zu bieten. Von heiß bis kalt, von sonnig bis grollend gewittrig wurde uns alles geboten. Zuhause wären wir bei einem

Gewitter nie draußen sitzengeblieben. Hier war das eine Pflicht. Das große vorgezogene Hausdach schützte uns zum Teil vor dem Regen. Der Donner hallte deutlich lauter als in meiner heimatlichen Hügellandschaft und zusätzlich sorgten die Berge für faszinierende Echos. Die Blitze waren so grell, dass sie sogar von meinen Augen wahrgenommen wurden. Für eine mystische Stimmung sorgten die Kirchenglocken des Dorfes, die geläutet wurden, um die bedrohlichen Gewitterwolken auseinander zu treiben.

Zu einem Almbesuch unter glühender, stechender Sonne, fuhr mich unser Bauer Christian so weit es möglich war, den Berg hinauf, da meine Kondition immer noch miserabel war. Wie ein uralter Mensch stapfte ich, geführt, mit schweren Schritten die restliche Strecke zur Almhütte hinauf. Jede Bank zog mich während des Aufstiegs magisch an, um zu verschnaufen. Endlich hörte ich die Glocke einer Leitkuh und wusste, dass die Jausenstation nicht mehr weit sein konnte. Schon bald bot das Hausdach Schatten und der ständig wehende, leichte Wind ließ die Almdüfte in der gesamten Kollektion an meiner Nase vorbeiziehen. Es roch nach Bergluft, Wiese, Blumen und Kuhfladen. Die Almhütte roch nach den sonnenverbrannten Holzwänden und aus dem Inneren dufteten schon die einladenden Speck- und Käsebrote. Meine optischen Erinnerungen an das Panorama dieser Bergwelt ließen noch einmal den Blick auf das Fellhorn, das Kitzbühler Horn und die weit entfernte, verschneite Tauernkette vor meinem geistigen Auge vorüberziehen.

Die Erinnerung an solche Bilder trieb mir manchmal die Tränen in die Augen, da diese mit der Zeit verblassen würden, wie alte, graue Fotos.

Mit kaltem Radler erfrischten wir unsere durstigen Kehlen, genossen die Jause und nach einer guten Stunde brachen wir wieder auf. Die Sennerin schickte uns von weitem einen Jodelgruß hinterher.

»Der Rückweg wird für mich kein Problem sein. Da geht es nur bergab«, lachte ich.

Doch kaum 200 Meter weiter abwärts schmerzte mein rechtes

Knie so stark, dass ich stehen bleiben musste und den restlichen Weg nur noch humpeln konnte.

»Schrotthaufen, verdammt noch mal, ich bin nur noch ein Schrotthaufen!«, fluchte ich vor mich hin und hätte heulen können. »Gäste, die 20 Jahre älter sind als ich, absolvieren hier zwischen den Gipfeln ganze Tagestouren. Und ich? Was habe ich meiner Frau eigentlich noch zu bieten, wenn selbst ein Spaziergang kaum noch möglich ist? Muss ich wieder die Spaßbremse spielen?«, machte ich mir Vorwürfe.

Gott sei Dank war Bela so urlaubsreif, dass sie gar nicht unternehmungslustig war. Spaziergänge am See, Einkaufsbummel, Cafébesuche und Sonnenbäder im Liegestuhl reichten ihr völlig.

Die absolute Vollkommenheit und Schönheit der Natur spiegelt sich sprichwörtlich in einem Bergsee wider. Ein Spaziergang um den Pillersee war in jedem Tirolurlaub ein Muss. Dort mischte sich in der Sommerluft der Duft von frischem, glasklarem Bergwasser, den Wasserpflanzen mit den Harzausdünstungen des angrenzenden Fichtenwaldes.

Bela beschrieb mir die Schwäne, die wie eine weiße Flotte majestätisch über das grünlich schimmernde Wasser zogen, und die schnatternden Entenfamilien konnte ich selbst hören. Auf der Rückseite des Sees wartete eine kleine Hütte mit schattigen Plätzen und kühlen Getränken. Dieses Mal erreichte ich unser Ziel ohne Knieprobleme. In der Nähe hörte ich die Kinder fröhlich plantschen und wie sich die Tretboote durch die Wellen schaufelten.

Vor meinem inneren Auge reihten sich Erinnerungsbilder aneinander aus einer Zeit, als wir mit unseren Kindern hier im Schlauchboot hin und her gepaddelt waren und mein kleines Fernglas mir die majestätischen Berggipfel näher gebracht hatte.

In diesem Urlaub verbrachten wir viel Zeit direkt am Hof. Einige Gäste schoben ihre Liegestühle unter die pralle Sonne, andere nutzten den Schatten des alten Apfelbaums. Die Kinder quietschten beim Ballspielen, auf der Schaukel und der Rutsche. Ich saß gerne auf dem kleinen Dachbalkon vor unserem Zimmer, genoss den

Duft der Balkonblumen und lauschte meinen Hörbüchern.

Am Abend spielte unser Bauer mit einem Musikkameraden Akkordeon und ich begleitete die beiden mit der Gitarre. Währenddessen leuchteten im Hintergrund die Steinberge im feurigen Abendrot. Es wurde gegrillt und gelacht und manches Glas zuviel getrunken.

Auf dem Zufahrtsweg zu diesem Bergbauern stand seit Jahrhunderten eine winzige Kapelle. Schon immer haben mich die Kirchen mit ihren Zwiebeltürmen und diese kleinen Kapellen magisch angezogen. Sie prägen das typische, kulturelle Bild der Bergdörfer. Aber diese Kapelle, die etwa 300 m vom Bergerhof entfernt stand, bedeutete mehr für mich.

Ich machte mich alleine auf den Weg zu ihr. Mit meinem Blindenstock konnte ich den tastbaren Kontrast zwischen stoppeliger Wiese und dem asphaltierten Weg gut unterscheiden. Hindernisse waren nicht zu erwarten und Fahrzeuge hörte man in dieser Abgeschiedenheit bereits von weitem. Die kleine Kapelle stand zwei Meter zurückgesetzt vom Weg entfernt und würde sich nicht direkt mit dem Stock ertasten lassen.

»Ob ich dieses Mal direkt mein Ziel finde?« fragte ich mich. »Oder laufe ich wieder mal an ihr vorbei, wie es mir schon mehrmals passiert war?«

Es entstanden schon seltsame, unheimliche Gefühle, wenn man sich Schritt für Schritt fortbewegte und alle tastbaren Hinweise lange Zeit völlig gleich blieben. Das gab es in dicht bewohnter Umgebung kaum. Dort ertastete man abwechselnd Hauswände, Zäune, Hecken, Laternen, Schilder, geparkte Autos, Mülltonnen, usw.

Durch mein unkonzentriertes Sinnieren hatte ich vergessen, meine zurückgelegten Schritte zu zählen und so war eine Abschätzung der Entfernung vor oder zurück nicht mehr möglich. ›Klatsch‹ machte es in meinem Gesicht. Verdammt, hatte ich mich erschreckt! Mit einem Schlag wurde ich aus meinen Gedanken gerissen. Mein Herz pochte. Mit meinem Stock ertastete ich einen Ast, der genau in meiner Kopfhöhe bis auf den Wegrand ragte.

»Also meldet sich die Kapelle von ganz alleine!«, musste ich über mich selbst lachen.

Ich wusste aus früheren Tagen, dass links und rechts neben der Kapelle jeweils ein Baum stand, unter denen die Wanderer auf einer schattigen Bank ausruhen konnten. Ganz langsam tastete ich mich weiter vor. Auf dem Asphalt klangen meine Schritte plötzlich dumpfer. Das war das Zeichen, dass ich genau vor dem Eingang des winzigen Gotteshauses stand. Ich ging darauf zu. Ein kalter Hauch und der Geruch uralten Gemäuers streifte mein verschwitztes Gesicht und ich bekam eine Gänsehaut. Treffsicher öffnete ich die knarrende kleine Holztür, die nur den unteren Teil des Türbogens versperrte. Der Innenraum war nur so groß, das zwei winzige Holzbänke hineinpassten. Gegenüber der Eingangstür befand sich ein schmiedeeisernes Gitter hinter dem Kerzen, Heiligenbilder und ein Kreuz standen. Auch das war mir aus sehenden Tagen bekannt.

Und die Bilder dieser Zeit zogen nun noch einmal in meiner Erinnerung an mir vorbei. Es war der Zeitraum eines halben Jahrhunderts. Als meine Eltern zum ersten Mal mit mir hierher gereist waren, wurde ich gerade ein Jahr alt. Bereits als kleiner Junge hatte ich ehrfürchtig allein vor dieser Kapelle gestanden und ihr meine Sorgen gebeichtet. Hier hatte ich für bessere Lateinnoten gebetet, obwohl Lernen besser gewesen wäre. Nachdem meine Mutter gestorben war, stand ich wieder hier und erinnerte mich an die herrlichen Spaziergänge mit ihr, die wir in dieser göttlichen Landschaft gemacht hatten. Wie oft hatte ich an diesem Platz gebetet, dass mein Sehen nicht noch schlechter würde. Auch als das Augenlicht ganz ausgegangen war, wollte ich sie wieder um Rat fragen.

Dann hörte sich diese Kapelle meinen Schmerz um den Verlust meines Vaters an.

Dieses Gotteshaus hatte meine Lateinnoten nicht geändert. Es brachte meine Mutter nicht zurück und hielt meinen Sehverlust nicht auf. Es änderte nichts an meinen Krebsdiagnosen und hatte auch meinen Vater nicht zur Vernunft bringe können.

Wirkten die himmlischen Verbindungen dieser Kapelle vielleicht völlig anders?

Aufgrund der vielen Verluste, die ich hinnehmen musste, hatte ich Schritt für Schritt gelernt, Kleinigkeiten zu schätzen. Ich hatte gelernt, genauer hinzuhören, meine gespeicherten Bilder konzentriert wieder aufzurufen und mit Reife zu betrachten.

Ich hatte eine erstaunliche Kondition bekommen, Schmerzen zu ertragen, mich selbst auszuhalten und schwerste Schicksalsschläge durchzustehen.

Ich verstand in diesem Moment, was göttliche Kraft wirklich für mich bedeutete. Es waren die drei Phänomene: innere Kraft, Hoffnung und Liebe. Ohne diese hätte ich die Prüfungen der letzten zweieinhalb Jahre wohl kaum überstanden.

Es rumpelte ein großer Traktor vorbei, dessen gefüllter Gülleanhänger einen beißenden Gestank verbreitete. Dieser wurde in die Kapelle geweht und ich machte mich mit meinem ›Fumulus longus‹ auf den Rückweg.

Von weitem hörte ich die lachenden Kinder der Urlaubsgäste, die vor dem Bauernhaus spielten. Das war eine gute Orientierung für die verbleibende Entfernung meines Ziels. Dort endete nicht nur mein gedankenreicher Fußweg, sondern bald auch dieser erholsame Urlaub. Viel zu schnell waren die Koffer wieder gepackt und ein Stau nach dem anderen begleitete unsere Heimfahrt.

Ab dem Sauerland wurde der Himmel grau und das bedeutete, dass der Alltag schon ungeduldig auf uns warten würde.

Zuhause stürzte ich mich auf die Post, um zu sehen, welche Überraschungen die Verwaltungsmenschen wieder für uns bereithielten. Und ich war wirklich überrascht. Die Arbeitsagentur hatte ohne weitere Komplikationen mein Arbeitslosengeld berechnet, bewilligt und sogar schon überwiesen.

Hätte ich noch vor der Kapelle gestanden, dann hätte ich bekennen müssen: »Es geschehen noch Zeichen und Wunder!«

Hoffnung auf einen Therapieerfolg

Die Koffer waren noch nicht ausgepackt, da hing ich schon

wieder an der Infusionsnadel. Mitten zwischen den anderen Chemotherapiepatienten, über deren Köpfen ebenfalls die Infusionsflaschen baumelten, ließ ich mir den Urlaub nochmals durch den Kopf gehen, dann zogen mich die Medikamente in einen tiefen Schlaf. Wieder jagten Antikörper und Chemotherapiestoffe zwei Tage lang meine Krebszellen. Bei diesem dritten Zyklus hatte ich aufgrund guter Erfahrungen keine Angst mehr vor eventuellen Nebenwirkungen. Meine Krebsbeule am Unterschenkel, die zu Beginn der Therapie 5,5 cm maß, hatte sich deutlich verringert und war nur noch so groß wie eine Nuss.

Dort zeigte sich also tastbarer Erfolg, der berechtigte Hoffnung machte, dass ich auf diese Therapie ansprach.

Vier Zyklen mit je drei Infusionen hatten die Hämatologen als Mindestmaß für meine Behandlung geplant. Würde ich die Anwendung ohne Komplikationen überstehen, dann sollten zur Sicherheit zwei weitere Zyklen folgen.

Die befürchteten Hornhautschäden an meinen Augen blieben aus, da Bela mich prophylaktisch mehrmals am Tag mit Augensalbe versorgte. Die extreme Hauttrockenheit und der unangenehme Juckreiz hielt sich Dank teurer Lotion und Creme in erträglichen Grenzen. Am schlimmsten war die Haut an den Oberarmen, den Schultern, der Brust, dem Rücken und den Füßen betroffen.

Für den Oberkörper benutzte ich ein Spray, das eine ölige Substanz enthielt. Die Füße rieb ich mit einem ureahaltigen Schaum ein, der speziell für Diabetikerfüße empfohlen wurde.

Da die Chemotherapie den Organismus stark belastete, musste man davon ausgehen, dass auch ein gewisser Vitaminmangel entstand. Um vorzubeugen, nahm ich nach der zweiten Chemo täglich Vitamin-B-Kapseln ein. Dazu kamen Omega-3-Tabletten mit Vitamin C.

Mein ehemaliger Judotrainer Manfred befand sich nun auch im Vorruhestand. Er war schon immer ein Gesundheitsapostel. Neuerdings befasste er sich mit der medizinischen Wirkung der Aloe-Vera-Pflanze. Er nahm an Seminaren teil und hatte sich in die entsprechende Literatur eingelesen. Nach meinem dritten Chemotherapiezyklus brachte er mir einen selbst zusammengemixten Saft mit, der hochprozentiges Aloe-Vera-Gel enthielt. Davon nahm ich täglich drei Esslöffel ein.

Zu dieser Pflanze hatte er mir erklärt: »Die Aloe Vera wurde schon in der Antike von den Ägyptern als Heilpflanze verwendet. Der griechische Arzt Hippokrates erwähnte diese als Arzneipflanze. Sie ist heute auf dem gesamten Globus in Trockengebieten zu finden und wird auch als Wüstenlilie bezeichnet. In ihren langen Blättern ist ein Gel enthalten, das antibakteriell, antiviruell und antimykotisch wirkt. Dieses Gel kann innerlich und auch äußerlich angewendet werden. Äußerlich hilft dieses Gel bei Sonnenbrand, Schuppenflechte und anderen schwierigen Hautproblemen. Innerlich wird das Immunsystem gestärkt und der Stoffwechsel verbessert. 300 wichtige Inhaltsstoffe wurden bisher in der Aloe Vera pharmazeutisch nachgewiesen. Auch zur Unterstützung bei Krebserkrankungen wird diese Heilpflanze empfohlen.«

Mit jedem Schluck von diesem geheimnisvollen Elixier nahm ich auch Hoffnung in mir auf.

Die Blutuntersuchung ergab einen Hb-Wert von 13 mmol/l. Dieser, für meine Verhältnisse erstaunlich hohe Wert, lag damit fast im Normalbereich. Scheinbar wurden meine roten Blutkörper nicht mehr zerstört. Die Lymphome stellten ihre krankmachende Wirkung ein. Auch die Thrombozytenanzahl war endlich auf den Normalwert gefallen. Meine behandelnde Ärztin war sichtlich begeistert.

Viele Patienten, die ich bei meinen Kontrolluntersuchungen und Chemotherapien regelmäßig traf, führten mir immer wieder vor Augen, dass ich für mein restliches Leben unter dem Damoklesschwert des heimtückischen Krebses sitzen würde. Viele dieser tapferen Mitpatienten hatten mit Chemotherapien und Bestrahlungen ihre Krebserkrankungen vorübergehend besiegen können. Doch dieser gnadenlose Feind war bei einigen bereits mehrmals zurückgekehrt und erneut stürzten sich diese Leute mit anderen Chemotherapiestoffen in den Überlebenskampf. Tiefe Spuren in den Gesichtern und Abmagerungen bis auf die Knochen zeugten von diesen jahrelangen Qualen. Und wie sah es bei den Betroffenen innerlich aus? Bela fühlte sich angesichts des Elends dieser gepeinigten Menschen sehr oft seelisch heruntergezogen.

Doch bei meinen guten Fortschritten und Ergebnissen wäre das Trübsalblasen ein Zeichen von Undankbarkeit gewesen.

Und undankbar war ich wirklich nicht. Nicht nur in meinen Albträumen wurde ich regelmäßig an die höllischen Erlebnisse des Vorjahres erinnert. Von diesen Qualen war ich nun weit, weit entfernt. Ich konnte tief und frei atmen, konnte mich selbst pflegen, laufen, wieder alles Appetitliche essen und trinken.

Die Zeit verflog immer schneller und die Infusionsflaschen der sechsten Chemotherapierunde entleerten sich in meine Venen. Wieder war das Anlegen der Infusionsnadeln ein Martyrium. Ich war es so verdammt leid. Die Gefäße an den Unterarmen schmerzten und waren kaum zu sehen. Sie hatten sich aufgrund des zweijährigen Dauerstechens völlig zurückgezogen. Immer öfter bevorzugten die Ärzte meine Venen auf dem Handrücken. Statt abzuhärten wurde ich immer empfindlicher. Ich wurde vom Schicksal weich gekocht und hielt trotzdem mit stoischer Disziplin ohne zu murren die letzte Behandlung durch.

Ich konzentrierte mich auf die einströmenden Antikörper und trieb sie an: »Es ist die letzte Runde! Lasst bloß keine kranke Zelle übrig. Jagt sie! Jagt sie alle raus aus meinem Körper! Endgültig!«

Schlüsselabgabe

Vier Monate nach der Beantragung meiner Erwerbsunfähigkeitsrente ertastete ich in unserem Briefkasten einen großen Umschlag, hoffte, dass darin ein Schreiben von der Rentenversicherung ist und eilte die Treppe zur Wohnung hinauf. Bela nahm ihn entgegen und las: ›Deutsche Rentenversicherung‹.

›Ablehnung oder Bewilligung?‹ stand in unsere Gesichter geschrieben.

Man konnte die Luft fast knistern hören. Die Spannung war zum

Zerreißen. Mit zittrigen Fingern zog Bela den Bescheid aus dem Umschlag. Fünfzehn beidseitig beschriebene Blätter beinhalteten alle wesentlichen Daten meiner 35-jährigen Sozialversicherungszeit.

»Das Urteil steht bestimmt ganz am Ende des Schreibens, damit wir noch ein bisschen auf die Folter gespannt werden«, versuchte ich zu scherzen.

Endlich las Bela vor: »Bewilligt! Tatsächlich bewilligt!« und ihre Stimme klang erleichtert.

Die nächsten wichtigen Punkte waren die errechnete monatliche Höhe der Rente und ob die Zahlungen befristet oder unbefristet sein würden. Gut, die Höhe der monatlichen Rente war bis auf wenige Euros im Voraus abzusehen gewesen, aber das Ergebnis möchte man doch lieber schriftlich und endgültig in den Händen halten.

Das erleichternde Gefühl wurde gedämmt, als die Stelle mit der befristeten Rente vorbeikam. Die Erwerbsunfähigkeitsrente war nur für zwei Jahre bewilligt worden.

Ich rief den Sachbearbeiter der Rentenversicherung an, um zu fragen, ob ich der Krankenkasse und der Arbeitsagentur über den Bescheid eine Mitteilung geben müsse. Das war nicht notwendig. Das wurde unter den Kostenträgern automatisch geregelt.

Dann erwähnte ich, dass ich mit der befristeten Rente nicht ganz glücklich sei und fragte, ob man in der heutigen Zeit überhaupt noch unbefristete Erwerbsunfähigkeitsrente beziehen könne.

»Die unbefristete Erwerbsunfähigkeitsrente gibt es selbstverständlich immer noch«, erklärte der Sachbearbeiter, »doch dann müssten Sie schwer krank sein.«

Ich erwiderte: »Oh, ich bin seit vielen Jahren erblindet und habe neuerdings Knochenmarkkrebs und Lymphdrüsenkrebs. Beide Krebsarten sind nach dem augenblicklichen Stand der Medizin nicht heilbar. Wenn ich Glück habe, dann lassen sie sich kontrollieren. Für andere Erkrankungen bleibt mir in meinem Körper kaum noch Platz.«

Der Mensch am anderen Ende der Leitung schluckte hörbar und ich fuhr fort: »Sorge macht mir der Gedanke, was ich tun soll, wenn in zwei Jahren plötzlich wegen leerer Rentenkassen entschieden würde, dass ich wieder stundenweise arbeiten gehen muss und mein Arbeitsplatz bis dahin gar nicht mehr existiert? Wo soll ich mich mit Mitte fünfzig, blind und mit zwei Krebserkrankungen dann bewerben?«

Der freundliche Mann räusperte sich und meinte mit betroffenem Ton in der Stimme: »Das wird sehr schwierig.«

Es schoss aus mir heraus: »Nein, das wird nicht schwierig. Das ist völlig unmöglich!«

Nach kurzem Schweigen antwortete mein Gegenüber: »Sie können selbstverständlich gegen diesen Bescheid einen Widerspruch einlegen.«

Das lehnte ich ab: »Ich glaube, dass ich damit nichts erreichen werde. Warum sollten die Verantwortlichen, die dieses Urteil gerade über mich gefällt haben, nach drei Wochen zu einer anderen Entscheidung kommen? Mein Gesundheitszustand ist doch jetzt und in einigen Wochen immer noch der gleiche wie in Ihrem medizinischen Gutachten!«

Wenn man dem Totengräber von der Schippe gesprungen ist, dann erscheinen einem zwei weitere Lebensjahre wie ein Geschenk. Wer wollte denn voraussagen, wie mein Schicksal mit mir bis dahin umgehen würde?

Nach 18 Chemotherapieinfusionen konnte ich gute medizinische Erfolge vorweisen. Der Computertomograph zeigte bei der Abschlussuntersuchung, dass die Lymphome im Bauch- und Brustbereich verschwunden waren. Die Magnetresonanztomographie stellte fest, dass sich die Krebsbeulen am Unterschenkel verkapselt hatten. Sie waren nicht mehr tastbar und mir erschien das wie ein echtes Wunder.

Die Thrombozyten blieben erstaunlicherweise ohne Medikamente im Normalbereich. Der Hb-Wert war entgegen der ungünstigen Prognose ebenfalls im Normalbereich angekommen und bewies, dass die Zerstörung der roten Blutkörper nicht mehr stattfand. Das Ziel, die Krebszellen so weit wie möglich zu vernichten, war scheinbar erreicht worden.

»Wir sehen uns zur Kontrolle in drei Monaten wieder. Sie befinden sich nun in der Krebsnachsorge«, strahlte mich die Hämatologin erfreut an.

Ich hatte von mir erwartet, dass ich bei soviel guten Nachrichten einen begeisterten Luftsprung machen würde. Doch stattdessen verspürte ich eine große Leere. Nur ganz langsam breitete sich ein Gefühl tiefer Zufriedenheit und Dankbarkeit in mir aus. Mein Zögern und Misstrauen wurde durch mein launisches Schicksal genährt. Ob meine feindlichen Zellen sich nur in die äußersten Winkel meines Körpers zurückgezogen oder ihn verlassen hatten, musste die Zukunft zeigen.

Zum Schluss stellte ich die brennende Frage: »Wie lange habe ich jetzt Ruhe? Ich verlange nicht, dass sich jemand ganz genau festlegt. Aber man muss doch aus den Erfahrungen mit anderen Patienten sagen können, ob solche Krebszellen sich nach einem Jahr, fünf Jahren oder zehn Jahren zurückmelden. Oder vielleicht gar nicht?«

Keiner der Ärztinnen und Ärzte ließ sich auf eine Prognose ein. Es kam immer ein ›Wir wissen es nicht‹.

Obwohl alle Beteiligten angesichts dieser guten Ergebnisse in bester Stimmung waren, zeigte sich meine Leber plötzlich völlig beleidigt. Die Werte stiegen aufgrund der langen Chemotherapie auf das 25-fache des Normalwerts. Das hieß vorläufig: »Alkohol ade!«

Doch das ›Ade‹ von meinem Arbeitsplatz fiel mir wesentlich schwerer.

Im Herbst leerte ich mit einem Kloß im Hals in der physiotherapeutischen Abteilung meinen Spind. Dreißig Jahre lang war ich in diesen so vertrauten Räumen ein- und ausgegangen. Dank der sparsamen Haltung der Betriebsleitung gab es hier noch viele Geräte und Ausstattungen, die mich schon begrüßt hatten, als ich mich um diesen Arbeitsplatz bewerben durfte.

Nach einem ausgedehnten Abschiedsfrühstück schloss ich meine beiden langjährigen Kolleginnen Gabi und Käthe in die Arme. Wie oft hatten wir morgens beim ersten Kaffee unsere persönlichen Sorgen besprochen, danach die Arbeit geteilt und viel gelacht.

Die Mitarbeiter des ersten Teams, die mich noch angelernt hatten, waren bereits alle im Ruhestand. Zum Schluss war ich der Dienstälteste.

Viele Bilder aus meiner 30-jährigen Dienstzeit zogen in kürzester Zeit an meinem geistigen Auge vorbei. Neben den stationären Krankenhauspatienten behandelten wir ambulante Kunden. Viele von ihnen waren liebgewonnene Stammgäste geworden und gehörten seit Jahren wie eine Familie zu meinem Leben. Auch von diesen Menschen, aus den unterschiedlichsten Gesellschaftsschichten und Berufen, hatte ich viel lernen können.

Hier hatte ich nicht nur meine Brötchen verdient. Diese Aufgabe hatte mir ein Gefühl von Selbstwert und gesellschaftlicher Anerkennung gegeben. Hier konnte ich auch als Behinderter einen großen Beitrag für unsere Gesellschaft leisten.

Mit der Rückgabe meiner gesamten Dienstschlüssel schloss sich auch dieses berufliche Kapitel.

Schreiben als Therapie

Meine Biographie zu schreiben füllte nicht nur die Stunden meiner neuen, ungewohnten freien Zeit aus. Nein, sie war wesentlich mehr. Sie führte mich an viele Orte meines Lebens zurück und gab völlig ergrauten Bildern wieder deutliche Konturen und frische Farben. Ich betrachtete nun viele Szenen meiner Kindheit und Jugend mit reiferen Augen. Unterstützt wurde das Ganze durch meinen hervorragenden Psychotherapeuten, der mich während der Gesprächstherapie an Themen heranführte, die noch unverarbeitet waren. Es gab kaum ein Gespräch, nach dem ich mich nicht erleichtert fühlte. So vieles hatte ich verdrängt oder achtlos in irgendeinen Winkel meines Unterbewusstseins geschoben, nur damit diese Dinge nicht die Erfüllung meiner Pflichten störten. Stück für Stück kramte ich sie nun hervor, sah mir an, was ich davon noch gebrauchen konnte, und warf den Rest endlich über Bord.

Ich erlebte viele Momente tiefer Dankbarkeit und Zufriedenheit. Das war die eine Maxime, die andere überfiel mich immer wieder plötzlich und unerwartet mit panikartiger Unruhe, Albträumen und bedrohlichen Schwindelattacken. Wenn es gar nicht zum Aushalten war, dann nahm ich einen Tranquilizer. Dieses Beruhigungsmittel faszinierte mich bei jeder Einnahme. Die Unruhe war nach 20 Minuten völlig verschwunden und angenehme Gelassenheit breitete sich in mir aus. Und genau dort ist die Suchtgefahr. Da ich mir dieser Gefahr bewusst war, nutzte ich das verlockende Medikament auch nur im äußersten Notfall.

An dieser Stelle endet mein Manuskript. Was soll ich auch noch Außergewöhnliches berichten?

Gut, mein Schicksal hielt selbstverständlich auch weitere spannende Stunden für uns bereit.

Es gab zum Beispiel im nächsten Sommerurlaub in Tirol das größte Hagelunwetter der letzten Jahrzehnte. Nach einem heißen Sommertag verfinsterte sich der Himmel. Bela meinte, dass sogar zwischen den schwarzen Schichten schwefelartige Farben zu sehen gewesen wären. Wie bei einem Zyklon rasten die Wolken im Tal umher und dann öffnete der Himmel seine Schleusen. Eisbälle, die einen Durchmesser von bis zu 8 cm hatten, schossen auf unsere Autos, die neben dem Haus im Freien standen. Ich hörte das Prasseln und Scheppern auf den Blechen und Scheiben. Viele Ziegel unseres schützenden Hauses wurden durchschlagen und rutschten permanent über das Dach. Der Sturm verlieh ihrem weiteren Weg eine beachtliche Flugbahn. Mit entsetzten Gesichtern beobachteten wir Gäste und die Bauersleute, wie unsere Fahrzeuge draußen zerstört wurden.

Nach einer Viertelstunde war der Spuk vorbei. Die Autos waren mächtig zerbeult. Unser Wagen hatte sogar einen Dachziegeltreffer. Hinter der A-Säule war das Dach vom Golf komplett durchschlagen worden. Die Scheibe zeigte kreisförmige Risse in alle Richtungen. Das Blech sah aus, als wäre an dem Golf jemand mit einem Golfschläger entlanggegangen.

Viele Hausdächer waren beschädigt, Gewächshäuser völlig zerstört und Menschen und Tiere verletzt worden. Die Telefonleitungen und Mobilfunknetze waren völlig überlastet. Die aufgetankte Urlaubsenergie verpuffte von heute auf morgen. Das Auto war nicht mehr verkehrstüchtig und musste abgeschleppt werden.

Zu unserem Nerventestprogramm gehörte dann die Organisation der Heimreise. Bela und ich fuhren mit einem Taxi nach Salzburg und mieteten ab dort einen Leihwagen.

Nach fünf Wochen erhielten wir ein ordentlich repariertes Auto zurück.

Auch diese Aktion verbesserte unsere nervliche Situation nicht im Geringsten. Aber ich hatte mit dem Schreiben meiner Biographie eine Möglichkeit gefunden, mich nicht nur abzulenken, sondern durch diese Kreativität sogar Kraft zu tanken. Gleichzeitig wollte ich mit der Aufzeichnung meiner Biographie auch anderen Menschen die Hoffnung geben, dass nach den dunkelsten Tagen wieder die Sonne scheinen kann. Ich fasste meinen Mut zusammen und sendete mein Manuskript zu einem Verlag. Mit großer Spannung erwartete ich das Urteil des Lektorats. Und tatsächlich bekam ich die Zusage, dass mein Buch veröffentlicht werden könnte. Die übergroße Freude wurde gebremst, als ich die Summe der Produktionskosten las. Der Verlag übernahm kein Risiko. Ich allein sollte alle Kosten tragen. Nur im Falle des Erfolges hätte sich der Verlag bei der nächsten Auflage beteiligt.

Bei meiner bescheidenen Rente konnte ich kein finanzielles Risiko eingehen und legte die Produktion dieses Buches auf Eis.

Mein tägliches Schreiben hätte an dieser Stelle fast ein Ende genommen, doch plötzlich kam mir ein Gedanke: »Warum nicht einen Roman schreiben?«

Ich hatte im Laufe meines Lebens sehr viele interessante Menschen kennengelernt.

In ihrem Schicksal erlebten sie doch alle unglaublich spannende Geschichten. Diese Geschichten regten mich an, in einem Roman neue Figuren zu ersinnen, die sich dann mit lebensnahen Ereignissen auseinanderzusetzen hätten. Ich versetzte mich in meine Protagonisten und erlebte gedanklich Abenteuer, die ich als Blinder niemals hätte erleben können.

Das Romanschreiben zog mich immer mehr in seinen Bann und erfüllte mich mit Zufriedenheit und Glück. Mein Alltag war wieder sinnvoll ausgefüllt. Ich hatte regelmäßig ein Produkt vorzuweisen und die Monate flogen erstaunlich schnell dahin.

Froh zu sein bedarf es wenig

Meine Blutwerte stabilisierten sich im folgenden Jahr deutlich. Sie sahen bei weitem nicht so perfekt aus wie die eines gesunden Menschen, aber bei dem bunten Bild meiner Grunderkrankungen durfte ich dankbar sein. Da ich jeden Morgen mindestens zehn Minuten intensive Gymnastik betrieben hatte, kehrte auch die körperliche Mobilität zurück.

Die plötzlichen Panikattacken und Schwindelanfälle blieben mir treu, doch mit Hilfe meiner regelmäßigen Gesprächstherapie konnte ich meistens ohne Tabletten zurechtkommen.

Zeiten des Leids vergehen bekanntlich langsamer als die Zeiten der Wonne, und erstaunlich schnell endete der Zeitraum meiner befristeten Erwerbsunfähigkeitsrente. Ich stellte rechtzeitig einen Verlängerungsantrag und wir füllten die entsprechenden Formulare aus. Da ich mich seit zwei Jahren psychotherapeutisch in Behandlung befunden hatte, musste ich selbstverständlich auch diese medizinische Maßnahme angeben. Also wurden internistische, hämatologische und psychologische Gutachten angefordert.

Wegen meiner Erblindung hatte ich schlicht und ergreifend eine Kopie meines Schwerbehindertenausweises mit der Eintragung ›blind‹ eingereicht. Wie befürchtet, reichte dieser amtliche Nachweis über den Zustand meiner Augen nicht aus. Nein, die liebe Dame von der Rentenversicherung bestand in ihrem Schreiben auf ein Gutachten meiner Augenärztin.

Ich rief also die Sachbearbeiterin der Deutschen Rentenversicherung an und erklärte, dass dieser Schwerbehindertenausweis sogar von dem misstrauischen Finanzamt anerkannt würde. Das interessierte die gute Dame aber nicht.

Also versuchte ich es mit einer anderen Erklärung: »Als meine Augenärztin ein Gutachten zur Anerkennung einer Schwerbehinderung über meine Erblindung erstellt hatte, wurde ich vom Versorgungsamt, das die Schwerbehinderung beurteilt, zu einem unabhängigen Gutachter geschickt. Dieser Gutachter begutachtete damals das Gutachten meiner Augenärztin und befand es für gut! Mein Ausweis ist noch gültig und deshalb verstehe ich nicht, warum die Rentenversicherung diesen amtlichen Ausweis nicht anerkennt.«

Die Antwort kam mit genervter Stimme: »Das ist eben so!«

Also stellte meine Augenärztin auf Kosten der Rentenversicherung, die angeblich sparen musste, das gewünschte Gutachten aus und ich war endlich doppelt bescheinigt blind.

Das von der Rentenversicherung angeforderte Gutachten meines Psychotherapeuten reichte selbstverständlich auch nicht aus. Wahrscheinlich nahm die Sachbearbeiterin an, dass ich nun einen auf ›Morbus Mütze‹ machen würde, und bestellte mich zur Begutachtung bei einer unabhängigen Psychiaterin der Rentenversicherung.

Vor dem Untersuchungsgespräch füllte meine Frau für mich einen mehrseitigen Fragebogen aus. Meine Gefühle, meine Ängste, eventuelle suizidale Gedanken, etc. hatte ich auf einer Skala nach Punkten einzustufen.

Dann folgte das Gespräch. Die Ärztin machte auf mich einen sehr freundlichen und kompetenten Eindruck. Sie sah sich meinen spannenden Lebenslauf an und stellte mir dazu viele Fragen. Sie tauchte mit mir sehr tief in die einzelnen Erlebnisse meiner Vergangenheit ein, die ich in dieser Biographie geschildert habe. Teilweise durchlebte ich die furchtbarsten Situationen noch einmal. Nach fast einer Stunde stand mir der Schweiß auf der Stirn und meine Hände zitterten. Meine Kehle fühlte sich wie zugeschnürt an.

Nach wenigen Wochen kam endlich der erlösende Bescheid der Deutschen Rentenversicherung, dass meine Erwerbsunfähigkeitsrente künftig unbefristet weitergezahlt würde.

Die beruhigende Tatsache, nicht mehr in eine finanziell ungewisse Zukunft zu blicken, erreichte mein Innerstes erst nach einigen Tagen.

Eines Morgens klingelte es an unserer Tür. Sonja kam überraschend zu Besuch, schloss mich in ihre Arme und sagte mit bedrückter Stimme: »Papa, es ist etwas Schlimmes passiert. Der Opa ist gestorben.«

Nun war geschehen, was ich dunkel vorausgeahnt hatte. Mein alter Herr war gegangen, ohne dass wir beide uns nach der Trennung noch einmal die Hände hatten reichen können. Vater hatte mir ein Jahr zuvor in einem knappen Brief mitgeteilt, dass er und seine Frau uns die Hände reichen wollten. Da aus einem anderen Brief hervorging, dass er immer noch der Meinung war, dass mir das Erbe meiner Mutter nicht zugestanden hätte und ich somit für seine Schulden verantwortlich wäre, hatte ich weiterhin jeden Kontakt zu den alten Leuten abgelehnt.

In den Jahren der Trennung hatte ich so oft das Bedürfnis gehabt, meinen Vater noch einmal in meine Arme zu schließen. Doch welche Folgen hätte dieses Wiedersehen gehabt? Welchen Preis hätte ich für eine solche Umarmung bezahlen müssen? Nach tränenreicher Umarmung hätten mit Sicherheit wieder seine permanenten, verletzenden und ungerechten Vorwürfe zwischen uns gestanden, die mich psychisch und vielleicht auch internistisch einige Jahre zuvor fast zerstört hatten.

Diese Gedanken hatten mir in den Jahren der Trennung in stillen Stunden die Tränen in die Augen getrieben. Es war die Trauer und der Schmerz um den Verlust des Vaters meiner Kindheit.

Am Todestag meines Vaters ging ein völlig Fremder und die Tränen blieben aus.

Nun war ich der Älteste meiner kleinen, verbliebenen Familie und für mich begann ein neuer Lebensabschnitt.

Ich hatte mir mehrere Computerlehrgänge für Sehbehinderte und Blinde gekauft und mich autodidaktisch eingearbeitet. Nun beherrsche ich das Word-Programm ziemlich gut und kann damit meine Romane bearbeiten. Das Internet steht mir offen und entführt mich täglich bei meinen Recherchen in Welten, die mir als Blinder in der Realität nicht zugänglich wären.

Mein dunkles und leidvolles Tal ist endlich durchschritten und ich stehe wieder auf einer Anhöhe des Lebens. Doch von einer Anhöhe aus sieht man auch, dass dahinter weitere Täler liegen. Ob man die unbedingt durchschreiten muss, bestimmt das Testprogramm des Schicksals, und es ist gut, dass man seinen künftigen Weg nicht kennt. Viel wichtiger ist es, in sorgenfreien Zeiten aufzutanken, mit allen zur Verfügung stehenden Sinnen wahrzunehmen und zu genießen. Wir können nicht unendlich lange leben, aber unendlich tief.

Mein Preis für das stoische Durchhalten in schweren Zeiten sind nun viele Stunden voll tiefer Zufriedenheit. Ich konnte mich mit zunehmender Gesundung an den kleinsten Dingen erfreuen und kann es immer noch.

Wie heißt es in dem Canon von August Mühling: ›Froh zu sein bedarf es wenig und wer froh ist, ist ein König!‹

Nachdem meine Sehkraft völlig erloschen war, stand dieser Mangel an erster Stelle auf meiner Beschwerdeliste. Auch wenn man gelernt hat, mit einem Handicap gut umzugehen, so ist man nicht abgeneigt, dieses so schnell wie möglich wieder loszuwerden.

Als die Krebserkrankungen in mein Leben traten, rückte die Erblindung nur noch auf Platz zwei und andere Probleme verschoben sich in den Bereich der lächerlichen Bagatellen.

Bei mir kam der Gedanke auf: »Ohne den Krebs hätte ich doch prima als Blinder leben können.«

Plötzlich hätte ich das Leben als ›nur Blinder‹ als ein gut gemeintes Geschenk des Schicksals angesehen.

Hier wird deutlich, dass die Belastung durch eine Behinderung immer eine Frage der Einstellung und Betrachtungsweise ist. Doch alle meine Erkenntnisse ersetzen nicht die Gesundheit. Sie helfen höchstens, schwere Zeiten zu überstehen. Die Gesundheit bleibt des Menschen höchstes Gut.

Ich hoffe, dass mir das Schicksal die Gnade erweisen wird, die nächsten Jahre an der Seite meiner Frau in Ruhe und ohne ständige Angst vor bösen Wucherungen genießen zu können. Das größte Geschenk wäre für mich, auch die Nachkommen meiner Kinder kennenzulernen. Ist dieser Gedanke mit Mitte Fünfzig zuviel verlangt?

Ich durfte den Platz zwischen meinen Ahnen und meinen Kindern mit vielen sinnvollen Aufgaben ausfüllen und so wurde damit auch ein tiefer Lebenssinn für mich erfüllt. Doch das wäre ohne die Hilfe der zahlreichen guten Menschen, die ich im Laufe meines Lebens getroffen habe, gar nicht möglich gewesen. Zu diesen Menschen gehört an erster Stelle meine Frau, die bisher mehr als drei Jahrzehnte lang mit mir durch dick und dünn gegangen ist. Auch meine Eltern gaben mir eine wichtige Wertegrundlage, die mir erst im reifen Alter bewusst wurde. Meine Kinder sind für mich eine Familie, die mir über alles geht. Und dann sind da die echten Freunde, die ein seltenes Geschenk des Lebens sind.

Auch das Land und die Zeit, in der ich noch lebe, bietet Kranken und Behinderten enorme Möglichkeiten. Aber man muss sie auch annehmen! Der Blinde muss nicht wie zu Jesu Zeiten vor dem Tempel betteln. Er oder Sie kann tragende Aufgaben in dieser Gesellschaft erfüllen. Hilfe anzunehmen ist gar nicht so schwer, wie viele Kranke glauben.

Ein christlicher Gedanke sagt: »Geben ist seliger als Nehmen!«

In diesem Sinne habe ich als Nehmender vielleicht manchem herzlichen Helfer auch etwas für seine Seele geben können. Geben und Nehmen ergänzen sich also und bilden damit einen Kreis. Auch viele andere Religionen und philosophische Gedanken weisen in ihrer Ethik darauf hin.

In diesem Sinne wurden mir die Augen geöffnet und ich sehe auf diese Weise Dinge, die ich nie zuvor gesehen habe...

Ich danke...

Heike Glaser, die aus Freundschaft unermüdlich meine unzähligen blind getippten Fehler aus dem Manuskripttext verbannt hat, für ihre guten Ratschläge und die Lektorierung...

Inge Gülpen und meiner Frau Gabi Kleffner für die engagierten Korrekturlesungen...

der Lektorin Dörte Smola für die letzte Korrekturlesung vor dem Buchdruck...

meiner Tochter Sonja, die liebevoll die Gestaltung des Buches übernommen und für dessen Publikation gesorgt hat...

meinem Sohn Benjamin, der geduldig meinen PC betreut, ohne dessen Screenreader-Programm ich als Blinder kaum einen solchen, umfangreichen Text hätte zu Papier bringen können...

allen hilfreichen und treuen Weggefährten, die ich in dieser Biographie erwähnt habe.

Weitere Bücher von Dieter Kleffner:

Der Stalker von nebenan
Kriminalroman
ISBN: 978-3-945725-68-9

Ein Tag für Blinde,
Lahme und Verrückte
Gesellschaftsroman
ISBN: 978-3-945725-91-7

Schlaflose Kissen und
schlechte Gewissen
3 Kriminalromane
ISBN: 978-3-96174-006-2